Karl Baedeker

The traveller's manual of conversation in four languages, English, French, German, Italian: With vocabulary, short questions, etc.

22nd Edition

Karl Baedeker

The traveller's manual of conversation in four languages, English, French, German, Italian: With vocabulary, short questions, etc.
22nd Edition

ISBN/EAN: 9783337208196

Printed in Europe, USA, Canada, Australia, Japan

Cover: Foto ©Paul-Georg Meister /pixelio.de

More available books at **www.hansebooks.com**

MANUAL

OF

CONVERSATION.

THE TRAVELLER'S MANUAL OF CONVERSATION

IN FOUR LANGUAGES,

ENGLISH, FRENCH, GERMAN, ITALIAN.

WITH

VOCABULARY, SHORT QUESTIONS ETC.

TWENTY SECOND EDITION.

LEIPZIG.

KARL BÆDEKER.

1875.

PREFACE.

The number of editions through which this Handbook has passed is the best evidence of its utility and the general estimation in which it is held. The Editor's object, as in the case of his other handbooks, is to promote the freedom and comfort of the traveller, and render him, as far as possible, independent of the troublesome and expensive class known as "Valets de place". With this aim in view, the Handbook contains an ample and systematically arranged vocabulary of all the words which the traveller is likely to require, as well as a number of dialogues adapted to the various circumstances in which he is likely to be placed. A series of short questions, which may be answered by a simple affirmative or negative, or by a number, have been added for the benefit of those who have not time or inclination to acquire even a superficial acquaintance with the languages.

Other handbooks of a similar description may claim to be more voluminous; the editor, however, believes this to be a doubtful advantage. "Little and good" is accordingly the maxim by which he has been guided, feeling that the traveller is likely to be perplexed rather than assisted by a superabundance of matter.

Contents.

Vocabulary.

Contents.

Vooabulary.

Contents.	Page	Contents.	Page

Short Questions.

Dialogues.

Short Questions.

Dialogues.

Contents.		Contents.	
	Page		Page
On embarking, and of what happens at sea	228	Beim Einschiffen und was auf dem Meer sich ereignet	228
Landing. Visit from the Custom-house officers	232	Die Landung. Besuch der Zollbeamten	232
The breakfast	236	Das Frühstück	236
Dinner	240	Das Mittagessen	240
Tea	246	Der Thee	246
Supper	250	Das Abendessen	250
The master before getting up	262	Der Herr vor dem Aufstehen	262
With a washerwoman	266	Mit einer Wäscherin	266
The shoemaker	270	Der Schuhmacher	270
The tailor	274	Der Schneider	274
With a woollen-draper	278	Mit einem Tuchhändler	278
With a jeweller	282	Mit einem Juwelier	282
A lady at her toilet	284	Eine Dame bei der Toilette	284
To pay a visit	286	Einen Besuch zu machen	286
To inquire after a person's health and to make the usual compliments	290	Erkundigungen nach Jemandes Gesundheit und gewöhnliche Complimente	290
Engaging a servant	292	Mit einem Lohnbedienten, den man in Dienst nehmen will	292
To take a furnished room	296	Ein möblirtes Zimmer zu miethen	296
To hire furnished lodgings	300	Eine möblirte Wohnung zu miethen	300
To buy a travelling carriage	310	Einen Reisewagen zu kaufen	310
To hire, or buy a horse	316	Ein Pferd zu miethen oder zu kaufen	316
Of materials for writing. Departure and arrival of letters	320	Schreibmaterialien. Abgang und Ankunft der Briefe	320

Letters and notes.

Card of invitation	324	Einladungsschreiben	324
Note of apology	324	Entschuldigungsschreiben	324
Note of invitation	326	Einladungsschreiben	326
A note after not finding a person at home	326	Billet, wenn man Jemand nicht zu Hause gefunden hat	326
Answer	328	Antwort	328
Note of invitation	328	Einladungsschreiben	328
Letter of introduction	330	Empfehlungsschreiben	330

Average value of Coins.

Letters and notes.

Average value of Coins.

Vocabulary. — Kleines Wörterbuch.

Vocabulaire. — Vocabolario.

Vocabulary.	Wörterverzeichniss.
Cardinal Numbers.	**Grundzahlen.**
One.	Eins.
Two.	Zwei.
Three.	Drei.
Four.	Vier.
Five.	Fünf.
Six.	Sechs.
Seven.	Sieben.
Eight.	Acht.
Nine.	Neun.
Ten.	Zehn.
Eleven.	Elf.
Twelve.	Zwölf.
Thirteen.	Dreizehn.
Fourteen.	Vierzehn.
Fifteen.	Fünfzehn.
Sixteen.	Sechzehn.
Seventeen.	Siebzehn.
Eighteen.	Achtzehn.
Nineteen.	Neunzehn.
Twenty.	Zwanzig.
Twenty-one.	Ein und zwanzig.
Twenty-two.	Zwei und zwanzig.
Twenty-three etc.	Drei und zwanzig etc.
Thirty.	Dreissig.
Thirty-one.	Ein und dreissig.
Thirty-two etc.	Zwei und dreissig etc.
Forty.	Vierzig.
Fifty.	Fünfzig.
Sixty.	Sechzig.

Vocabulaire.	Vocabolarie.
Nombres cardinaux.	**Numeri cardinali.**
Un.	Uno.
Deux.	Due.
Trois	Tre.
Quatre.	Quattro.
Cinq.	Cinque.
Six.	Sei.
Sept.	Sette.
Huit.	Otto.
Neuf.	Nove.
Dix.	Dieci.
Onze.	Undici.
Douze.	Dodici.
Treize.	Tredici.
Quatorze.	Quattordici.
Quinze.	Quindici.
Seize.	Sedici.
Dix-sept.	Diecisette; diciasette.
Dix-huit.	Dieciotto; diciotto.
Dix-neuf.	Diecinove; diciannove.
Vingt.	Venti.
Vingt-et-un	Vent'uno.
Vingt-deux.	Venti due.
Vingt-trois etc	Venti tre etc.
Trente.	Trenta.
Trente-et-un.	Trent'uno.
Trente-deux etc.	Trenta due etc.
Quarante.	Quaranta.
Cinquante.	Cinquanta.
Soixante.	Sessanta.

Cardinal numbers. — Ordinal numbers.	Grundzahlen. — Ordnungszahlen
Seventy.	Siebzig.
Eighty.	Achtzig.
Ninety.	Neunzig.
A hundred.	Hundert.
Two hundred etc.	Zweihundert etc.
A thousand.	Tausend.
Eleven hundred.	Elfhundert.
Twelve hundred.	Zwölfhundert.
Thirteen hundred.	Dreizehnhundert.
Two thousand etc.	Zwei Tausend etc
A million.	Eine Million.
Two millions.	Zwei Millionen.
Ordinal numbers.	**Ordnungszahlen.**
The first.	Der Erste.
The second.	Der Zweite.
The third.	Der Dritte.
The fourth.	Der Vierte.
The fifth.	Der Fünfte.
The sixth.	Der Sechste.
The seventh.	Der Siebente.
The eighth.	Der Achte.
The ninth.	Der Neunte.
The tenth.	Der Zehnte.
The eleventh.	Der Elfte.
The twelfth.	Der Zwölfte.
The thirteenth.	Der Dreizehnte.
The fourteenth.	Der Vierzehnte.
The fifteenth.	Der Fünfzehnte.
The sixteenth.	Der Sechzehnte.
The seventeenth.	Der Siebzehnte.
The eighteenth.	Der Achtzehnte.
The nineteenth.	Der Neunzehnte.
The twentieth.	Der Zwanzigste.
The twenty-first.	Der Ein und zwanzigste.
The twenty-second.	Der Zwei und zwanzigste.
The thirtieth.	Der Dreissigste
The fortieth.	Der Vierzigste.
The fiftieth.	Der Fünfzigste.

Nombres cardinaux. — Nombres ordinaux.	Numeri cardinali. — Numeri ordinali.
Soixante-dix.	Settanta.
Quatre-vingt.	Ottanta.
Quatre-vingt-dix.	Novanta.
Cent.	Cento.
Deux cents etc.	Duecento; dugento etc.
Mille.	Mille.
Onze cents.	Mille cento.
Douze cents.	Mille dugento.
Treize cents etc.	Mille tre cento etc.
Deux mille etc.	Due mila etc.
Un million.	Un milione.
Deux millions.	Due milioni.
Nombres ordinaux.	**Numeri ordinali.**
Le premier.	Il primo.
Le second.	Il secondo.
Le troisième.	Il terzo.
Le quatrième.	Il quarto.
Le cinquième.	Il quinto.
Le sixième.	Il sesto.
Le septième.	Il settimo.
Le huitième.	L'ottavo.
Le neuvième.	Il nono.
Le dixième.	Il decimo.
Le onzième.	L'undecimo, decimo primo.
Le douzième.	Il duodecimo, decimo secondo.
Le treizième.	Il decimo terzo.
Le quatorzième.	Il decimo quarto
Le quinzième.	Il decimo quinto.
Le seizième.	Il decimo sesto.
Le dix-septième.	Il decimo settimo.
Le dix-huitième.	Il decimo ottavo.
Le dix-neuvième.	Il decimo nono.
Le vingtième.	Il ventesimo.
Le vingt-unième.	Il ventesimo primo.
Le vingt-deuxième.	Il ventesimo secondo.
Le trentième.	Il trentesimo.
Le quarantième.	Il quarantesimo.
Le cinquantième.	Il cinquantesimo.

The sixtieth.	Der Sechzigste.
The seventieth.	Der Siebzigste.
The eightieth.	Der Achtzigste.
The ninetieth.	Der Neunzigste.
The hundredth.	Der Hundertste.
The thousandth	Der Tausendste.
The last.	Der Letzte.
The last but one.	Der Vorletzte.
Collective numbers.	**Sammlungszahlen.**
A pair; couple.	Ein Paar.
A dozen.	Ein Dutzend.
A score.	Zwanzig.
Firstly.	Erstens.
Secondly.	Zweitens.
Thirdly etc.	Drittens etc.
The first time.	Das erste Mal.
The second time etc.	Das zweite Mal etc.
Once.	Einmal.
Twice.	Zweimal.
Three times etc.	Dreimal etc.
Singly.	Einzig.
Only once.	Ein einziges Mal.
Double, twofold.	Doppelt.
Triple, threefold.	Dreifach.
Quadruple, fourfold.	Vierfach.
One sort.	Einerlei.
Two sorts etc.	Zweierlei etc.
Fractions.	**Brüche.**
The half.	Die Hälfte. Halb.
The third.	Das Drittel.
The fourth.	Das Viertel.
The fifth.	Das Fünftel.
The sixth etc.	Das Sechstel etc.
Of the Universe and the Earth.	**Das Weltall und die Erde.**
The world.	Die Welt.
The elements.	Die Elemente

Nombres ordinaux. — Nombres collectifs. — Fractions. — L'Univers et la terre.	Numeri ordinali. — Numeri collettivi. — Frazioni. — L'Universo e la terra.
Le soixantième.	Il sessantesimo.
Le soixante-dixième.	Il settantesimo.
Le quatre-vingtième.	L'ottantesimo.
Le quatre-vingt-dixième.	Il novantesimo.
Le centième.	Il centesimo.
Le millième.	Il millesimo.
Le dernier.	L'ultimo.
L'avant-dernier.	Il penultimo.
Nombres collectifs.	**Numeri collettivi.**
Une paire.	Un pajo.
Une douzaine.	Una dozzina.
Une vingtaine.	Una ventina.
Premièrement.	Primieramente.
Deuxièmement.	Secondariamente
Troisièmement etc.	In terzo luogo etc.
La première fois.	La prima volta.
La seconde fois etc.	La seconda volta etc.
Une fois.	Una volta.
Deux fois.	Due volte.
Trois fois etc.	Tre volte etc.
Unique. Simple.	Unico. Semplice.
Une seule fois.	Una sola volta.
Double.	Doppio.
Triple.	Triplo.
Quadruple.	Quadruplo.
D'une sorte.	D'una sorte.
De deux sortes etc.	Di due sorti etc.
Fractions.	**Frazioni.**
La moitié. Demi.	La meta. Mezzo.
Le tiers.	Il terzo.
Le quart.	Il quarto.
Le cinquième.	Il quinto.
Le sixième etc.	Il sesto etc.
L'Univers et la terre.	**L'Universo e la terra.**
Le monde.	Il mondo.
Les éléments.	Gli elementi.

Of the Universe and the Earth.	Das Weltall und die Erde.
Air.	Die Luft.
Fire.	Das Feuer.
Earth.	Die Erde.
Water.	Das Wasser.
Heaven.	Der Himmel.
The firmament.	Das Firmament.
The horizon.	Der Horizont.
The sun.	Die Sonne.
The sunbeams.	Die Sonnenstrahlen.
The moon.	Der Mond.
Full moon.	Der Vollmond.
Moonlight.	Der Mondschein.
The stars.	Die Sterne.
The milky way.	Die Milchstrasse.
A constellation.	Ein Sternbild.
A planet.	Ein Planet.
A comet.	Ein Komet.
Light.	Das Licht.
Darkness.	Die Finsterniss.
Obscurity.	Die Dunkelheit.
Twilight.	Die Dämmerung.
The shade.	Der Schatten.
Day.	Der Tag.
Night.	Die Nacht.
Heat.	Die Hitze.
Cold.	Die Kälte.
Warmth.	Die Wärme.
Flame.	Die Flamme.
Spark.	Der Funke.
Smoke.	Der Rauch.
Steam.	Der Dampf.
Lightning.	Ein Blitz.
Sheet lightning.	Das Wetterleuchten.
Thunder.	Der Donner.
A thunderclap.	Ein Donnerschlag.
A cloud.	Eine Wolke.
The weather.	Das Wetter.
A storm.	Ein Ungewitter; ein Gewitter.
Rain.	Der Regen.
Pouring rain.	Ein Platzregen.
The rainbow.	Der Regenbogen.

L'Univers et la terre.	L'Universo e la terra.
L'air.	L'aria.
Le feu.	Il fuoco.
La terre.	La terra.
L'eau.	L'acqua.
Le ciel.	Il cielo.
Le firmament.	Il firmamento.
L'horizon.	L'orizzonte.
Le soleil.	Il sole.
Les rayons solaires.	I raggi solari.
La lune.	La luna.
La pleine lune.	La luna piena.
Le clair de lune.	Il chiaro di luna.
Les étoiles.	Le stelle.
La voie lactée.	La via lattea.
Une constellation.	Una costellatione.
Une planète.	Un pianeta.
Une comète.	Una cometa.
La lumière.	La luce.
Les ténèbres.	Le tenebre.
L'obscurité.	L'oscurità.
La crépuscule.	Il crepuscolo.
L'ombre.	L'ombra.
Le jour.	Il giorno.
La nuit.	La notte.
L'ardeur; la chaleur.	L'ardore; il calore.
Le froid.	Il freddo.
La chaleur.	Il calore; il caldo.
La flamme.	La fiamma.
L'étincelle.	La scintilla.
La fumée.	Il fumo.
La vapeur.	Il vapore.
Un éclair.	Un lampo; un baleno.
Les éclairs.	I lampi.
Le tonnerre.	Il tuono.
Un coup de foudre.	Un volpo di fulmine.
Une nuée; un nuage.	Una nuvola; una nube.
Le temps.	Il tempo.
Une tempête; un orage.	Una tempesta; una borrasca.
La pluie.	La pioggia.
Une averse.	Un' acquazzone.
L'arc-en-ciel.	L'arco baleno; l'iride.

Of the universe and the earth.	Das Weltall und die Erde.
Snow.	Der Schnee.
A flake of snow.	Eine Schneeflocke.
A snowball.	Ein Schneeball.
Hail.	Der Hagel.
A fog.	Der Nebel.
Dew.	Der Thau.
A thaw.	Das Thauwetter.
Frost.	Der Frost.
Hoar frost.	Der Reif.
Ice.	Das Eis.
An icicle.	Ein Eiszapfen.
Flakes of ice.	Die Eisschollen.
Slippery ice (in the streets).	Das Glatteis.
An earthquake.	Ein Erdbeben.
The wind.	Der Wind.
A calm.	Die Windstille.
A whirlwind.	Der Wirbelwind.
A storm.	Ein Sturm.
A hurricane.	Ein Orkan.
East.	Morgen; Ost.
South.	Mittag; Süd.
West.	Abend; West.
North.	Mitternacht; Nord.
Dry.	Trocken.
Damp; wet.	Feucht; nass.
Dryness.	Die Trockenheit.
Moisture; dampness.	Die Feuchtigkeit; die Nässe.
A clod.	Eine Erdscholle.
A furrow.	Eine Furche.
Dust.	Der Staub.
Sand.	Der Sand.
A stone.	Ein Stein.
A pebble.	Ein Kieselstein.
Gravel.	Der Kies.
Mud.	Der Schlamm.
A puddle.	Eine Pfütze.
A cavern; a grotto.	Eine Höhle; eine Grotte.
A plain.	Eine Ebene.
A table-land.	Ein Hochebene.

L'univers et la terre.	L'universo e la terra.
La neige.	La neve.
Un flocon de neige.	Un fiocco di neve.
Une boule de neige.	Una palla di neve.
La grêle.	La grandine; la gragnuola.
Le brouillard.	La nebbia; la caligine.
La rosée.	La rugiada.
Le dégel.	Lo scioglimento del ghiaccio.
La gelée.	Il gelo.
La gelée blanche.	La brina.
La glace.	Il ghiaccio.
Un glaçon.	Un ghiacciuolo.
Les glaçons.	I banchi di ghiaccio
Le verglas.	Il gelicidio.
Un tremblement de terre.	Un tremuoto.
Le vent.	Il vento.
Le calme.	La calma.
Un tourbillon.	Un turbine.
Un orage.	Un temporale.
Un ouragan.	Un' oragano.
L'est; l'orient.	Il levante; l'oriente.
Le sud; le midi.	Il mezzo giorno; il mezzo dì.
L'ouest; l'occident.	L'occidente; il ponente.
Le nord; le septentrion.	La tramontana; il settentrione; il norte.
Sec.	Secco; asciutto.
Humide.	Umido.
La sécheresse.	L'aridità.
L'humidité.	L'umidità.
Une motte de terre	Una zolla.
Un sillon.	Un solco.
La poussière.	La polvere; la polve.
Le sable.	La rena.
Une pierre.	Una pietra.
Un caillou.	Un ciottolo.
Le gravier.	La sabbia, la ghiaja.
La boue.	Il fango.
Un bourbier.	Un pantano.
Une caverne· une grotte; un antre.	Una spelonca (una caverna); una grotta; un antro.
Une plaine.	Una pianura.
Un plateau.	Un monticello spianato.

Of the universe and the earth. — Of the sea.	Das Weltall und die Erde. — Vom Meere.
A valley.	Ein Thal.
A ravine.	Eine Schlucht.
A defile.	Ein Engpass.
A declivity.	Ein Abhang.
A mountain.	Ein Berg.
A hill.	Ein Hügel.
The foot of the mountain.	Der Fuss des Berges.
The summit of the mountain.	Der Gipfel des Berges.
A rock.	Ein Fels.
A brook.	Ein Bach.
A great river.	Ein Strom.
A torrent.	Ein Waldstrom.
A river.	Ein Fluss.
The bed of a river.	Das Flussbett.
The source.	Die Quelle.
The mouth.	Die Mündung.
The bank; the shore.	Das Ufer.
The current.	Die Strömung.
The ford.	Die Furt.
A lake.	Ein See.
A pond.	Ein Teich.
A marsh.	Ein Sumpf.
A fountain.	Ein Brunnen.
A waterfall.	Ein Wasserfall
The land.	Das Land.
The native country, fatherland.	Das Vaterland.
Of the sea.	**Vom Meere.**
The ocean; the sea.	Der Ocean; das Meer; die See
The Mediterranean.	Das mittelländische Meer.
An archipelago.	Ein Inselmeer.
The Adriatic.	Das Adriatische Meer.
The Baltic.	Die Ostsee.
The North-Sea.	Die Nordsee.
The Channel.	Der Canal.
The open sea.	Die offene See, hohe See.
The continent.	Das Festland.
An island.	Eine Insel.

L'univers et la terre. — De la mer.	L'universo e la terra. — Del mare.
Une vallée.	Una valle.
Une gorge.	Una sorre.
Un défilé.	Una gola.
Un coteau.	Un colle.
Une montagne.	Una montagna; un monte.
Une colline.	Una collina.
Le pied de la montagne.	La falda del monte.
Le sommet de la montagne.	La cima del monte.
Un rocher.	Una rupe.
Un ruisseau.	Un ruscello.
Un fleuve.	Un fiume reale.
Un torrent.	Un torrente.
Une rivière.	Un fiume.
Le lit de la rivière.	Il letto del fiume
La source.	La sorgente.
L'embouchure.	L'imboccatura.
La rive; le bord	La riva; la sponda.
Le courant.	La corrente.
Le gué.	Il guado.
Un lac.	Un lago.
Un étang.	Uno stagno.
Un marais.	Una palude.
Une fontaine.	Una fontana; una fonte.
Une chûte d'eau; une cascade.	Una cascata d'acqua; una cascata.
Le pays.	Il paese.
La patrie.	La patria.
De la mer.	**Del mare.**
L'océan; la mer.	L'oceano; il mare.
La Méditerranée.	Il Mediterraneo.
Un archipel.	Un' arcipelago.
L'Adriatique.	L'Adriatico.
La mer baltique.	Il mare baltico.
La mer du nord.	Il mare germanico.
La Manche.	Il canale.
La pleine mer; la haute mer.	L'alto mare.
La terre ferme.	La terra ferma.
Une île.	Un' isola.

Of the sea. — Navigation.	Vom Meere. — Seewesen und Schiffahrt.
A peninsula.	Eine Halbinsel.
A point of land	Eine Landspitze.
A neck of land.	Eine Landzunge.
A cape.	Ein Vorgebirge.
An isthmus.	Eine Landenge.
A bay.	Eine Bucht.
A gulf.	Ein Meerbusen.
The shore.	Das Ufer.
The coast.	Die Küste.
The beach.	Der Strand.
A rock.	Ein Fels.
A cliff.	Eine Klippe.
A shoal.	Eine Untiefe.
A sandbank.	Eine Sandbank.
A strait.	Eine Meerenge.
An arm of the sea.	Ein Meeresarm.
The waves.	Die Wellen.
The froth, foam.	Der Schaum.
A calm.	Die Meeresstille, Windstille.
High and low tide.	Die Fluth und Ebbe.
The tide.	Die Zeit der Ebbe und Fluth
A storm.	Ein Sturm.
A squall.	Ein Windstoss.
A water-spout.	Eine Wasserhose.
A whirlpool.	Ein Wasserwirbel.
The surf.	Die Brandung.

Navigation.	Seewesen und Schifffahrt.
The fleet.	Die Flotte.
The navy.	Die Seemacht.
A vessel.	Ein Fahrzeug, Schiff.
A barge.	Eine Barke.
A boat.	Ein Kahn.
A small boat.	Ein Nachen, Boot.
A sloop.	Eine Schaluppe.
A steamboat, steamer.	Ein Dampfschiff, Dampfboot.
A screw-steamer.	Ein Schraubendampfer.
A man-of-war.	Ein Kriegsschiff.
A frigate.	Eine Fregatte.
An iron-clad frigate.	Eine Panzerfregatte.

De la mer. — La marine et la navigation.	Del mare. — La marina e la navigazione.
Une péninsule, presqu' île.	Una penisola.
Une pointe.	Una punta.
Un promontoire.	Un promontorio.
Un cap.	Un capo.
Un isthme.	Un istmo.
Une baie	Una baja.
Un golfe.	Un golfo.
Le rivage.	Il lido.
La côte.	La costa, costiera.
La plage.	La pioggia.
Un rocher.	Una rupe.
Un écueil.	Uno scoglio
Un bas-fond.	Una secca.
Un banc de sable.	Un banco di rena.
Un détroit.	Uno stretto
Un bras de mer	Un braccio di mare.
Les vagues; les flots.	Le onde; i fiotti.
L'écume.	La schiuma; spuma.
Le calme.	La calma.
Le flux et reflux.	Il flusso e riflusso.
La marée.	La marea.
Une tempête.	Una tempesta.
Une bourrasque.	Una burrasca.
Une trombe.	Una tromba.
Un tournant.	Un vortice.
Les brisants.	Le frangenti.

La marine et la navigation.	La marina e la navigazione.
La flotte.	La flotta.
La marine.	La marina.
Un bâtiment; un navire.	Un bastimento; un naviglio.
Une barque.	Una barca.
Un canot.	Un palischermo.
Un bateau.	Un battello.
Une chaloupe.	Una scialuppa.
Un bateau à vapeur.	Un battello a vapore.
Un bateau à hélice.	Un battello a elica.
Un vaisseau de guerre.	Una nave da guerra.
Une frégate.	Una fregata.
Une frégate cuirassée.	Una fregata panziera.

Navigation	Seewesen und Schifffahrt.
A line-of-battle-ship.	Ein Linienschiff.
A merchant-vessel.	Ein Kauffahrer.
A packet-boat.	Ein Packetboot.
A gun-boat.	Ein Kanonenboot.
A convoy.	Ein Geleitschiff.
A transport.	Ein Transportschiff.
A fishing boat.	Ein Fischerboot.
The sails.	Die Segel.
The keel.	Der Kiel.
The hold.	Der Schiffsraum.
The deck.	Das Verdeck.
The upper-deck.	Das Oberverdeck.
The mast, the mainmast.	Der Mast, der Hauptmast.
The bowsprit.	Das Bugspriet.
The gangway.	Die Gallerie.
The cabin.	Die Kajüte.
The hatches.	Die Luke.
The stern.	Das Hintertheil.
The bow.	Das Vordertheil.
The sail-yard, the yards.	Die Segelstange, die Raa.
The flag.	Die Flagge.
The pennon.	Der Wimpel.
The main-top.	Der Mastkorb.
The helm; rudder.	Das Steuerruder
The oar.	Das Ruder.
The rigging; cordage.	Das Tauwerk.
The rope.	Das Tau.
The cable.	Das Ankertau.
The anchor.	Der Anker.
The ports.	Die Stückpforten.
The lead, sounding-lead	Das Senkblei.
The compass.	Der Kompass.
The hammoc.	Die Hängematte.
Starboard	Das Steuerbord (rechte Seite des Schiffs).
Larboard.	Das Backbord (linke Seite).
Ballast.	Der Ballast.
The cargo.	Die Ladung.
The freight.	Die Fracht.
An admiral.	Ein Admiral.
A vice-admiral.	Ein Vice-Admiral.

La marine et la navigation.	La marina e la navigazione.
Un vaisseau de ligne.	Un vascello di linea.
Un vaisseau marchand.	Una nave mercantile.
Un paquebot.	Un pachebotto.
Une chaloupe canonnière.	Una scialuppa cannoniera.
Un convoi.	Un convoglio.
Un vaisseau de transport.	Una nave da trasporto.
Un bateau pêcheur.	Una barca pescareccia.
Les voiles.	Le vele.
La quille.	La chiglia.
La cale.	La stiva.
Le pont.	Il ponte.
Le tillac.	La tolda.
Le mât, le grand mât.	L'albero, l'albero maestro
Le beaupré.	Il bompresso.
La galerie.	La galleria.
La cabine.	Il gabinetto.
Les écoutilles.	I boccaporti.
La poupe.	La poppa.
La proue.	La prora.
La vergue.	L'antenna.
Le pavillon.	La bandiera.
Les flammes.	Le fiamme, le banderuole.
La hune.	La gabbia.
Le gouvernail.	Il timone.
La rame.	Il remo.
Les cordages.	Le sarte.
La corde.	La fune.
Le câble.	La gomena.
L'ancre.	L'ancora.
Le sabord.	La cannoniera.
La sonde.	Il piombino, lo scandaglio.
La boussole.	La bussola.
Le hamac.	L'amaca.
Le tribord.	Il tribordo.
Le bâbord.	Il basso bordo.
Le lest.	La savorra.
La cargaison.	Il carico d'una nave.
Le fret.	Il nelo.
Un amiral.	Un' ammiraglio.
Un vice-amiral.	Un viceammiraglio

Navigation. — Army and ammunition.	Seewesen und Schifffahrt. — Soldatenstand und Kriegsbedarf.
A commodore.	Ein Geschwader-Commandeur.
The captain.	Der Capitain.
The lieutenant.	Der Lieutenant.
The ensign.	Der Fähnrich.
A midshipman.	Ein Seecadet.
The master's mate.	Der Hochbootsmann.
The boatswain.	Der Bootsmann.
The sailors.	Die Matrosen.
The cabin-boy.	Der Schiffsjunge.
The crew.	Das Schiffsvolk.
A seaman.	Ein Seemann.
A pilot.	Ein Lootse.
The leader.	Der Conducteur.
Crew's cook.	Der Schiffskoch.
The steward.	Der Schiffskellner.
The freighter.	Der Rheder.
A pirate.	Ein Seeräuber.
Shipwreck.	Der Schiffbruch.
The light-house.	Der Leuchtthurm.
The harbour.	Der Hafen.

Army and ammunition.	Soldatenstand und Kriegsbedarf.
The army.	Die Armee.
The commander-in-chief.	Der Oberbefehlshaber oder kommandirende General.
The general.	Der General.
The lieutenant-general.	Der Generallieutenant.
The major-general.	Der Generalmajor.
The brigadier.	Der Brigadier.
The colonel.	Der Oberst.
The lieutenant-colonel.	Der Oberstlieutenant.
The major.	Der Major.
The captain.	Der Hauptmann.
The lieutenant.	Der Lieutenant.
The ensign.	Der Fähnrich.
The quarter-master.	Der Quartiermeister.
The sergeant.	Der Feldwebel.
The corporal.	Der Unteroffizier.
The soldier.	Der Soldat.

La marine et la navigation. — L'état militaire et les munitions.	La marina e la navigazione. — Lo stato militare e le munizioni.
Un chef d'escadre.	Un capo di squadra.
Le capitaine.	Il capitano.
Le lieutenant.	Il tenente.
L'enseigne.	L'alfiere.
Un aspirant.	Un' aspirante.
Le contre-maître	Il nostr'uomo.
Le bosseman.	Il bosman.
Les matelots.	I marinari.
Le mousse.	Il mozzo.
L'équipage.	L'equipaggio.
Un marin.	Un marinajo.
Un pilote.	Un pilota.
Le conducteur.	Il conduttore.
Le coq.	Il cuoco.
Le sommelier	Il cantiniere.
L'armateur.	L'armatore.
Un pirate.	Un pirato.
Le naufrage.	Il naufragio.
Le phare.	Il faro.
Le port.	Il porto.
L'état militaire et les munitions.	**Lo stato militare e le munizioni.**
L'armée.	L'esercito.
Le généralissime.	Il generalissimo.
Le général.	Il generale
Le lieutenant-général.	Il tenente generale.
Le maréchal de camp.	Il maresciallo di campo.
Le général de brigade.	Il generale di brigada.
Le colonel.	Il colonnello.
Le lieutenant-colonel.	Il tenente colonnello.
Le major.	Il maggiore.
Le capitaine.	Il capitano.
Le lieutenant.	Il tenente.
L'enseigne.	L'alfiere.
Le maréchal-de-logis-chef.	Il foriere maggiore.
Le sergent-major.	Il sergente maggiore.
Le sous-officier.	Il basso uffiziale.
Le soldat.	Il soldato.

Army and ammunition.	Soldatenstand und Kriegsbedarf.
The drum-major.	Der Regiments-Tambour.
The drummer.	Der Trommelschläger.
The fifer.	Der Pfeifer.
A regiment.	Ein Regiment.
A bataillon.	Ein Bataillon.
A company.	Eine Compagnie.
A squadron.	Eine Schwadron.
A rank.	Ein Glied.
The infantry.	Das Fussvolk; die Infanterie.
A foot-soldier.	Ein Infanterist.
The cavalry.	Die Reiterei; Cavalerie.
A trooper, cavalry-soldier.	Ein Reiter.
The artillery.	Die Artillerie.
A cannoneer.	Ein Kanonier.
The engineers.	Das Ingenieur-Corps
A pioneer.	Ein Pionier.
The staff of the general	Der Generalstab.
The adjutant.	Der Adjutant.
A cuirassier.	Ein Kürassier.
A dragoon.	Ein Dragoner.
A lancer.	Ein Ulan.
A hussar.	Ein Husar.
A trumpeter.	Ein Trompeter
A kettle-drummer	Ein Pauker.
The sentinel.	Die Schildwache
The sentry-box.	Das Schilderhaus
The colours.	Die Fahne.
The standard.	Die Standarte.
The uniform.	Die Uniform.
The sash.	Die Schärpe.
The helmet.	Der Helm.
The shako.	Der Tschako
The grenadier's cap	Die Bärenmütze
The cap.	Die Mütze.
The cuirass.	Der Kürass.
The lance.	Die Lanze.
The sabre.	Der Säbel.
The sword.	Der Degen.
The scabbard.	Die Scheide
The musket.	Die Muskete.
The gun.	Die Flinte.

L'état militaire et les munitions.	Lo stato militare et le munizioni.
Le tambour-major.	Il tamburino maggiore.
Le tambour.	Il tamburino.
Le fifre.	Il piffero.
Un régiment.	Un reggimento.
Un bataillon.	Un battaglione.
Une compagnie	Una compagnia.
Un escadron.	Uno squadrone.
Un rang.	Una fila.
L'infanterie.	L'infanteria.
Un fantassin.	Un fantaccino.
La cavalerie.	La cavalleria.
Un cavalier.	Un cavaliere.
L'artillerie.	L'artiglieria.
Un cannonier.	Un cannoniere.
Le corps du génie.	Il corpo d'ingegneri.
Un soldat du génie.	Un ingegnero.
L'état-major.	Lo stato maggiore.
L'aide-de-camp.	L'ajutante di campo.
Un cuirassier.	Un corazziere.
Un dragon.	Un dragone.
Un lancier.	Un lanciere.
Un hussard.	Un' ussaro.
Un trompette.	Un trombetta.
Un timbalier.	Un timballiero.
La sentinelle.	La sentinella.
La guérite.	Il casotto da sentinella.
Le drapeau.	La bandiera.
L'étendard.	Lo stendardo.
L'uniforme.	L'uniforme.
L'écharpe.	La ciarpa.
Le casque.	L'elmo.
Le chako.	Lo sciacco.
Le bonnet-à-poils.	La berretta di pelo.
Le bonnet-de-police	La berretta da soldato.
La cuirasse.	La corazza.
La lance.	La lancia.
Le sabre.	La sciabla.
L'épée.	La spada.
Le fourreau.	Il fodero.
Le mousquet	Il moschetto.
Le fusil.	Lo schioppo.

Army and ammunition.	Soldatenstand und Kriegsbedarf.
The bayonet.	Das Bajonett.
The cartridge-box.	Die Patrontasche.
Leather straps.	Das Lederzeug.
The knapsack.	Der Tornister.
The ball.	Die Kugel.
The shot.	Der Schuss.
The powder.	Das Pulver.
The pistol.	Die Pistole.
The carbine.	Der Carabiner.
The rifle.	Die Büchse.
The cannon.	Die Kanone; das Geschütz
The rifled cannon.	Das gezogene Geschütz.
The mortar.	Der Mörser.
The howitzer.	Die Haubitze.
The bombs.	Die Bomben.
The tent.	Das Zelt.
The garrison.	Die Besatzung.
The fortress.	Die Festung.
The gate.	Das Thor.
The rampart.	Der Wall.
The ditches.	Die Gräben.
The trenches.	Die Laufgräben.
The entrenchment	Die Schanze.
The palisades.	Die Schanzpfähle.
The parapet.	Die Brustwehr.
The embrasure.	Die Schiessscharte.
The gabion.	Der Schanzkorb.
The tattoo.	Der Zapfenstreich.
The battle.	Die Schlacht.
The engagement, skirmish.	Das Gefecht.
The siege.	Die Belagerung.
The charge.	Der Sturm.
The sally.	Der Ausfall.
The battle field.	Das Schlachtfeld.
The victory.	Der Sieg.
The defeat.	Die Niederlage.
The retreat.	Der Rückzug.
The flight.	Die Flucht.
The invalid	Der Invalide.

L'état militaire et les munitions.	Lo stato militáre e le munizioni.
La baïonnete.	La bajonetta.
La giberne.	La tasca di cartocci.
Les buffleteries.	Il corame uniforme de' soldati.
Le havresac.	La bisaccia.
La balle (de mousquet); le boulet (de canon).	La palla.
Le coup.	Il tiro.
La poudre.	La polvere.
Le pistolet.	La pistola.
Le mousqueton.	Il moschettone.
La carabine.	La carabena.
Le canon.	Il cannone.
Le canon rayé.	Il cannone rigato.
Le mortier.	Il mortajo.
L'obusier.	Il mortajo da granate.
Les bombes.	Le bombe.
La tente.	La tenda.
La garnison.	La guarnigione.
La forteresse.	La fortezza.
La porte.	La porta.
Le rempart.	Il riparo.
Les fossés.	I fossi.
Les tranchées.	Le trincee
La redoute.	Il fortino.
Les palisades.	Le palizzate.
Le parapet.	Il parapetto.
L'embrasure.	La balestriera.
Le gabion.	Il gabbione.
La retraite.	La retirata.
La bataille.	La battaglia.
Le combat.	Il combattimento.
Le siége.	L'assedio.
L'assaut.	L'assalto.
La sortie.	La sortita.
Le champ de bataille	Il campo di battaglia.
La victoire.	La vittoria.
La défaite.	La sconfitta.
La retraite.	La ritirata.
La fuite.	La fuga.
L'invalide	L'invalido.

Time and its divisions.	Die Zeit und ihre Eintheilung.
A century.	Ein Jahrhundert
A year.	Ein Jahr.
Leap-year.	Das Schaltjahr.
Half a year.	Ein halbes Jahr
A quarter of a year	Ein viertel Jahr.
A month.	Ein Monat.
A fortnight.	Vierzehn Tage.
A week.	Eine Woche.
A day.	Ein Tag.
An hour.	Eine Stunde.
Half an hour.	Eine halbe Stunde.
A quarter of an hour.	Eine viertel Stunde
A minute.	Eine Minute.
A second.	Eine Sekunde.
The seasons.	Die Jahreszeiten.
Spring.	Der Frühling.
Summer.	Der Sommer.
Autumn	Der Herbst.
Winter.	Der Winter.
January.	Januar.
February.	Februar.
March.	März.
April.	April.
May.	Mai.
June.	Juni.
July.	Juli.
August.	August.
September.	September.
October.	October.
November.	November.
December.	December.
The days of the week; the working days.	Die Wochentage; die Werktage.
Sunday.	Sonntag.
Monday.	Montag.
Tuesday.	Dienstag.
Wednesday.	Mittwoch.
Thursday.	Donnerstag.
Friday.	Freitag.

Le temps et ses divisions.	Il tempo e sue divisioni.
Un siècle.	Un secolo.
Une année.	Un' anno.
L'année bissextile.	L'anno bisestile.
Un semestre.	Un semestre.
Un trimestre.	Un trimestre.
Un mois.	Un mese.
Une quinzaine.	Quindici giorni.
Une semaine.	Una settimana.
Un jour.	Un giorno, un dì.
Une heure.	Un' ora.
Une demi-heure.	Una mezz' ora.
Un quart d'heure	Un quarto d'ora.
Une minute.	Un minuto.
Une seconde	Un secondo.
Les saisons.	Le stagioni.
Le printemps.	La primavera.
L'été.	L'estate, la state.
L'automne.	L'autunno.
L'hiver.	L'inverno.
Janvier.	Gennajo.
Février.	Febbrajo.
Mars.	Marzo.
Avril.	Aprile.
Mai.	Maggio.
Juin.	Giugno.
Juillet.	Luglio.
Août.	Agosto.
Septembre.	Settembre.
Octobre.	Ottobre.
Novembre.	Novembre.
Décembre.	Decembre.
Les jours de la semaine.	Giorni della settimana.
Dimanche.	Domenica.
Lundi.	Lunedì.
Mardi.	Martedì.
Mercredi.	Mercoledì.
Jeudi.	Giovedì.
Vendredi	Venerdì.

Time and its divisions.	Die Zeit und ihre Eintheilung.
Saturday.	Samstag, Sonnabend.
A holiday.	Ein Feiertag; ein Festtag.
A fastday.	Ein Fasttag.
New-year's-day.	Neujahrstag.
Twelfth-day.	Heilige drei Könige.
Candlemas-day.	Lichtmesse.
Carnival.	Fastnacht.
Ash-wednesday.	Aschermittwoch.
Lent.	Die Fasten, Fastenzeit.
Lady-day.	Marii Verkündigung.
Palm-Sunday.	Palmsonntag.
The holy week; passion week.	Die Charwoche, Marterwoche.
Maundy-Thursday.	Der grüne Donnerstag.
Good Friday	Charfreitag.
Easter.	Ostern.
Ascension-day.	Himmelfahrtstag.
Whitsuntide.	Pfingsten.
Corpus-Christi-day.	Frohnleichnamstag.
Midsummer-day.	Johannistag.
All-Saints-day.	Allerheiligentag.
Michaelmas.	Michaelis.
Martinmas.	Martini.
Christmas.	Weihnachten.
Christmas Eve.	Der heilige Abend.
Advent.	Der Advent.
The anniversary.	Der Jahrestag.
The birth-day.	Der Geburtstag.
The eve.	Der Vorabend.
The morning.	Der Morgen.
The forenoon.	Der Vormittag.
Noon.	Der Mittag.
Afternoon.	Der Nachmittag.
The evening.	Der Abend.
The twilight.	Die Dämmerung.
Night.	Die Nacht.
Midnight.	Die Mitternacht.
Dawn.	Die Morgenröthe.
The break of day.	Der Tagesanbruch.

Le temps et ses divisions.	Il tempo e sue divisioni.
Samedi.	Sabbato.
Un jour de fête.	Un giorno di festa.
Un jour maigre.	Un giorno magro.
Le jour de l'an.	Il primo giorno dell' anno.
Les rois.	Il giorno dei re tre.
La chandeleur.	La candelaja.
Le carneval.	Il carnovale.
Le mercredi des cendres.	Il di delle ceneri.
Le carême.	La quaresima.
L'annonciation.	L'annunziazione.
Le dimanche des rameaux.	La domenica delle palme.
La semaine sainte.	La settimana santa.
Le jeudi saint.	Il giovedì santo.
Le vendredi saint.	Il venerdì santo.
Pâques.	Pasqua.
L'ascension.	L'ascensione.
La pentecôte.	Pentecoste.
La fête-Dieu.	Il Corpus Domini.
La Saint-Jean.	Il dì di S. Giovanni.
La toussaint.	Ognissanti.
La Saint-Michel.	Il dì di S. Michele.
La Saint-Martin.	Il dì di S. Martino.
Noël.	Natale.
La veille de Noël.	La vigilia di natale.
L'avent.	L'avvento.
L'anniversaire.	L'anniversario.
Le jour de naissance.	Il giorno natalizio.
La veille.	La vigilia.
Le matin.	La mattina.
La matinée.	La mattinata.
Midi.	Mezzodì; mezzogiorno; meriggio.
L'après-midi.	Il dopo pranzo.
Le soir.	La sera.
Le crépuscule.	Il crepusculo.
La nuit.	La notte.
Minuit.	Mezza-notte.
L'aurore.	L'aurora.
Le point du jour	Il far del giorno (lo spuntar del giorno).

The sunrise.	Der Sonnenaufgang.
Sunset.	Der Sonnenuntergang.

Man, his ages and relationships.	Der Mensch, seine Altersstufen und Verwandtschaftsgrade.
Man.	Der Mensch, der Mann.
Woman.	Die Frau.
A new-born child.	Ein neugebornes Kind
A baby.	Ein Säugling.
An infant.	Ein kleines Kind.
A little girl.	Ein kleines Mädchen.
A little boy.	Ein kleiner Knabe
A maid.	Eine Jungfrau.
A bachelor.	Ein Junggesell.
A girl.	Ein Mädchen.
A young lady.	Ein Fräulein.
A young man.	Ein junger Mann
A young woman.	Eine junge Frau.
A gentleman.	Ein Herr.
Infancy.	Die Kindheit.
Youth	Die Jugend.
Manhood.	Die Mannbarkeit.
Age.	Das Alter.
Old age.	Das hohe Alter.
Birth.	Die Geburt.
Life.	Das Leben.
Death.	Der Tod.
The family.	Die Familie.
The relations.	Die Verwandten.
The parents.	Die Eltern.
The ancestors.	Die Vorfahren; die Ahnen.
The descendants.	Die Nachkommen.
The father.	Der Vater.
The mother.	Die Mutter.
The grandfather.	Der Grossvater.
The grandmother.	Die Grossmutter.
The great-grandfather.	Der Urgrossvater.
The great-grandmother.	Die Urgrossmutter.
The stepfather.	Der Stiefvater.

Le lever du soleil.	Il levar del sole (il far del sole).
Le coucher du soleil.	Il tramontar del sole.

L'homme, ses âges et degrés de parenté.	L'uomo, sue età e gradi de parentela.
L'homme.	L'uomo.
La femme.	La donna.
Un nouveau-né.	Un neonato.
Un nourrisson.	Un fanciullo lattante.
Un petit enfant.	Un bambino.
Une petite fille.	Una bambina.
Un petit garçon.	Un fanciullo.
Une vierge.	Una vergine.
Un garçon.	Un ragazzo.
Une fille.	Una zitella.
Une demoiselle.	Una signorina.
Un jeune homme.	Un giovane.
Une jeune femme.	Una giovane.
Un monsieur.	Un signore.
L'enfance.	L'infanzia.
La jeunesse.	La gioventù.
La virilité.	La virilità.
La vieillesse.	La vecchiezza; la vecchiaja.
La décrépitude.	La decrepitezza.
La naissance.	La nascita.
La vie.	La vita.
La mort.	La morte.
La famille.	La famiglia.
Les parents.	I parenti.
Les parents.	I genitori.
Les aïeux; les ancêtres.	Gli antenati.
Les descendants.	I discendenti.
Le père.	Il padre.
La mère.	La madre.
L'aïeul; le grand-père.	Il nonno, l'avo.
L'aïeule; la grand-mère.	La nonna, l'ava.
Le bisaïeul.	Il bisavolo; il bisnonno.
La bisaïeule.	La bisavola; la bisnonna.
Le beau-père.	Il patrigno.

Man, his ages and relationships.	Der Mensch, seine Altersstufen und Verwandtschaftsgrade.
The stepmother.	Die Stiefmutter.
The father-in-law.	Der Schwiegervater.
The mother-in-law.	Die Schwiegermutter.
The children.	Die Kinder.
Twins.	Zwillinge.
The son.	Der Sohn.
The daughter.	Die Tochter.
The grandson.	Der Enkel.
The granddaughter.	Die Enkelin.
The great-grandson	Der Urenkel.
The stepson.	Der Stiefsohn.
The stepdaughter	Die Stieftochter.
The brother.	Der Bruder.
The sister.	Die Schwester.
The brother-in-law.	Der Schwager.
The sister-in-law.	Die Schwägerin.
The son-in-law.	Der Schwiegersohn.
The daughter-in-law.	Die Schwiegertochter
The uncle.	Der Oheim, Onkel.
The aunt.	Die Tante.
The cousin.	Der Vetter.
The female cousin.	Die Muhme, Base.
The nephew.	Der Neffe.
The niece.	Die Nichte.
Relationship.	Die Verwandtschaft.
Affinity.	Die Schwägerschaft
The bridegroom, the betrothed.	Der Bräutigam.
The bride, the betrothed.	Die Braut.
The betrothal.	Die Verlobung.
Marriage.	Die Heirath.
Nuptials, wedding.	Die Hochzeit.
The husband.	Der Ehemann.
The wife.	Die Ehefrau.
The consort.	Der Gemahl, die Gemahlin.
The sponsors.	Die Gevattern.
The godfather.	Der Taufpathe.
The godmother.	Die Taufpathin.
A widower.	Ein Wittwer.
A widow.	Eine Wittwe.
A guardian.	Ein Vormund.

L'homme, ses âges et degrés de parenté.	L'uomo, sue età e gradi di parentela.
La belle-mère.	La matrigna.
Le beau-père.	Il suocero.
La belle-mère.	La suocera.
Les enfans.	I fanciulli.
Les jumeaux.	I gemelli.
Le fils.	Il figliuolo; il figlio.
La fille.	La figliuola; la figlia.
Le petit-fils.	Il nipotino.
La petite-fille.	La nipotina.
L'arrière-petit-fils.	Il bisnipote, il pronipote.
Le beau-fils.	Il figliastro.
La belle-fille.	La figliastra.
Le frère.	Il fratello.
La soeur.	La sorella.
Le beau-frère.	Il cognato.
La belle-soeur.	La cognata.
Le gendre.	Il genero.
La bru.	La nuora.
L'oncle.	Lo zio.
La tante.	La zia.
Le cousin.	Il cugino.
La cousine.	La cugina.
Le neveu.	Il nipote.
La nièce.	La nipote.
La parenté.	La parentela.
L'affinité.	L'affinità.
Le fiancé.	Lo sposo promesso.
La fiancée.	La sposa promessa.
Les fiançailles.	Lo sposalizio.
Le mariage.	Il matrimonio.
La noce; les noces.	Le nozze.
Le mari.	Il marito; il consorte.
La femme.	La moglie; la consorte.
L'époux, l'épouse.	Lo sposo; la sposa.
Les compères.	I compari.
Le parrain.	Il patrino.
La marraine.	La matrina.
Un veuf.	Un vedovo.
Une veuve.	Una vedova.
Un tuteur.	Un tutore.

A ward.	Ein Mündel.
An orphan.	Eine Waise.
A midwife.	Eine Hebamme.
The nurse.	Die Amme.
The friend.	Der Freund, die Freundin.
The fosterfather.	Der Pflegevater.

Of the human body.	Der menschliche Körper.
The skeleton.	Das Gerippe.
The limbs.	Die Glieder.
The skin.	Die Haut.
The pores.	Die Schweisslöcher; die Poren.
The bones.	Die Knochen.
The marrow.	Das Mark.
The flesh.	Das Fleisch.
The fat.	Das Fett.
The blood.	Das Blut.
The veins.	Die Adern.
The arteries.	Die Pulsadern.
The nerves.	Die Nerven.
The muscles.	Die Muskeln.
The sinews	Die Sehnen.
The head.	Der Kopf.
The scull.	Der Schädel.
The hair.	Die Haare.
The crown of the head.	Der Haarwirbel
Curled hair.	Gelockte Haare
The tress, plait of hair	Die Haarflechte
The brain.	Das Gehirn.
The face.	Das Gesicht.
The features.	Die Gesichtszüge.
The temples.	Die Schläfe.
The eyes.	Die Augen.
The eyelids.	Die Augenlieder.
The eyelashes.	Die Augenwimpern.
The socket of the eye.	Die Augenhöhle.
The eyebrows.	Die Augenbrauen.
The corners of the eye.	Die Augenwinkel.
The apple of the eye.	Der Augapfel.

Un pupille.	Un pupillo.
Un orphelin; une orpheline.	Un' orfano; un' orfana
Une sage-femme.	Una levatrice.
La nourrice.	La balia.
L'ami, l'amie.	L'amico, l'amica.
Le père nourricier.	L'educatore.

Le corps humain.	**Il corpo umano.**
Le squelette.	Lo scheletro.
Les membres.	I membri.
La peau.	La pelle.
Les pores.	I pori.
Les os.	Le ossa.
La moëlle.	Il midollo.
La chair.	La carne.
La graisse.	Il grasso.
Le sang.	Il sangue.
Les veines.	Le vene.
Les artères.	L'arterie.
Les nerfs.	I nervi.
Les muscles.	I muscoli.
Les tendons.	I tendini.
La tête.	La testa; il capo.
Le crâne.	Il cranio.
Les cheveux.	I capelli
Le sommet de la tête.	Il cocuzzo.
Cheveux buclés.	Capelli ricci.
La natte.	La treccia di capelli.
La cervelle.	Il cervello.
Le visage.	Il viso.
Les traits.	Le fatezze.
Les tempes.	Le tempie.
Les yeux.	Gli occhi.
Les paupières.	Le palpebre.
Les cils.	Le ciglia.
L'orbite.	Il cavo degli occhi.
Les sourcils.	Le sopracciglia.
Le coin de l'oeil.	La coda dell' occhio.
Le globe de l'oeil.	Il globo dell' occhio.

Of the human body.	Der menschliche Körper.
The pupil.	Der Augenstern.
The ears.	Die Ohren.
The tympanum.	Das Trommelfell.
The cheeks.	Die Waugen, Backen.
The chin.	Das Kinn.
A dimple.	Ein Grübchen.
The nose.	Die Nase.
The nostrils.	Die Nasenlöcher.
The lips.	Die Lippen.
The mouth.	Der Mund.
The beard.	Der Kinnbart.
The moustachios.	Der Schnurrbart.
Whiskers.	Der Backenbart.
The teeth.	Die Zähne.
The canine-teeth.	Die Hundszähne.
The molar-teeth; grinders.	Die Backenzähne.
The gums.	Das Zahnfleisch.
The jaw-bones.	Die Kinnbacken.
The palate.	Der Gaumen.
The tongue.	Die Zunge.
The throat.	Die Kehle.
The uvula.	Das Zäpfchen.
The wind-pipe.	Die Luftröhre.
The neck.	Der Hals.
The back of the neck.	Der Nacken.
The collar-bone.	Das Schlüsselbein.
The shoulders.	Die Schultern.
The back.	Der Rücken.
The spine.	Der Rückgrat.
The arm.	Der Arm.
The elbows.	Die Elbogen.
The hand.	Die Hand.
The palm of the hand.	Die flache Hand.
The fist.	Die Faust.
The finger.	Der Finger.
The thumb.	Der Daumen.
The fore-finger.	Der Zeigefinger.
The middle-finger.	Der Mittelfinger.
A joint.	Das Gelenk.
The knuckles.	Die Knöchel.
The nails.	Die Nägel.

Le corps humain.	Il corpo umano.
La prunelle.	La pupilla.
Les oreilles.	Le orecchie, gli orecchi.
Le tympan.	Il timpano.
Les joues.	Le guancie, le gote.
Le menton.	Il mento.
Une fossette.	Una pozzetta.
Le nez.	Il naso.
Les narines.	Le narici.
Les lèvres.	Le labbra, i labbri.
La bouche.	La bocca.
La barbe.	La barba.
Les moustaches	I mustacchi.
Les favoris.	Le basette.
Les dents.	I denti.
Les dents canines.	I denti canini.
Les dents molaires.	I denti molari.
Les gencives.	Le gengive.
Les mâchoires.	Le mascelle.
Le palais.	Il palato.
La langue.	La lingua.
La gorge.	La gola.
La luette.	L'ugola.
Le larynx.	La trachea.
Le col; le cou	Il collo.
La nuque.	La nuca.
La clavicule.	La clavicola.
Les épaules.	Le spalle.
Le dos.	Il dosso.
L'échine.	La schiena.
Le bras.	Il braccio.
Les coudes.	I gomiti.
La main.	La mano.
La paume de la main.	La palma della mano.
Le poing.	Il pugno.
Le doigt.	Il dito.
Le pouce.	Il pollice.
L'index.	L'indice.
Le doigt du milieu.	Il dito di mezzo.
La jointure.	La giuntura.
Les noeuds.	Le nocche.
Les ongles.	L'ugna; l unghia.

Of the human body.	Der menschliche Körper.
The bosom.	Der Busen.
The chest.	Die Brust.
The breasts.	Die Brüste.
The belly, the abdomen.	Der Bauch, Unterleib
The navel.	Der Nabel.
The side.	Die Seite.
The flanks.	Die Weichen.
The ribs.	Die Rippen.
The thighs.	Die Schenkel.
The loins.	Die Lenden.
The knees.	Die Kniee.
The cap of the knee.	Die Kniescheibe.
The bend of the knee.	Die Kniekehle.
The legs.	Die Beine.
The shin-bone.	Das Schienbein
The calf.	Die Waden.
The heel.	Die Ferse.
The foot.	Der Fuss.
The instep.	Der Spann.
The ankle-bone.	Der Knöchel.
The sole of the foot.	Die Fusssohle.
The toes.	Die Zehen.
The great toe.	Die grosse Zehe.
The entrails.	Das Eingeweide.
The intestines.	Die Gedärme
The heart.	Das Herz.
The lungs.	Die Lunge.
The liver.	Die Leber.
The loins.	Die Nieren.
The spleen.	Die Milz.
The gall.	Die Galle.
The bladder.	Die Blase.
The milk.	Die Milch.
The stomach.	Der Magen.
The diaphragm.	Das Zwerchfell.
The phlegm.	Der Schleim.
The saliva.	Der Speichel.
The urine.	Der Urin.
The excrements.	Der Abgang, Koth.
Perspiration.	Der Schweiss.
Tears.	Die Thränen.

Le corps humain.	Il corpo umano.
Le sein.	Il seno.
La poitrine.	Il petto.
Les mamelles.	Le poppe.
Le ventre; le bas-ventre.	Il ventre; l'addomine.
Le nombril.	Il bellico
Le côté.	Il costato
Les flancs.	I fianchi
Les côtes.	Le coste.
Les cuisses.	Le coscie.
Les lombes.	I lombi.
Les genoux.	Le ginocchia.
La rotule.	La padella.
Le jarret.	Il garetto.
Les jambes.	Le gambe.
L'os de la jambe.	Lo stinco.
Les mollets.	I polpacci.
Le talon.	Il calcagno.
Le pied.	Il piede.
Le cou-de-pied.	Il collo del piede.
La cheville.	La noce del piede.
La plante du pied.	La pianta del piede.
Les doigts du pied.	I diti del piede.
L'orteil.	Il pollice, dito grosso del piede.
Les entrailles.	Le viscere.
Les boyaux.	Le budella.
Le coeur.	Il cuore.
Le poumon.	Il polmone.
Le foie.	Il fegato.
Les reins.	I reni.
La rate.	La milza.
Le fiel; la bile.	Il fiele; la bile.
La vessie.	La vescica.
Le lait.	Il latte.
L'estomac.	Lo stomaco.
Le diaphragme.	Il diafragma.
Le flegme.	La flemma.
Le salive.	La saliva.
L'urine.	L'orina.
Les excréments.	Gli escrementi
La sueur.	Il sudore.
Les larmes.	Le lagrime.

Conditions and properties of the body.	Körperliche Eigenschaften und Thätigkeiten.
Laughing.	Das Lachen.
Weeping.	Das Weinen.
Respiration.	Das Athmen.
The breath.	Der Athem.
A sigh.	Ein Seufzer.
Groaning.	Das Stöhnen.
Sobbing.	Das Schluchzen.
Sneezing.	Das Niessen.
The hickup.	Der Schlucken.
Waking.	Das Wachen.
Sleeping.	Das Schlafen.
Snoring.	Das Schnarchen.
Walking.	Das Gehen.
Standing.	Das Stehen.
Sitting.	Das Sitzen.
Lying.	Das Liegen.
Exercise, motion.	Die Bewegung.
Activity.	Die Beweglichkeit.
Rest.	Die Ruhe.
The voice.	Die Stimme.
Speech.	Die Sprache.
Beauty, beautiful.	Die Schönheit, schön.
Grace, graceful.	Die Anmuth, anmuthig.
Ugliness, ugly.	Die Hässlichkeit, hässlich.
Health, healthy.	Die Gesundheit, gesund.
Illness, ill.	Die Krankheit, krank.
Tallness, tall.	Die Grösse, gross.
Smallness, small.	Die Kleinheit, klein.
Bigness, big.	Die Wohlbeleibtheit, dick.
Meagerness, meagre.	Die Magerkeit, mager.
The appearance.	Das Aussehen.
The look, the mien.	Die Miene.
The gait, carriage.	Die Haltung.
The physiognomy.	Die Gesichtsbildung.
The complexion.	Die Gesichtsfarbe.
A ruddy face.	Ein frisches Gesicht.
A pale face.	Ein blasses Gesicht.
Wrinkles.	Die Runzeln.

Les qualités et les fonctions du corps.	**Le qualità e le funzioni del corpo.**
Le rire, ris.	Il ridere, riso.
Les pleurs.	Il pianto.
La respiration.	La respirazione.
L'haleine.	Il fiato, la lena.
Un soupir.	Un sospiro.
Le gémissement.	Il gemito.
Les sanglots.	I singhiozzi.
L'éternuement.	Lo sternuto.
Le hoquet.	Il singhiozzo.
L'état de veiller.	Il vegliare.
L'état de dormir.	Il dormire.
L'action de ronfler.	Il russare.
L'action de marcher.	Il marciare.
L'action de se tenir debout.	Lo stare in piedi.
L'état d'être assis.	Il sedere.
L'état d'être couché.	Il giacere.
Le mouvement.	Il moto, movimento.
La souplesse.	La flessibilità.
Le repos.	Il riposo.
La voix.	La voce.
La parole.	La favella, la parola.
La beauté, beau.	La bellezza, bello.
La grâce, gracieux.	La grazia, grazioso.
La laideur, laid.	La bruttezza, brutto.
La santé, sain.	La sanità, sano.
La maladie, malade.	La malattia, ammalato.
La grandeur, grand.	La grandezza, grande.
La petitesse, petit.	La piccolezza, piccolo.
L'embonpoint, gras.	La grassezza, grasso.
La maigreur, maigre.	La magrezza, magro.
L'air.	L'aria.
La mine.	La ciera, l'aspetto.
Le port.	Il portamento.
La physionomie.	La fisonomia.
Le teint.	La carnagione.
Un visage vermeil.	Un viso vermiglio.
Un visage pâle.	Un viso pallido.
Les rides.	Le rughe, le grinze.

The scar.	Die Narbe.
The figure.	Der Wuchs.
Strength.	Die Stärke.
Weakness.	Die Schwäche.
A robust man.	Ein starker Mann.
A strong-built man.	Ein starkgliederiger Mann.
A slender man.	Ein schlanker Mann.
A thick-set man.	Ein untersetzter Mann.
An ill-made man.	Ein schlecht gebauter Mann.
A delicate constitution.	Eine zarte Leibesbeschaffenheit.

The senses and mental faculties.	**Sinne und Seelenkräfte.**
The sight, to see.	Das Gesicht, sehen.
The hearing, to hear.	Das Gehör, hören.
A sound.	Ein Schall, Klang.
The taste, to taste.	Der Geschmack, schmecken.
A relish, flavour.	Ein Geschmack.
The smell, to smell.	Der Geruch, riechen.
A scent, an odour.	Ein Geruch.
A stink.	Ein Gestank.
The touch, to touch.	Das Gefühl, fühlen.
Memory.	Das Gedächtniss.
The remembrance.	Die Erinnerung.
The soul.	Die Seele.
The reason.	Die Vernunft.
The understanding.	Der Verstand.
Common sense.	Der gesunde Menschenverstand.
A misunderstanding.	Ein Missverständniss.
An error.	Ein Irrthum.
Forgetfulness.	Die Vergesslichkeit.
Virtue.	Die Tugend.
Vice.	Das Laster.
Prudence.	Die Klugheit.
Wisdom.	Die Weisheit.
Cunning.	Die Schlauheit.
Folly.	Die Thorheit.
Will.	Der Wille.

Les sens et les facultés de l'âme.	I sensi e le potenze dell' anima.
La cicatrice.	La cicatrice.
La taille.	La statura.
La force.	La forza.
La faiblesse.	La debolezza.
Un homme nerveux.	Un' uomo nerboruto.
Un homme membru.	Un' uomo membruto.
Un homme mince.	Un' uomo minuto.
Un homme trapu.	Un' uomo tarchiato.
Un homme mal bâti.	Un' uomo mal fatto.
Une constitution délicate.	Una complessione gracile.

Les sens et les facultés de l'âme.	**I sensi e le potenze dell' anima.**
La vue, voir.	La vista, vedere.
L'ouïe, entendre.	L'udito, udire.
Un son.	Un suono.
Le goût, goûter.	Il gusto, gustare.
Une saveur.	Un sapore.
L'odorat, sentir.	L'odorato, odorare.
Une senteur; une odeur.	Un sentore; un odore.
Une puanteur; une mauvaise odeur.	Un puzzo; un cattivo odore.
Le toucher, toucher.	Il tatto, toccare.
La mémoire.	La memoria.
Le souvenir.	La rimembranza.
L'âme.	L'anima.
La raison.	La ragione.
L'entendement.	L'intelletto.
Le bon sens.	Il senno.
Une méprise.	Uno sbaglio.
Une erreur.	Un errore.
L'oubli.	La dimenticanza; l'obblio.
La vertu.	La virtù.
Le vice.	Il vizio.
La prudence.	La prudenza.
La sagesse.	La saviezza, sapienza.
La ruse.	L'astuzia.
La folie.	La stoltezza.
La volonté.	La volontà.

The senses and mental faculties.	Sinne und Seelenkräfte.
Judgment.	Die Urtheilskraft.
Penetration.	Der Scharfsinn.
Wit.	Der Geist, Witz.
Genius.	Das Genie.
Aptness; skilfulness.	Die Geschicklichkeit.
Inaptness; awkwardness.	Die Ungeschicklichkeit.
Knowledge.	Die Kenntniss.
Stupidity.	Die Dummheit.
Conscience.	Das Gewissen.
Compunction, remorse.	Die Gewissensbisse.
Repentance.	Die Reue.
Imagination.	Die Einbildungskraft.
An idea.	Ein Begriff.
Sleep.	Der Schlaf.
A dream.	Ein Traum.
Faith.	Der Glaube.
Astonishment.	Die Verwunderung.
Admiration.	Die Bewunderung.
Suspicion.	Der Argwohn, Verdacht.
Hope.	Die Hoffnung.
Despair.	Die Verzweiflung.
Joy.	Die Freude.
Gladness.	Die Fröhlichkeit.
Pleasure.	Das Vergnügen.
Grief.	Der Schmerz.
Sorrow.	Die Traurigkeit.
Affliction.	Die Betrübniss.
Patience.	Die Geduld.
Impatience.	Die Ungeduld.
Honour.	Die Ehre.
Anger.	Der Zorn.
Rage, passion.	Der Jähzorn.
Fury.	Die Wuth.
Pride.	Der Stolz.
Vanity.	Die Eitelkeit.
Doubt.	Der Zweifel.
A wish, desire.	Ein Wunsch, Verlangen.
Boldness.	Die Kühnheit.
Bravery.	Die Tapferkeit.
Liveliness.	Die Lebhaftigkeit.
Fear.	Die Furcht.

Les sens et les facultés de l'âme.	I sensi e le potenze dell' anima.
Le raisonnement; le jugement.	Il raziocinio; il giudizio.
La perspicacité.	La perspicaccia.
L'esprit.	Lo spirito.
Le génie.	L'ingegno.
L'habilité; l'adresse.	L'abilità; la destrezza.
La maladresse.	La goffaggine.
La connaissance.	La cognizione.
La sottise.	La stolidezza.
La conscience.	La coscienza.
Les remords.	I rimorsi.
Le repentir.	Il pentimento.
L'imagination.	L'immaginazione.
Une idée.	Un' idea.
Le sommeil.	Il sonno.
Un songe; un rêve.	Un sogno.
La foi.	La fede.
L'étonnement.	Lo stupore.
L'admiration.	L'ammirazione.
Le soupçon.	Il sospetto.
L'espérance.	La speranza.
Le désespoir.	La disperazione.
La joie.	La gioja.
L'allégresse.	L'allegrezza.
Le plaisir.	Il piacere.
La douleur.	Il dolore.
La tristesse.	La tristezza.
L'affliction.	L'afflizione.
La patience.	La pazienza.
L'impatience.	L'impazienza.
L'honneur.	L'onore.
La colère.	La collera.
La rage.	La rabbia.
La fureur.	Il furore.
La fierté.	La fierezza.
La vanité.	La vanità.
Le doute.	Il dubbio.
Un souhait, désir.	Un desiderio, una brama
La hardiesse.	L'ardire.
La bravoure.	La bravura.
La vivacité.	La vivacità.
La peur; la crainte.	La paura; il timore.

The senses and mental faculties.	Sinne und Seelenkräfte.
Cowardice.	Die Feigheit.
Timidity.	Die Zaghaftigkeit.
Terror, dismay.	Das Entsetzen.
Fright, alarm.	Der Schrecken.
Apprehension, anxiety.	Die Angst.
Chastity.	Die Keuschheit.
Shame.	Die Scham.
Pity.	Das Mitleiden.
Sympathy.	Das Mitgefühl.
Mercy.	Die Barmherzigkeit.
Character.	Der Charakter.
The humour.	Die Laune.
Sentiment.	Die Gesinnung.
Opinion.	Die Meinung.
Sensibility.	Die Empfindlichkeit.
Passion.	Die Leidenschaft.
Love.	Die Liebe.
Tenderness.	Die Zärtlichkeit.
Inclination.	Die Neigung.
Antipathy.	Die Abneigung.
Hatred.	Der Hass.
Friendship.	Die Freundschaft.
Hostility.	Die Feindschaft.
Jealousy.	Die Eifersucht.
Envy.	Der Neid.
Emotion.	Die Gemüthsbewegung.
Tranquillity.	Die Ruhe.
Diligence.	Der Fleiss.
Modesty.	Die Bescheidenheit.
Humility.	Die Demuth.
Liberality.	Die Freigebigkeit.
Avarice.	Der Geiz.
Penuriousness.	Die Kargheit.
Justice.	Die Gerechtigkeit.
Equity, fair dealing.	Die Billigkeit.
Gratitude.	Die Dankbarkeit.
Cruelty.	Die Grausamkeit.
Idleness.	Die Faulheit.
Listlessness.	Die Nachlässigkeit.
Voracity.	Die Gefrässigkeit.

Les sens et les facultés de l'âme.	I sensi e le potenze dell' anima.
La lâcheté.	La viltà, codardia.
La timidité.	La timidità.
L'épouvante.	Lo spavento.
La terreur.	Il terrore.
L'angoisse.	L'angoscia.
La chasteté.	La castità.
La pudeur.	Il pudore.
La pitié.	La pietà.
La compassion.	La compassione.
La miséricorde.	La misericordia.
Le caractère.	Il carattere.
L'humeur, l'esprit.	L'umore, il capriccio
Le sentiment.	Il sentimento.
L'opinion.	L'opinione.
La sensibilité.	La sensibilità.
La passion.	La passione.
L'amour.	L'amore.
La tendresse.	La tenerezza.
L'inclination.	L'inclinazione.
L'antipathie.	L'antipatia.
La haine.	L'odio.
L'amitié.	L'amicizia.
L'inimitié.	L'inimicizia.
La jalousie.	La gelosia.
L'envie.	L'invidia.
L'émotion.	L'emozione.
La tranquillité; le calme.	La tranquillità; la calma.
L'application.	La diligenza.
La modestie.	La modestia.
L'humilité.	L'umiltà.
La libéralité.	La liberalità.
L'avarice.	L'avarizia.
La lésine.	La lesina.
La justice.	La giustizia.
L'équité.	L'equità.
La reconnaissance.	La gratitudine; la riconoscenza.
La cruauté.	La crudeltà.
La paresse.	La pigrizia.
La nonchalance.	La trascuratezza
La voracité.	La voracità.

Epicureanism.	Die Feinschmeckerei.
Politeness.	Die Höflichkeit.
Incivility.	Die Unhöflichkeit.
Deceit, cheating.	Die Betrügerei, der Betrug.
Drunkenness.	Die Trunkenheit.
A falsehood.	Eine Lüge.
Misdemeanor.	Das Vergehen.
Crime.	Das Verbrechen.

Maladies and infirmities.	**Krankheiten und Gebrechen.**
A malady, illness.	Eine Krankheit.
Indisposition.	Eine Unpässlichkeit.
Pain, ache.	Der Schmerz.
An attack.	Ein Anfall.
A fit.	Ein Zufall.
Fainting.	Die Ohnmacht.
Nausea.	Die Uebelkeit.
The headache.	Die Kopfschmerzen.
The toothache.	Die Zahnschmerzen.
Stomach-ache.	Die Magenschmerzen.
The colic.	Die Kolik; die Leibschmerzen
Dizziness.	Der Schwindel.
Chlorosis.	Die Bleichsucht.
Apoplexy.	Der Schlag.
A cough.	Der Husten.
Sore throat; croup.	Die Bräune.
A cold in the head.	Der Schnupfen.
Hoarseness.	Die Heiserkeit.
A cold.	Eine Erkältung.
A fever.	Ein Fieber.
The ague.	Das kalte Fieber.
Nervous fever	Das Nervenfieber.
Scarlet fever.	Das Scharlachfieber.
The plague.	Die Pest.
The Cholera.	Die Cholera.
Small-pox.	Die Pocken.
The cow-pox.	Die Schutzpocken, die Kuhpocken.
Measles.	Die Masern, Rötheln.
Inflammation.	Die Entzündung.

La gourmandise.	La golosità.
La politesse.	La cortesia.
L'incivilité.	L'inciviltà.
La tromperie, fraude.	L'inganno, la frode.
L'ivrognerie.	La crapola.
Un mensonge.	Una menzogna, bugia.
Le délit.	Il delitto.
Le crime.	Il misfatto.

Maladies et infirmités.	**Malattie ed infirmità.**
Une maladie.	Una malattia.
Une indisposition.	Un' indisposizione.
La douleur.	Il dolore.
Un accès.	Un' accesso.
Un accident.	Un' accidente.
Un évanouissement.	Uno svenimento.
La nausée, le mal au coeur.	La nausea.
Le mal de tête.	Il dolor di testa.
Le mal de dents.	Il dolor di denti.
Le mal d'estomac.	Il dolor di stomaco.
La colique.	La colica.
Le vertige.	La vertigine.
Les pâles couleurs.	I pallidi colori.
L'apoplexie.	L'apoplessia.
La toux.	La tosse.
Le croup.	La squinanzia.
Le rhume de cerveau.	L'infiammazione di cervello
L'enrouement.	La fiocaggine.
Un catarrhe.	Un catarro.
Une fièvre.	Una febbre.
La fièvre intermittente.	La febbre intermittente.
La fièvre typhoïde.	La febbre nervosa.
La fièvre scarlatine.	La febbre scarlatina.
La peste.	La peste.
Le choléra.	Il colera.
La petite vérole.	Il vajuolo.
La vaccine.	La vaccina.
La rougeole.	La roselia.
L'inflammation.	L'infiammazione.

Maladies and infirmities.	Krankheiten und Gebrechen.
Inflammation of the lungs.	Die Lungenentzündung.
Brain fever.	Die Gehirnentzündung.
The flux.	Der Fluss.
Diarrhoea.	Der Durchfall.
Dysentery.	Die Ruhr.
The dropsy.	Die Wassersucht.
Consumption.	Die Schwindsucht.
Epilepsy.	Die fallende Sucht.
Rheumatism.	Der Rheumatismus.
Gout.	Die Gicht.
Scurvy.	Der Scharbock.
Constipation.	Die Verstopfung.
Pleurisy.	Das Seitenstechen.
The gravel.	Der Blasengries.
Cramp.	Der Krampf.
A swelling.	Eine Geschwnlst.
A wound.	Eine Wunde.
A scar.	Eine Narbe.
A sore.	Ein Schaden.
An abscess.	Ein Schwären.
A boil.	Ein Geschwür.
A chilblain.	Eine Frostbeule.
A corn.	Ein Hühnerauge.
A dislocation.	Eine Verrenkung.
A contusion.	Eine Quetschung.
The cancer.	Der Krebs.
Gangrene.	Der Knochenfrass, der kalte Brand.
Leprosy.	Der Aussatz.
A scab.	Ein Schorf.
Tetters; ringworm.	Die Flechten.
The itch.	Die Krätze.
A pustule.	Eine Blatter, Blase.
A pimple.	Eine Finne.
A wart.	Eine Warze.
Infection.	Die Ansteckung.
Perspiration.	Die Ausdünstung.
An epidemic.	Eine herrschende Krankheit.
Diet.	Die Diät.

Maladies et infirmités.	Malattie ed infirmità.
La pleurésie.	La pleurisia.
La fièvre cérébrale.	La febbre cerebrale.
La fluxion.	La flussione.
La diarrhée; le dévoiement.	La diarrea; la menagione. Il flusso di ventre.
La dyssenterie.	La disenteria.
L'hydropisie.	L'idropisia.
La phthisie, pulmonie.	La tisichezza, polmonia.
L'épilepsie.	L'epilessia.
Le rhumatisme.	Il reumatismo.
La goutte.	L'artritide; la podagra.
Le scorbut.	La scorbuto.
La constipation; l'obstruction.	La costipatione; l'ostruzione.
Le point de côté.	La puntura.
La gravelle.	Il calcolo, la renella.
La crampe.	Il granchio.
Une tumeur.	Un tumore.
Une blessure	Una ferita.
Une cicatrice.	Una cicatrice.
Une plaie.	Una piaga.
Un abcés.	Un ciccione, un' apostema.
Un ulcère.	Un' ulcera.
Une engelure	Un pedignone.
Un cor au pied.	Un callo a' piedi.
Une luxation.	Una slocatura.
Une contusion.	Una contusione.
Le cancer.	Il canchero.
La gangrène.	La gangrena.
La lèpre.	La lebbra, lepra.
La croûte.	La crosta.
Les dartres.	Le volatiche.
La gale.	La rogna.
Une pustule.	Una pustula.
Un bouton.	Un bitorzolo.
Une verrue.	Un porro.
L'infection.	L'infezione.
La transpiration.	La traspirazione.
Une épidémie.	Una contagione, epidemia.
La diète.	La dieta.

A remedy.	Das Mittel.
A prescription.	Ein Recept.
A potion.	Ein Arzneitrank.
A powder.	Ein Pulver.
A purgative.	Ein Abführungsmittel.
An emetic.	Ein Brechmittel.
A clyster.	Ein Klistier.
A bath.	Ein Bad.
Bleeding.	Der Aderlass.
Cupping glass.	Der Schröpfkopf.
The leech.	Der Blutegel.
A bandage.	Der Verband.
Lint.	Die Charpie.
Balm.	Der Balsam.
Salve.	Die Salbe.
The embrocation.	Die Einreibung.
The cure.	Die Heilung.
Recovery.	Die Wiedergenesung
Blindness.	Die Blindheit.
Paralysis.	Die Gliederlähmung
Dumbness.	Die Stummheit.
Deafness.	Die Taubheit.
Squinting.	Das Schielen.
Cataract.	Der Staar.
Stammering.	Das Stammeln.
Lameness.	Die Lähmung.
A cripple.	Ein Krüppel.
A hunch-back.	Ein Buckeliger.
A dwarf.	Ein Zwerg.
A giant.	Ein Riese.
A monster	Ein Ungeheuer.
An abortion.	Eine Missgeburt.

Of the town.	Die Stadt.
A city.	Eine Stadt mit Mauern.
A metropolis.	Eine Hauptstadt.
A suburb.	Die Vorstadt.
A quarter.	Ein Stadtviertel.
A parish.	Ein Kirchspiel.
The walls of the town.	Die Stadtmauern.

Le remède.	Il rimedio.
Une ordonnance.	Una ricetta.
Une potion.	Una pozione.
Une poudre.	Una polvere.
Un purgatif.	Una purga.
Un vomitif.	Un vomitivo
Un lavement.	Un clistero.
Un bain.	Un bagno.
La saignée.	Il salasso.
La ventouse.	La ventosa.
La sangsue.	La sanguisuga.
Le bandage.	La fasciatura.
La charpie.	La filaccica.
Le baume.	Il balsamo.
L'onguent.	L'unguento.
La friction.	La fregagione.
La guèrison.	La guarigione.
La convalescence.	La convalescenza.
La cécité.	La cecità.
La paralysie.	La paralisia.
Le mutisme.	La mutezza.
La surdité.	La sordità.
Le loucher.	Il strabismo
La cataracte.	La cateratta.
Le bégaiement.	Il balbettare.
La paralysie.	La paralisia.
Un estropié.	Uno storpiato.
Un bossu.	Un gobbo.
Un nain.	Un nano.
Un géant.	Un gigante.
Un monstre.	Un mostro.
Un avorton.	Un aborto.

La ville.	La città.
Une cité, une ville.	Una città.
Une capitale.	Una capitale.
Le faubourg.	Il sobborgo.
Le quartier.	Il quartiere.
Une paroisse.	Una parrochia
Les murs de la ville.	Le mura della città

Of the town.	Die Stadt.
The gates.	Die Stadtthore.
An edifice.	Ein Gebäude.
A monument.	Ein Denkmal.
The tower.	Der Thurm.
The steeple.	Der Kirchthurm.
The spire.	Die Thurmspitze.
The bells.	Die Glocken.
The clock-work.	Das Uhrwerk.
The chimes.	Das Glockenspiel.
A sun-dial.	Eine Sonnenuhr
A church.	Eine Kirche.
The vestry.	Die Sakristei.
The cathedral, minster.	Die Hauptkirche, das Münster, der Dom.
The church-yard.	Der Kirchhof.
A convent	Ein Kloster.
A chapel.	Eine Kapelle.
A palace..	Ein Palast.
The town-hall.	Das Rathhaus.
The arsenal.	Das Zeughaus.
The mint.	Die Münze.
The castle.	Das Schloss.
The theatre.	Das Schauspielhaus.
The custom-house.	Das Zollhaus, Mauthhaus.
A barrack.	Eine Kaserne.
The post-office.	Die Post.
The riding-school.	Die Reitbahn.
The library.	Die Bibliothek.
The university.	Die Universität.
The exchange.	Die Börse.
The bank.	Die Bank.
A court of justice.	Ein Gerichtshof.
The hospital.	Das Spital, Krankenhaus.
The orphan asylum.	Das Waisenhaus.
The foundling hospital.	Das Findelhaus.
The lunatic asylum.	Das Irrenhaus.
The prison.	Das Gefängniss.
The house of correction.	Das Zuchthaus.
The watchhouse.	Das Wachthaus.
A slaughter-house.	Ein Schlachthaus.
A square.	Ein Platz.

La ville.	La città.
Les portes.	Le porte.
Un édifice.	Un edifizio.
Un monument.	Un monumento.
La tour	La torre.
Le clocher.	Il campanile.
La flèche.	La punta d'un campanile.
Les cloches.	Le campane.
L'horloge.	Le ruote d'un oriuolo.
Le carillon.	Lo scampanio.
Un cadran solaire.	Un orologio a sole.
Une église.	Una chiesa.
La sacristie.	La sagristia.
La cathédrale.	La cattedrale.
Le cimetière.	Il cimiterio, campo santo.
Un couvent.	Un monastero, un convento.
Une chapelle.	Una cappella.
Un palais.	Un palazzo.
L'hôtel de ville.	La casa della città.
L'arsenal.	L'arsenale.
La monnaie.	La zecca.
Le château.	Il castello.
Le théâtre.	Il teatro.
La douane.	La dogana.
Une caserne.	Una caserna.
Le bureau des postes.	L'uffizio delle poste.
Le manége.	La cavallerizza.
La bibliothèque.	La biblioteca, la libreria.
L'université.	L'università.
La bourse.	La borsa.
La banque.	La banca.
Un tribunal.	Un tribunale.
L'hôpital.	Lo spedale; l'ospitale.
La maison des orphelins.	La casa degli orfani.
L'hôpital des enfans trouvés.	L'ospitale de' bambini.
L'hôpital des aliénés.	L'ospitale de' pazzi.
La prison.	La prigione, il carcere.
La maison de force	La casa di correzione.
Le corps de garde.	Il corpo di guardia.
Une boucherie.	Un macello, una beccheria
Une place.	Una piazza.

Of the town. — Of a house.	Die Stadt. — Das Haus.
A market.	Ein Markt.
A street.	Eine Strasse.
A lane.	Eine Gasse.
A blind-alley.	Ein Sackgässchen.
A thoroughfare.	Ein Durchgang.
The court-yard.	Der Hof.
A crossway.	Ein Kreuzweg.
A bridge.	Eine Brücke.
A quay.	Ein Quai.
The locks, sluices.	Die Schleusen.
A well.	Ein Ziehbrunnen.
A fountain.	Ein Springbrunnen.
An aqueduct.	Eine Wasserleitung.
A cistern.	Eine Cisterne.
A sewer.	Ein Abfluss, ein Kanal.
A vault.	Ein Gewölbe.
A shop.	Ein Kaufladen.
A magazine, warehouse.	Ein Magazin.
A bookseller's shop.	Ein Buchladen.
An apothecary's shop.	Eine Apotheke.
A coffee-house.	Ein Kaffehaus.
An inn; a hotel.	Ein Gasthaus; ein Gasthof.
A dining-house.	Ein Speisehaus.
An ale-house.	Ein Bierhaus.
A tavern.	Ein Weinhaus.
A cook's shop.	Eine Garküche.
A furnished room.	Ein möblirtes Zimmer.
A public-house.	Eine Schenke.
The market-town.	Der Marktflecken.

Of a house.	Das Haus.
A dwelling-house.	Ein Wohnhaus.
A cottage.	Eine Hütte.
The stone.	Der Stein.
A brick.	Ein Ziegelstein.
Slate.	Der Schiefer.
Lime.	Der Kalk.
Mortar.	Der Mörtel.
The pavement.	Das Pflaster.
A plank.	Ein Brett.

La ville. — La maison.	La città. — La casa.
Un marché.	Un mercato.
Une rue.	Una strada, una via.
Une ruelle.	Un vicolo.
Un impasse.	Una via cieca.
Un passage.	Un passaggio.
La cour.	La corte.
Un carrefour.	Un crocicchio.
Un pont.	Un ponte.
Un quai.	Una sponda.
Les écluses.	Le cateratte.
Un puits.	Un pozzo.
Une fontaine.	Una fontana.
Un aqueduc.	Un acquidotto.
Une citerne.	Una cisterna.
Une cloaque, un égout.	Una fogna, uno scolatojo.
Une voûte.	Una volta.
Une boutique.	Una bottega.
Un magasin.	Un magazino.
Une librairie.	Una libreria.
Une pharmacie.	Una spezieria.
Un café.	Un caffè.
Une auberge; un hôtel.	Un' albergo; una locanda.
Un restaurant.	Un trattore.
Une brasserie.	Una birreria.
Un marchand de vin.	Un mercante di vino.
Une gargote.	Una bettola.
Une chambre garnie.	Una stanza mobigliata.
Un cabaret.	Un' osteria.
Le bourg.	Il borgo.
La maison.	**La casa.**
Une maison.	Una casa.
Une cabane.	Una capanna.
La pierre.	La pietra.
Une brique.	Un mattone.
L'ardoise.	La lavagna.
La chaux.	La calcina.
Le mortier.	Lo smalto.
Le pavé.	Il lastrico.
Une planche.	Un' asse.

Of a house.	Das Haus.
A rafter.	Ein Sparren.
The wood-work.	Das Holzwerk.
A beam.	Ein Balken.
The joists.	Die Querbalken.
The foundation.	Das Fundament.
The wall.	Die Mauer.
The party-wall.	Die gemeinschaftliche Grenzmauer.
The partition-wall.	Die Wand.
A folding-screen.	Eine spanische Wand.
The roof.	Das Dach.
The leads.	Das Bleidach.
The spouts.	Die Dachrinnen.
The tiles.	Die Ziegel.
The gutters.	Die Dachtraufe.
The eaves.	Das Vordach.
The windows.	Die Fenster.
The panes.	Die Fensterscheiben.
The shutters.	Die Fensterladen.
The window-sill.	Das Fenstergesims.
Venetian blinds.	Die Jalousieladen.
The balcony.	Der Erker, Balkon.
The door.	Das Thor, die Thür.
The gate.	Der Thorweg.
The hinges.	Die Thürangeln.
The steps.	Die Treppe vor dem Hause.
The threshold.	Die Schwelle.
The folding doors.	Die Thürflügel.
The knocker.	Der Klöpfel.
The bell.	Die Schelle.
A lock.	Ein Schloss.
A key.	Ein Schlüssel.
A bolt.	Ein Riegel.
A padlock.	Ein Hängeschloss.
The vestibule, lobby.	Die Hausflur, das Vorhaus.
A story.	Ein Stockwerk.
The ground-floor.	Das Erdgeschoss.
The cellar.	Der Keller.
A vault.	Ein Gewölbe.
The kitchen.	Die Küche.
The pantry.	Die Speisekammer.

La maison.	La casa.
Un chevron.	Un cavalletto d'un tetto.
La charpente.	L'armadura di legname.
Une poutre.	Una trave.
Les soliveaux.	Le travicelle.
Les fondements	Le fondamenta.
Le mur.	Il muro.
Le mur mitoyen.	Il muro di mezzo.
La cloison.	La parete.
Un paravent.	Un paravento.
Le toit.	Il tetto.
Le toit de zinc.	Il tetto di zinco.
Les gouttières.	Le grondaje.
Les tuiles.	Le tegole.
La gouttière.	La gronda.
L'avant-toit.	Lo sporto di tetto.
Les fenêtres.	Le finestre.
Les vîtres.	I vetri.
Les contrevents.	I paraventi.
La moulure de fenêtre.	La cornice della finestra.
Les jalousies.	Le gelosie.
Le balcon.	Il balcone.
La porte.	La porta.
La porte cochère.	Il portone
Les gonds.	I cardini, gangheri.
Le perron.	Il poggiuolo.
Le seuil.	Il soglio.
Les battants.	Le imposte.
Le marteau.	Il martello.
La sonnette.	La campanella.
Une serrure.	Una serratura, una toppa.
Une clef.	Una chiave.
Un verrou.	Un chiavistello.
Un cadenas.	Un lucchetto.
Le vestibule.	Il vestibolo.
Un étage.	Un piano.
Le rez-de-chaussée.	L'appartamento terreno.
La cave.	La cantina.
Une voûte.	Una volta.
La cuisine.	La cucina.
L'office.	La credenza.

Of a house.	Das Haus.
The chimney.	Der Schornstein, Kamin.
The staircase.	Die Treppe.
The staircase railing.	Das Treppengeländer.
The landing.	Der Treppenabsatz.
A set of rooms.	Eine Reihe Zimmer.
A room.	Ein Zimmer.
A chamber.	Eine Stube.
A cabinet.	Eine Kammer.
The saloon, drawing-room.	Der Saal.
The dining-room.	Der Speisesaal.
The antichamber.	Das Vorzimmer.
The parlour.	Das Eintritts-Zimmer.
The bed-room.	Das Schlafzimmer.
The nursery.	Die Kinderstube.
The wardrobe.	Die Kleiderkammer.
The servants-hall.	Das Bedientenzimmer.
The servants' room.	Die Mägdekammer.
The loft.	Der Speicher.
An attic.	Eine Dachstube.
The dormer-window.	Die Luke.
The wood-place.	Der Holzplatz.
The wash-house.	Das Waschhaus.
The coach-house.	Der Wagenschuppen.
A hen-house.	Ein Hühnerhaus.
A pigeon-house.	Ein Taubenhaus.
The water-closet.	Der Abtritt.
The well.	Der Brunnen.
The pump.	Die Pumpe.
The front of the house.	Die Vorderseite.
The gable.	Der Giebel.
A grating; gate.	Ein Gitter.
The fire-place; grate.	Der Herd.
The stove.	Der Ofen.
The ceiling.	Die Decke des Zimmers.
The cornice, moulding.	Das Gesims.
The floor.	Der Fussboden.
An inlaid floor.	Ein getäfelter Fussboden.
The pillars.	Die Pfeiler.
The stable.	Der Stall.
The barn.	Die Scheune.
The hayloft.	Der Heuboden.

La maison.	La casa.
La cheminée.	Il cammino.
L'escalier.	La scala.
La rampe.	L'appoggio.
Le palier.	Il pianerottolo.
Un appartement.	Un appartamento.
Une pièce.	Una stanza.
Une chambre.	Una camera.
Un cabinet.	Un gabinetto.
Le salon.	Il salone.
La salle à manger.	Il salotto da mangiare.
L'antichambre.	L'anticamera.
Le parloir.	Il parlatorio.
La chambre à coucher.	La camera da dormire.
La chambre des enfans.	La camera de' bambini.
La garderobe.	La guardaroba.
La salle des domestiques.	Il tinello.
La chambre de la servante.	La camera della serva.
Le grenier.	Il granajo.
Une mansarde.	Una mansarda.
La lucarne.	L'abbaino.
Le bûcher.	La legnaja.
La buanderie.	Il lavatojo.
La remise.	La rimessa.
Un poulailler.	Un pollajo.
Un colombier.	Un colombajo.
Les lieux d'aisances.	Il comodo, necessario.
Le puits.	Il pozzo.
La pompe.	La tromba.
La façade.	La facciata.
Le pignon.	Il comignolo.
Une grille.	Un' inferriata.
L'âtre.	Il focolare.
Le poêle.	La stufa.
Le plafond.	La soffitta.
Le chambranle.	La cornice.
Le plancher.	Il saloja, palco.
Un parquet.	Un suolo intarsiato.
Les piliers.	Il pilastri.
L'écurie.	La scuderia, stalla.
La grange.	Il granajo.
Le grenier au foin.	Il fenile.

Furniture of a house.	Mobilien eines Hauses.
Hangings; paper.	Die Tapeten.
The mirror.	Der Spiegel.
Pictures.	Die Gemälde.
A table.	Ein Tisch.
Chairs.	Die Stühle.
An arm-chair.	Ein Armstuhl.
A secretaire.	Ein Schreibschrank.
A writing-desk.	Der Schreibtisch.
The desk.	Das Pult.
A chest-of-drawers.	Eine Kommode.
A cupboard.	Ein Schrank.
The drawers.	Die Schubladen.
A chest.	Eine Kiste.
A box.	Ein Kästchen.
A trinket-box, casket.	Ein Schmuckkästchen.
A sofa.	Ein Sopha.
A bolster.	Ein Polster.
A foot-stool.	Eine Fussbank.
A carpet	Ein Teppich.
A mat.	Eine Matte.
A time-piece.	Eine Standuhr.
A shelf.	Ein Bücherbrett.
A bookcase.	Ein Bücherschrank.
A candlestick.	Ein Leuchter.
A sconce.	Ein Wandleuchter.
A chandelier.	Ein Kronleuchter.
A girandole.	Ein Armleuchter.
A lamp.	Eine Lampe.
A candle.	Eine Kerze, ein Licht.
A wax-candle.	Eine Wachskerze.
Snuffers.	Die Lichtscheere.
An extinguisher.	Ein Löschhorn.
A lantern.	Eine Laterne.
A spittoon.	Ein Spucknapf.
The stove.	Der Ofen.
A screen.	Ein Ofenschirm.
The tongs.	Die Feuerzange.
The shovel.	Die Schaufel.
The poker.	Das Schüreisen.

Meubles d'une maison.	Suppellettili di casa.
La tapisserie.	La tapezzeria.
Le miroir.	Lo specchio.
Les tableaux.	I quadri.
Une table.	Una tavola.
Les chaises.	Le sedie, seggiole.
Un fauteuil.	Una sedia a bracciuoli.
Un secrétaire.	Uno scrittojo.
Le bureau.	Il banco.
Le pupitre.	Il leggio.
Une commode.	Un cassettone
Une armoire.	Un armario.
Les tiroirs.	I cassettini.
Une caisse.	Una cassa.
Une cassette.	Una cassetta.
Un écrin.	Uno scrigno.
Un sopha.	Un sofà.
Un coussin.	Un cuscino.
Un escabeau.	Une sgabello.
Un tapis.	Un tappeto.
Une natte.	Una stuoja.
Une pendule.	Un pendolo.
Une tablette.	Uno scaffale.
Une bibliothèque.	Una libreria.
Un chandelier.	Un candeliere.
Une girandole.	Una girandola.
Un lustre.	Una lumiera.
Un candélabre.	Un candelabro.
Une lampe.	Una lucerna.
Une chandelle.	Una candela di sevo.
Une bougie.	Una candela di cera.
Les mouchettes.	Lo smoccolatojo.
Un éteignoir.	Uno spegnitojo.
Une lanterne.	Una lanterna.
Un crachoir.	Una sputacchiera.
Le poêle.	La stufa.
Un écran.	Un parafuoco.
Les pincettes.	Le mollette.
La pelle.	La paletta.
Le fourgon.	L'attizzatojo.

Furniture of a house. — Kitchen and cellar.	Mobilien eines Hauses. — Küche und Keller.
Bellows.	Der Blasebalg.
Wood.	Holz.
Coal.	Steinkohlen.
Charcoal.	Holzkohlen.
The bedstead.	Die Bettstelle.
The bed.	Das Bett.
The cradle.	Die Wiege.
A bolster.	Ein Pfühl.
A pillow.	Ein Kopfkissen.
Blankets.	Die Bettdecke.
A coverlet.	Die Oberdecke.
The sheets.	Die Betttücher.
A straw-bed.	Ein Strohsack.
The mattress.	Die Matratze.
The spring-mattress.	Die Springfedermatratze.
A feather-bed.	Ein Federbett.
A towel.	Ein Handtuch.
Soap.	Die Seife.
A basin.	Ein Waschbecken.
A ewer.	Ein Wasserkrug.
A water-bottle.	Eine Wasserflasche.
A glass	Ein Glas.
A warming-pan.	Eine Wärmflasche.
A brush.	Eine Bürste.
A broom.	Ein Besen.
A goosewing, duster.	Ein Flederwisch.
A boot-jack.	Ein Stiefelknecht.
A night-cupboard.	Ein Nachttisch.
A night-stool.	Ein Nachtstuhl.
A chamber pot.	Ein Nachttopf.
Kitchen and cellar.	**Küche und Keller.**
The hearth.	Der Herd.
Fuel.	Die Feuerung.
Ashes.	Die Asche.
Embers.	Glimmende Asche.
Live coals.	Glühende Kohlen.
A log.	Ein Scheitholz.
A fagot.	Ein Reisbündel.

Meubles d'une maison. — La cuisine et la cave.	Suppellettili di casa. — La cucina e la cantina.
Le soufflet.	Il soffietto.
Du bois.	Delle legna.
Des houilles; des charbons de terre.	Dei carboni fossili.
Des charbons de bois.	Dei carboni.
Le bois de lit.	La lettiera.
Le lit.	Il letto.
Le berceau.	La culla.
Un traversin.	Un cappezzale.
Un oreiller.	Un origliere, un guanciale.
Les couvertures.	Le coperte.
Une courte-pointe.	Una trapunta.
Les draps.	Le lenzuola.
Une paillasse	Un pagliericcio.
Le matelas.	Il materasso.
Le sommier élastique.	Il materasso elastico.
Un édredon.	Un piumaccio.
Un essuiemain.	Uno sciugatojo.
Le savon.	Il sapone.
Une cuvette	Una catinella.
Un pot-à-l'eau.	Una brocca.
Une carafe.	Una caraffa.
Un verre.	Un vetro.
Une bassinoire.	Uno scaldaletto.
Une brosse.	Una setola.
Un balai.	Una scopa.
Un plumeau.	Una coltrice.
Un tire-bottes.	Un cavastivali.
Une table de nuit.	Una tavola da notte.
Une chaise percée.	Una sedia da notte.
Un pot de chambre.	Un orinale.

La cuisine et la cave.	La cucina e la cantina.
L'âtre; le fourneau.	Il focolare; il fornello.
Le chauffage.	Lo scaldamento.
Les cendres.	La cenere.
La braise.	La brace.
Des charbons ardens.	De' carboni ardenti.
Une bûche.	Un ciocco.
Un fagot.	Una fascina.

Kitchen and cellar.	Küche und Keller
Turf.	Der Torf.
The tinder.	Der Zunder.
The steel.	Der Feuerstahl.
The flint.	Der Feuerstein.
The matches.	Die Schwefelhölzchen.
A smothing-iron.	Ein Bügeleisen.
Flame.	Die Flamme.
Spark.	Der Funke.
Smoke.	Der Rauch.
Soot.	Der Russ.
The kitchen-utensils.	Das Küchengeschirr.
A pot.	Ein Topf.
A pipkin.	Ein Töpfchen.
A cover.	Ein Deckel.
The kettle, boiler.	Der Kessel.
The boiling kettle.	Der Wasserkessel.
The sauce-pan.	Die Casserole.
The turnspit.	Der Bratspiess.
The dripping pan.	Die Bratpfanne.
The pan.	Die Pfanne.
The skillet.	Der Tiegel.
The skimmer.	Der Schaumlöffel.
The ladle.	Der Kochlöffel.
A cleaver.	Ein Hackmesser.
A trencher.	Ein Hackbrett.
The grater.	Das Reibeisen.
The larding-pin.	Die Spicknadel.
The mortar.	Der Mörser.
A sieve.	Ein Sieb.
The twirling-stick.	Der Quirl.
A basket.	Ein Korb.
A little basket.	Ein Körbchen.
A cup.	Eine Tasse.
A saucer.	Eine Untertasse.
The coffee-pot.	Die Kaffekanne.
The coffee-mill.	Die Kaffemühle.
The tea-pot.	Die Theekanne.
A gridiron.	Ein Rost.
The dogs.	Der Feuerbock.
The pot-hanger.	Der Kesselhaken.
A trivet.	Ein Dreifuss.

La cuisine et la cave.	La cucina e la cantina.
La tourbe.	La torfa.
L'amadou.	L'esca.
Le briquet.	Il focile.
La pierre à feu.	La pietra focaja.
Les allumettes.	Gli zolfanelli.
Le fer à repasser.	Il ferro da stirare.
La flamme.	La fiamma.
L'étincelle.	La scintilla.
La fumée.	Il fumo.
La suie.	La fuliggine.
La batterie de cuisine.	Le stoviglie.
Un pot.	Una pignatta; una pentola.
Un petit pot.	Un pentolino.
Un couvercle.	Un coperchio.
La chaudière, le chaudron.	La caldaja.
La bouilloire.	Il ramino.
La casserole.	La casserola.
Le tournebroche.	Il menarrosto.
La lèchefrite.	La ghiotta.
La poêle.	La padella.
Le poêlon.	La padelletta.
L'écumoire.	La mestola.
La cuillère à pot.	Il romajuolo.
Un couperet.	Un coltellaccio.
Un tranchoir.	Un tagliere.
La rape.	La grattugia.
La lardoire.	Il lardatojo.
Le mortier; le pilon.	Il mortajo; il pestello.
Un tamis.	Uno staccio.
Le moulinet.	Il frollone.
Un panier.	Una cesta.
Une corbeille.	Una corba.
Une tasse.	Una chicchera, tazza.
Une soucoupe.	Una sottocoppa.
La cafetière.	La caffettiera.
Le moulin à café.	Il mulinello da caffè.
La théière.	La tettiere.
Un gril.	Una graticola.
Les chenets.	Gli alari.
La crémaillère.	La catena da fuoco.
Un trépied.	Uno treppiede.

Kitchen and cellar. — Servants of a house.	Küche und Keller. — Hausgenossen und Bedienung.
The chafer.	Die Kohlenpfanne.
A bucket, pail	Ein Eimer.
A dish-cloth.	Ein Waschlappen.
The scullery.	Die Spülbank.
The sink.	Der Wasserstein.
Sweepings.	Der Kehricht.
A cask.	Ein Fass.
A hogshead.	Eine Tonne.
A barrel.	Ein Fässchen.
The hoops.	Die Reifen.
The staves.	Die Dauben.
The bung.	Der Spund.
The cock.	Der Hahn.
A funnel.	Ein Trichter.
A flask.	Ein Fläschchen.
A bottle.	Eine Flasche.
The cork.	Der Pfropfen.
A pot, jug.	Eine Kanne.
A pitcher; a stone-bottle.	Ein Krug.
A pint.	Ein Schoppen.
A glass.	Ein Glas.
A cup.	Ein Becher.
A siphon.	Ein Heber.
The gauntrees.	Die Lagerbäume
The air-hole.	Das Luftloch; das Kellerloch.

Servants of a house.	Hausgenossen und Bedienung.
The master of the house.	Der Hausherr.
The mistress.	Die Hausfrau.
The host.	Der Wirth.
The hostess.	Die Wirthin.
The steward.	Der Haushofmeister
The housekeeper	Die Haushälterin.
The governess.	Die Erzieherin.
The tutor.	Der Hofmeister.
The steward.	Der Hausverwalter.
The butler.	Der Kellermeister.
The groom.	Der Stallmeister.
The secretary.	Der Sekretär,

La cuisine et la cave. — Les habitants et domestiques d'une maison.	La cucina e la cantina. — Gli abitanti e i domestici d'una casa.
Le réchaud.	Lo scaldino.
Un seau.	Una secchia.
Un torchon.	Uno strofinaccio.
Le lavoir.	Il lavatojo.
L'évier.	Lo scolatojo.
Les balayures.	La spazzatura.
Une futaille.	Una botte.
Un tonneau.	Un botticello.
Un baril.	Un barile.
Les cercles.	Le cerchia.
Les douves.	Le doghe.
Le bondon.	Il cocchiume.
Le robinet.	La spina.
Un entonnoir.	Un imbuto.
Un flacon.	Una boccetta.
Une bouteille.	Una bottiglia.
Le bouchon.	Il turacciolo.
Un broc.	Una brocca.
Une cruche.	Un orcio.
Une chopine.	Una foglietta.
Un verre.	Un vetro.
Un gobelet.	Un bicchiere.
Le siphon.	Il sifone.
Les chantiers.	I cantieri.
Le soupirail.	Lo spiraglio.

Les habitants et domestiques d'une maison.	**Gli abitanti e i domestici d'una casa.**
Le maître de la maison.	Il padrone di casa.
La maîtresse du logis.	La padrona di casa.
L'hôte.	L'oste.
L'hôtesse.	L'ostessa.
Le maître d'hôtel.	Il maestro di casa.
La femme de charge.	La donna di servizio.
La gouvernante.	L'aja.
Le précepteur.	Il precettore.
L'intendant.	Il maggiordomo.
Le sommelier.	Il cantiniere.
L'écuyer.	Lo scudiere.
Le secrétaire.	Il segretario.

Servants of a house. — The table.	Hausgenossen und Bedienung — Die Tafel.
The valet.	Der Kammerdiener.
The chamber-maid.	Das Kammermädchen.
A man-cook.	Ein Koch.
A woman-cook.	Eine Köchin.
The scullion.	Der Küchenjunge.
The laundress.	Die Wäscherin.
The coachman.	Der Kutscher.
The groom.	Der Stallknecht.
The servant.	Der Bediente.
The waiter.	Der Kellner.
The maid-servant.	Die Magd.
The valet.	Der Hausknecht.
The porter.	Der Pförtner.
A servant hired by the day.	Ein Lohnbedienter.
Lodgers.	Die Miethsleute.
The rent.	Der Miethzins.
The livery.	Die Livree.
The table.	**Die Tafel.**
The ordinary, table d'hôte.	Die Wirthstafel.
Plate.	Das Tafelgeschirr.
A sideboard.	Ein Schenktisch.
The tablecloth.	Das Tischtuch.
A napkin.	Eine Serviette.
A cover, a place.	Ein Gedeck.
A table-basket.	Ein Tischkorb.
A plate.	Ein Teller.
A fork.	Eine Gabel.
A knife.	Ein Messer.
A spoon.	Ein Löffel.
A tureen.	Eine Suppenschüssel.
A dish.	Eine Schüssel.
A salad-bowl.	Eine Salatschüssel.
A sauciere.	Eine Sauciere.
A chafing-dish.	Eine Wärmpfanne
A cup.	Eine Trinkschale.
A glass.	Ein Glas.
A tumbler.	Ein Becher.
A bottle.	Eine Flasche.

Les habitants et domestiques d'une maison. — La table.	Gli abitanti e i domestici d'una casa. — La tavola.
Le valet de chambre.	Il cameriere.
La fille de chambre.	La cameriera.
Un cuisinier.	Un cuoco.
Une cuisinière.	Una cuoca.
Le marmiton.	Il guattero.
La blanchisseuse.	La lavandaja.
Le cocher.	Il cocchiere.
Le palefrenier.	Il palafreniere.
Le domestique.	Il servitore.
Le garçon.	Il cameriere d'una locanda.
La servante.	La serva.
Le valet de la maison.	Il servo.
Le portier; le concierge.	Il portiere, portinajo; il custode.
Un domestique de louage.	Un servo di piazza.
Les locataires.	I pigionali.
Le loyer.	La pigione.
La livrée.	La livrea.
La table.	**La tavola.**
La table-d'hôte.	La tavola rotonda.
La vaisselle.	Il vasellame da tavola.
Un buffet.	Una credenza.
La nappe.	La tovaglia.
Une serviette.	Un tovagliuolo, una salvietta.
Un couvert.	Una posata.
Une manne.	Una manna.
Une assiette.	Un tondo.
Une fourchette.	Una forchetta.
Un couteau.	Un coltello.
Une cuillère.	Un cucchiajo.
Une soupière, terrine.	Una terrina da zuppa.
Un plat.	Un piatto.
Un saladier.	Un piatto da insalata.
Une saucière.	Uno scodellino.
Un réchaud.	Uno scaldavivande.
Une coupe.	Una coppa.
Un verre.	Un bicchiere.
Un gobelet.	Un ciottolo, gotto.
Une bouteille.	Una bottiglia.

The table. — Dishes.	Die Tafel. — Gerichte.
A jug.	Ein Krug.
A decanter.	Eine Tischflasche, Karaffine.
A cup.	Eine Tasse.
An egg-cup.	Ein Eierbecher.
Vinegar.	Der Essig.
The vinegar-cruet.	Das Essigfläschchen.
Oil.	Das Oel.
The oil-flask.	Das Oelfläschchen.
Salt.	Das Salz.
The salt-cellar.	Das Salzfass.
Mustard.	Der Senf.
The mustard-pot.	Der Senfbüchse.
Pepper.	Der Pfeffer.
A pepper-box.	Die Pfefferdose.
Spices.	Das Gewürz.
Ginger.	Der Ingwer.
A nutmeg.	Die Muskatnuss.
The sugar-basin.	Die Zuckerdose.
Sugar.	Der Zucker.
Honey.	Der Honig.
A fruit-bowl.	Ein Obstnapf.
Bread.	Das Brod.
White bread.	Das Weissbrod.
Rolls.	Milchbrödchen.
Dishes.	**Gerichte.**
The meal.	Die Mahlzeit.
Breakfast.	Das Frühstück.
Dinner.	Das Mittagsessen.
Luncheon.	Eine Zwischen-Mahlzeit, ein Gabelfrühstück.
A refreshment.	Eine Erfrischung.
Supper.	Das Abendessen.
A banquet.	Ein Gastmahl.
Boiled meat.	Gekochtes Fleisch.
Roast meat.	Gebratenes Fleisch.
Fried meat.	Gebackenes Fleisch.
Stewed meat.	Gedämpftes Fleisch.
Minced meat.	Gehacktes Fleisch.

La table. – Les mets.	La tavola. – Le vivande.
Une cruche.	Un orcio.
Une carafe.	Una caraffa.
Une tasse.	Una tazza, una chicchera.
Un coquetier.	Un uoviere.
Le vinaigre.	L'aceto.
Le vinaigrier.	L'acetajo.
L'huile.	L'olio.
L'huilier.	L'utello.
Le sel.	Il sale.
La salière.	La saliera.
La moutarde.	La mostarda.
Le moutardier.	La mostardiera.
Le poivre.	Il pepe.
Le poivrier.	La pepajuola.
Les épices.	Le spezierie.
Le gingembre.	Lo zenzero.
La muscade.	La noce moscata.
Le sucrier.	La zuccheriera.
Le sucre.	Lo zucchero.
Le miel.	Il miele.
Une jatte à fruits.	Una fruttiera.
Le pain.	Il pane.
Le pain blanc.	Il pan bianco.
De petits pains au lait.	Dei panetti fatti col latte.

Les mets.	Le vivande.
Le repas.	Il pasto.
Le déjeûner.	La colazione.
Le diner.	Il pranzo, il desinare.
Une collation, un déjeûner à la fourchette.	Una colazione.
Un rafraîchissement.	Un rinfresco.
Le souper.	La cena.
Un banquet.	Un banchetto, un convito.
Le bouilli.	Il lesso.
Le rôti.	L'arrosto.
La viande frite.	Il fritto.
La viande étuvée.	Lo stufato.
Le hachis	L'ammorsellato.

Dishes.	Gerichte.
Soup.	Die Suppe.
Broth	Die Fleischbrühe.
A basin of broth	Eine Schale Fleischbrühe.
Beef.	Ochsenfleisch.
Hung-beef.	Geräuchertes Rindfleisch.
Roast-beef.	Ochsenbraten.
Beef-steak.	Beef-steak.
A tongue.	Eine Zunge.
Veal.	Kalbfleisch.
Calf's liver.	Kalbsleber.
Sweetbread.	Kalbsmilch.
Calf's brains.	Kalbshirn.
Veal cutlets.	Kalbscotelets.
Calf's-feet.	Kalbsfüsse.
Mutton.	Hammelfleisch, Schöpsenfleisch.
A leg of mutton.	Eine Hammelkeule.
Pork.	Schweinefleisch.
Ham.	Schinken.
A sausage.	Eine Wurst.
A slice.	Eine Scheibe.
Bacon.	Speck.
A ragout.	Ein Ragout.
Fish.	Der Fisch.
Game.	Das Wildpret.
Poultry.	Das Geflügel.
Vegetables.	Die Gemüse.
Salad.	Der Salat.
Side dishes.	Die Zwischengerichte.
A pie.	Eine Pastete.
A pudding.	Ein Pudding.
Dumplings.	Die Klöse.
Vermicelli.	Die Nudeln.
An omelet.	Ein Eierkuchen.
Eggs.	Eier.
The dessert.	Der Nachtisch.
Sweet-meats	Das Confect.
Preserves.	Das Compot.
Jellies.	Eingemachtes.
A tart.	Eine Torte.
Cake.	Der Kuchen.

Les mets.	Le vivande.
La soupe.	La zuppa.
Le potage.	La minestra.
Un bouillon.	Un brodo.
Du boeuf.	Del manzo, del bue.
Du boeuf fumé.	Del manzo fumicato.
Du boeuf rôti; du roast-beef.	Dell' arrosto di bue.
Beef-steak.	Beef-steak.
Une langue.	Una lingua.
Du veau.	Del vitello.
Du foie de veau.	Del fegato di vitello.
Du ris de veau.	Delle animelle di vitello.
De la cervelle de veau.	Del cervello di vitello.
Des côtelettes de veau.	Delle braciuole di vitello.
Des pieds de veau.	Dei piedi di vitello.
Du mouton.	Del castrato.
Un gigot de mouton	Un cosciotto di castrato.
Du cochon.	Del majale.
Du jambon.	Del presciutto.
Une saucisse.	Una salsiccia.
Une tranche.	Una fetta.
Du lard.	Del lardo.
Un ragout.	Un intingolo, un umido.
Le poisson.	Il pesce
La venaison; le gibier.	La salvagina.
La volaille.	Il pollame, volatile.
Les légumes.	I legumi.
La salade.	L'insalata.
Les entremets.	Gli tramessi.
Un pâté.	Un pasticcio.
Un pouding.	Un pudding.
Les boulettes.	I gnocchi.
Les vermicelles.	I vermicelli.
Une omelette.	Una frittata.
Des oeufs.	Delle uova.
Le dessert.	Le frutta.
Les gâteaux; les bonbons.	I confetti.
La compote.	La composta.
Les confitures.	Le confetture.
Une tarte.	Una torta.
Le gâteau.	La focaccia.

Beverages.	Getränke.
Butter.	Die Butter.
Cheese.	Der Käse.

Beverages.	Getränke.
Water.	Das Wasser.
Mineral-Water.	Das Mineralwasser.
Beer.	Das Bier.
Ale.	Das Ale.
Small-beer.	Das Halbbier.
Cider.	Der Apfelwein.
Wine.	Der Wein.
Old wine.	Alter Wein.
New wine.	Neuer Wein.
White Wine.	Weisser Wein.
Red wine.	Rother Wein.
Rhenish wine, Hock.	Der Rheinwein.
Old Hock.	Alter Rheinwein.
Moselle.	Der Moselwein.
French wine.	Der Franzwein.
Burgundy.	Der Burgunder.
Champagne	Der Champagner.
Claret.	Der Bordeaux
Port.	Der Portwein.
Sherry.	Xereswein.
Hungarian wine.	Der Ungarwein.
Coffee.	Der Kaffe.
Tea.	Der Thee.
Milk.	Die Milch.
Cream.	Die Sahne.
Chocolate.	Die Chokolade.
Lemonade.	Die Limonade.
Almond-milk	Die Mandelmilch.
Punch.	Der Punsch.
Brandy	Der Branntwein.
Rum.	Der Rum.
Arrack.	Der Arak.
Liqueur	Der Liqueur.
Ices.	Das Eis.

Le beurre.	Il burro, butiro.
Le fromage.	Il formaggio.

Les boissons.	Le bevande.
L'eau.	L'acqua.
L'eau minérale.	L'acqua minerale.
La bière.	La birra.
L'ale.	La birra fatta con formento
La petite bière.	La mezza birra.
Le cidre.	Il cidro.
Le vin.	Il vino.
Le vin vieux.	Il vino vecchio.
Le vin nouveau.	Il vino nuovo.
Le vin blanc.	Il vino bianco.
Le vin rouge.	Il vino rosso.
Le vin du Rhin.	Il vino del Reno.
Le vin vieux du Rhin.	Il vino vecchio del Reno
Le vin de Moselle.	Il vino di Mosella.
Le vin de France.	Il vino di Francia.
Le Bourgogne.	Il vino di Borgogna.
Le Champagne.	Il vino di Sciampagna.
Le Bordeaux.	Il vino di Bordò.
Le vin d'Oporto.	Il vino d'Oporto.
Le vin de Xérès.	Il vino di Xeres.
Le vin de Hongrie	Il vino d'Ungheria.
Le café.	Il caffè.
Le thé.	Il tè.
Le lait.	Il latte.
La crême.	La crema.
Le chocolat	La cioccolata.
La limonade.	La limonea, limonata.
L'orgeat.	L'orzata.
Le punch.	Il ponce.
L'eau-de-vie.	L'acquavite.
Le rum.	Il rum.
L'arak.	L'aracco.
Les liqueurs.	I liquori.
Les glaces.	I sorbetti, i gelati.

Grain, vegetables and kitchen-herbs.	Getreide, Gemüse und Küchen-kräuter.
Corn.	Das Korn.
Wheat.	Der Weizen.
Rye.	Der Roggen.
Barley.	Die Gerste.
Oats.	Der Hafer.
Maize.	Der Mais; das türkische Korn
Rice.	Der Reis.
Millet.	Die Hirse.
An herb.	Ein Kraut.
A root.	Eine Wurzel.
Potatoes.	Die Kartoffeln.
Kidney-beans, French-beans.	Die wälschen Bohnen.
Beans.	Die Bohnen.
Turnips.	Die weissen Rüben.
Beet-roots.	Die rothen Rüben.
Carrots.	Die gelben Rüben; die Möhren.
Lentils.	Die Linsen.
Green-peas.	Grüne Erbsen.
Spinach.	Der Spinat.
Cabbage.	Der Kohl.
Cauliflower.	Der Blumenkohl.
Rapecole.	Der Kohlrabi.
Asparagus.	Der Spargel.
Artichokes.	Die Artischocken.
Parsnips.	Die Pastinaken.
Cucumbers.	Die Gurken.
Pickled-cucumbers.	Saure Gurken.
The salad.	Der Salat.
Endive.	Die Endivien.
Lettuce.	Der Lattich.
Cress.	Die Kresse.
Horse-radish.	Der Meerrettig.
The radish.	Der Rettig.
The turnip-radish.	Das Radieschen.
Mushrooms.	Die Schwämme; die Champignons.
Truffles.	Die Trüffeln.

Les blés, légumes et herbes potagères.	Le biade, legumi ed ortaggi.
Le blé.	Il grano.
Le froment.	Il formento.
Le seigle.	La segala.
L'orge.	L'orzo.
L'avoine.	L'avena, la biada.
Le blé de Turquie.	Il grano turco.
Le riz.	Il riso.
Le millet.	Il miglio.
Une herbe.	Un' erba.
Une racine.	Una radice.
Les pommes de terre.	I pomi di terra.
Les haricots.	I fagiuoli.
Les fèves.	Le fave.
Les navets.	I navoni.
Les betteraves.	Le barbabietole.
Les carottes.	Le carotte.
Les lentilles.	Le lenti, le lenticchie.
Des petits pois.	Dei piselli.
Les épinards.	Gli spinaci.
Les choux.	I cavoli.
Les choux-fleurs.	I cavoli fiori.
Les choux-raves.	I cavoli rapi.
Les asperges.	Gli sparagi.
Les artichauts.	I carciofi.
Les panais.	Le pastinache.
Les concombres.	I cocomeri.
Des cornichons.	De' cetriuoli.
La salade.	L'insalata.
La chicorée.	L'indivia.
La laitue.	La lattuga.
Le cresson.	Il crescione.
Le raifort.	Il rafano.
Le radis.	Il ramolaccio.
Les petits radis.	I ravanelli, le radici
Les champignons.	I funghi.
Les truffes.	I tartufi.

The melon.	Die Melone.
The pumpkin.	Der Kürbis.
Celery.	Der Sellerie.
The parsley	Die Petersilie.
The chervil.	Der Kerbel.
Sorrel.	Der Sauerampfer.
Onions.	Die Zwiebeln.
Shalots.	Die Chalotten.
Sage.	Die Salbei.
Mint.	Die Münze.
Marjoram.	Der Majoran.
Thyme.	Der Thimian.
Cummin.	Der Kümmel.
Chives.	Der Lauch.
Garlic.	Der Knoblauch.

Fruits and fruit-trees. | **Obst und Obstbäume.**

Fruit.	Das Obst; die Früchte.
The apple; apple-tree.	Der Apfel; der Apfelbaum.
The pear; pear-tree.	Die Birne; der Birnbaum.
The plum; plum-tree.	Die Pflaume; der Pflaumenbaum.
The cherry.	Die Kirsche.
The chesnut.	Die Kastanie.
The peach.	Der Pfirsich.
The nectarine.	Der Blutpfirsich.
The apricot.	Die Aprikose.
The medlar.	Die Mispel.
The almond.	Die Mandel.
The orange.	Die Pomeranze.
The sweet-orange	Die Apfelsine.
The lemon.	Die Citrone.
The quince.	Die Quitte.
The grape.	Die Weintraube.
The vine.	Der Weinstock.
The olive	Die Olive.
The fig.	Die Feige.
The acorn.	Die Eichel.
The cocoa-nut.	Die Cocosnuss.
The walnut.	Die Wallnuss.

Les fruits et les arbres fruitiers.	I frutti e gli alberi fruttiferi.
Le melon.	Il popone, mellone.
Le potiron; la citrouille.	La zucca, cucurbita.
Le céleri.	Il sedano.
Le percil.	Il prezzemolo.
Le cerfeuil.	Il cerfoglio.
L'oseille.	L'acetosa.
Les oignons.	Le cipolle.
Les échalottes.	Gli scalogni.
La sauge.	La salvia.
La menthe.	La menta.
La marjolaine.	La majorana.
Le thym.	Il timo.
Le cumin.	Il comino.
Le poireau.	Il porro.
L'ail.	L'aglio.

Les fruits et les arbres fruitiers.	**I frutti e gli alberi fruttiferi.**
Les fruits.	I frutti.
La pomme; le pommier	La mela; il melo.
La poire; le poirier.	La pera; il pero.
La prune; le prunier.	La susina; il susino.
La cerise.	La ciriegia.
La châtaigne.	La castagna.
La pêche.	La pesca.
Le brugnon.	La pesca noce.
L'abricot.	L'albicocca.
La nèfle.	La nespola.
L'amande.	La mandorla.
L'orange amère.	La melarancia amara.
L'orange.	La melarancia.
Le citron.	Il limone.
Le coing.	La cotogna.
Le raisin.	L'uva.
Le cep de vigne.	Il ceppo di vite.
L'olive.	L'oliva.
La figue.	Il fico.
Le gland.	La ghianda.
Le coco.	Il cocco.
La noix.	La noce.

The hazelnut; filbert.	Die Haselnuss.
The raspberry; raspberry-bush.	Die Himbeere; Himbeer-staude.
The currant.	Die Johannisbeere.
The gooseberry.	Die Stachelbeere.
The blackberry.	Die Brombeere.
The elderberry.	Die Holunderbeere.
Strawberries.	Die Erdbeeren.
Mulberries.	Die Maulbeeren.
Bilberries.	Die Heidelbeeren.
Dates.	Die Datteln.

Forest-trees.	Wald-Bäume.
The oak.	Die Eiche.
The beech.	Die Buche.
The poplar.	Die Pappel.
The lime.	Die Linde.
The ash.	Die Esche.
The elm.	Die Ulme.
The maple.	Der Ahorn.
The birch.	Die Birke.
The pine.	Die Fichte.
The fir.	Die Tanne.
The willow.	Die Weide.
The weeping willow.	Die Trauerweide.
The cedar.	Die Ceder.
The aspen.	Die Espe.
The larch.	Die Lärche.
The acacia.	Die Akazie.
The plane.	Die Platane.
The horse-chesnut.	Die Rosskastanie.

Flowers.	Blumen
The rose.	Die Rose.
The pink.	Die Nelke.
The tulip.	Die Tulpe.
The lily.	Die Lilie.
The violet.	Das Veilchen.
The stock.	Die Levkoje.

Les arbres forestiers. — Les fleurs.	Gli alberi di foresta. — I fiori.
La noisette.	La nocciuola.
La framboise; le framboisier.	Il lampone; il rovo ideo.
La groseille.	Il ribes.
La groseille à maquereau.	L'uva spina.
La mûre sauvage.	La mora prugnola.
La baie de sureau.	Il sambuco.
Les fraises.	Le fragole.
Les mûres.	Le more.
Les baies de mirtille.	I mirtilli.
Les dattes.	I datteri.
Les arbres forestiers.	**Gli alberi di foresta.**
Le chêne.	La quercia.
Le hêtre.	Il faggio.
Le peuplier.	Il pioppo.
Le tilleul.	Il tiglio.
Le frêne.	Il frassino.
L'orme.	L'olmo.
L'érable.	L'acero.
Le bouleau.	La betula.
Le pin.	Il pino.
Le sapin.	L'abete.
Le saule.	Il salce, salcio.
Le saule pleureur.	Il salcio cinoso.
Le cèdre.	Il cedro.
Le tremble.	L'alberetto.
Le mélèze.	Il larice.
L'acacia.	L'acazia.
Le platane.	Il platano.
Le marronnier d'Inde.	Il castagno di cavallo.
Les fleurs.	**I fiori.**
La rose.	La rosa.
L'oeillet.	Il garofano.
La tulipe.	Il tulipano.
Le lis.	Il giglio.
La violette.	La violetta.
La giroflée.	La viola.

The pansy.	Das Stiefmütterchen; die Pensee.
The jasmine.	Der Jasmin.
The lilac.	Der Flieder.
The forget-me-not.	Das Vergissmeinnicht.
The auricula.	Die Aurikel.
The honey-suckle.	Das Geisblatt.
The corn-flower.	Die Kornblume.
The hyacinth.	Die Hyacinthe.
The lily of the valley.	Die Maiblume.
The daffodil.	Die Narcisse.
The poppy.	Der Mohn.
The lark-spur.	Der Rittersporn.
The cowslip, polyanthus.	Die Schlüsselblume, der Himmelsschlüssel.
The sun-flower.	Die Sonnenblume.
The anemone.	Die Klapperrose.

Domestic animals and birds.	Hausthiere und zahmes Geflügel.
The horse.	Das Pferd.
A stallion.	Ein Hengst.
A gelding.	Ein Wallach
A mare.	Die Stute.
A colt, filly.	Das Füllen.
A coach-horse.	Ein Kutschpferd.
A saddle-horse.	Ein Reitpferd.
A race-horse.	Ein Renner.
A pack-horse.	Ein Lastpferd.
A hack.	Ein Miethpferd.
The bull.	Der Stier.
The ox.	Der Ochs.
The cow.	Die Kuh.
A calf.	Ein Kalb.
A heifer	Ein Rind.
A mule.	Ein Maulthier; ein Maulesel.
An ass.	Ein Esel.
A lamb.	Ein Lamm.
A ram.	Ein Widder.
A wether.	Ein Hammel.

La pensée.	La viola del pensiero.
Le jasmin.	Il gelsomino.
Le lilas.	La lillà.
Le gremillet.	Il camedrio.
L'oreille d'ours.	La cartusa.
Le chèvre-feuille.	Il caprifoglio.
Le bluet.	Il fioraliso.
L'hyacinthe.	Il giacinto.
Le muguet.	Il mughetto.
Le narcisse.	Il narciso.
Le pavot.	Il papavero.
Les pieds-d'alouette.	Gli speroni.
La primevère.	La primola.
Le tournesol.	Il girasole.
L'anémone.	L'anemone.
Les animaux et oiseaux domestiques.	**Gli animali ed uccelli domestici.**
Le cheval.	Il cavallo.
Un étalon.	Un rouzone, uno stallone
Un hongre.	Un cavallo castrato.
La jument.	La cavalla.
Le poulain.	Il puledro.
Un cheval de harnais.	Un cavallo da carretta.
Un cheval de selle.	Un cavallo da sella.
Un cheval de course.	Un destriero.
Un cheval de bagage.	Un cavallo da soma.
Un cheval de louage.	Un cavallo da nolo.
Le taureau.	Il toro.
Le boeuf.	Il bove, il bue.
La vache.	La vacca.
Un veau.	Un vitello.
Une génisse.	Una giovenca.
Une mule; un mulet.	Una mula; un mulo.
Un âne.	Un asino.
Un agneau.	Un agnello.
Un bélier.	Un ariete, un montone
Un mouton.	Un castrato.

Domestics animals and birds. — Wild quadrupeds.	Hausthiere und zahmes Geflügel. — Wilde vierfüssige Thiere.
A sheep, an ewe.	Ein Schaf.
A she-goat.	Eine Ziege.
A he-goat.	Ein Bock.
A kid.	Ein Zickel.
A cat.	Eine Katze.
A dog, a bitch, a poodle, a pointer, a setter, a greyhound, a mastiff, a bulldog, a beagle, a terrier, a spaniel.	Ein Hund, eine Hündin, ein Pudel, ein Wachtelhund, ein Hühnerhund, einWindspiel, ein Hofhund, eine Dogge, ein Leithund, ein Dachshund, ein Wasserhund.
A pig, hog; boar.	Ein Schwein; ein Eber.
A sow.	Eine Sau.
A sucking-pig.	Ein Ferkel.
The swan.	Der Schwan.
The guinea-fowl.	Das Perlhuhn.
A peacock.	Ein Pfau.
A goose.	Eine Gans.
A turkey.	Ein Truthahn.
A duck.	Eine Ente.
A pigeon, dove.	Eine Taube.
A cock.	Ein Hahn.
A hen.	Ein Huhn.
A chicken.	Ein Hühnchen.
A capon.	Ein Kapaun.
Wild quadrupeds.	**Wilde vierfüssige Thiere.**
The bear.	Der Bär.
The lynx.	Der Luchs.
The wolf.	Der Wolf.
The fox.	Der Fuchs.
A wild-boar.	Ein Wildschwein, Eber.
The stag.	Der Hirsch.
The hind.	Die Hirschkuh.
The fawn.	Das Hirschkalb.
The fallow deer.	Der Dammhirsch.
A roe-buck.	Ein Reh.
A chamois.	Eine Gemse.
A hare.	Ein Hase.

Les animaux et oiseaux domestiques. — Les quadrupèdes sauvages.	Gli animali ed uccelli domestici. — I quadrupedi salvatici.
Une brebis.	Una pecora.
Une chèvre.	Una capra.
Un bouc.	Un becco.
Un chevreau.	Un capretto.
Un chat.	Un gatto.
Un chien, une chienne, un barbet, un chien d'arrêt, un chien couchant, un lévrier, un mâtin, un dogue, un limier, un basset, un épagneul.	Un cane, una cagna, un barbone, un bracco da fermo, un cane da rete, un veltro, un mastino, un molosso, un segugio, un cane bassotto, un cane di Spagna.
Un porc, cochon.	Un porco.
Une truie.	Una scrofa, una troja.
Un cochon de lait.	Un porchetto, porcello.
Le cigne.	Il cigno.
La pintade.	La meleagrida.
Un paon.	Un pavone.
Une oie.	Un' oca.
Un dindon.	Un tacchino, un gallinaccio
Un canard.	Un' anitra.
Une colombe, un pigeon.	Una colomba; un piccione.
Un coq.	Un gallo.
Une poule.	Una gallina.
Un poulet.	Un pollastro.
Un chapon.	Un cappone.
Les quadrupèdes sauvages.	**I quadrupedi salvatici.**
L'ours.	L'orso.
Le lynx.	Il lince.
Le loup.	Il lupo.
Le renard.	La volpe.
Un sanglier.	Un cinghiale.
Le cerf.	Il cervo.
La biche.	La cerva.
Le faon.	Il cerbiatto.
Le daim.	Il daino.
Un chevreuil.	Un capriuolo.
Un chamois.	Una camoscia.
Un lièvre.	Una lepre.

Wild birds.	Wilde Vögel.
The badger.	Der Dachs.
A rabbit.	Ein Kaninchen.
A squirrel.	Ein Eichhörnchen.
The hedge-hog.	Der Igel.
The fitchet.	Der Iltis.
A pole-cat.	Ein Marder.
A weasel.	Ein Wiesel.
A ferret.	Ein Frettchen.
A marmot.	Ein Murmelthier.
A rat.	Eine Ratte.
A mouse.	Eine Maus.
A bat.	Eine Fledermaus.
Wild birds.	**Wilde Vögel.**
A bird of prey.	Ein Raubvogel.
An eagle.	Ein Adler.
A falcon.	Ein Falke.
A hawk.	Ein Habicht.
A sparrow-hawk.	Ein Sperber.
An owl.	Eine Eule.
A stork.	Ein Storch.
A crane.	Ein Kranich.
A heron.	Ein Reiher.
A raven.	Ein Rabe.
A crow.	Eine Krähe.
A magpie.	Eine Elster.
A jackdaw.	Eine Dohle.
A jay.	Ein Häher.
A cuckoo.	Ein Kuckuck.
A pheasant.	Ein Fasan.
A partridge.	Ein Rebhuhn.
A heath-cock.	Ein Haselhuhn.
A grouse.	Ein Auerhahn.
A woodcock.	Eine Waldschnepfe.
A snipe.	Eine Wasserschnepfe.
A quail.	Eine Wachtel.
A land-rail.	Ein Wachtelkönig.
A coot.	Ein Wasserhuhn.
A widgeon.	Eine Speckente, Trauerente.
A thrush.	Eine Drossel.

Les oiseaux sauvages.	Gli uccelli salvatici.
Le blaireau.	Il tasso.
Un lapin.	Un coniglio.
Un écureuil.	Uno scojattolo.
Le hérisson.	Il riccio.
Le putois.	La puzzola.
Une fouine.	Una faina.
Une belette.	Una donnola.
Un furet.	Un furetto.
Une marmotte.	Una marmotta.
Un rat.	Un topo, ratto.
Une souris.	Un sorcio.
Une chauve-souris.	Un pipistrello.

Les oiseaux sauvages.	Gli uccelli salvatici.
Un oiseau de proie	Un uccello di rapina.
Un aigle.	Un aquila.
Un faucon.	Un falcone.
Un autour.	Un astore.
Un épervier.	Uno sparviere.
Un hibou.	Un gufo.
Une cigogne.	Una cigogna.
Une grue.	Una grù.
Un héron.	Un airone.
Un corbeau.	Un corvo.
Une corneille.	Una cornacchia.
Une pie.	Una gazza.
Un choucas.	Un gracco.
Un geai.	Una gazzera.
Un coucou.	Un cuculo.
Un faisan.	Un fagiano.
Une perdrix.	Una pernice.
Une gélinotte.	Un francolino.
Un coq de bruyère.	Un urogallo.
Une bécasse.	Una beccaccia.
Une bécassine.	Un beccaccino.
Une caille.	Una quaglia.
Un râle de genêt.	Un rè delle quaglie.
Une poule d'eau.	Una gallinella.
Une macreuse.	Una folaga.
Une grive.	Un tordo.

A turtle-dove.	Eine Turteltaube.
A blackbird.	Eine Amsel.
A lark.	Eine Lerche.
A nightingale.	Eine Nachtigall.
A redbreast.	Ein Rothkehlchen.
A plover.	Ein Regenpfeifer.
A chaffinch.	Ein Buchfink.
A goldfinch.	Ein Stieglitz, Distelfink.
A curlew.	Ein Wettervogel.
A wren.	Ein Zaunkönig.
A linnet.	Ein Hänfling.
A canary.	Ein Kanarienvogel.
A swallow.	Eine Schwalbe.
A sparrow.	Ein Sperling.
A wagtail	Eine Bachstelze.
A parrot.	Ein Papagei.

Fishes.	Fische.
Sea-fishes.	Die Seefische.
The sturgeon.	Der Stör.
The cod.	Der Kabeljau.
The dried cod.	Der Stockfisch.
The haddock.	Der Schellfisch.
The skate.	Die Roche.
The mackerel.	Die Makrele.
The turbot.	Die Steinbutte.
The sole.	Die Scholle; die Seezunge.
The flounder	Die Butte.
The whiting.	Der Weissfisch.
The herring.	Der Hering.
The pilchard.	Die Sardelle.
The turtle.	Die Schildkröte.
The lobster.	Der Hummer.
The crab.	Die Krabbe.
The oyster.	Die Auster.
The muscle.	Die Muschel.
River-fishes.	Die Flussfische.
The salmon.	Der Salm, Lachs.
The pike.	Der Hecht.
The carp.	Der Karpfen.

Une tourterelle.	Una tortora.
Un merle.	Un merlo.
Une alouette.	Una lodola.
Un rossignol.	Un rosignuolo.
Un rouge-gorge.	Un pettirosso.
Un pluvier.	Un piviere.
Un pinson.	Un fringuello.
Un chardonneret.	Un cardellino.
Un courlis.	Un chiurlo.
Un roitelet.	Un reattino, scricciolo.
Une linotte.	Un fanello.
Un serin.	Un canarino.
Une hirondelle.	Una rondine, rondinella.
Un moineau.	Un passero.
Une hoche-queue.	Una codatremola.
Un perroquet.	Un pappagallo.

Les poissons.	I pesci.
Les poissons de mer.	I pesci di mare.
L'esturgeon.	Lo storione.
Le cabillaud.	Il baccalà.
La merluche	Il merluzzo.
L'aigrefin.	L'asello.
La raie.	La razza.
Le maquereau.	Lo scombro.
Le turbot.	Il rombo.
La sole.	La soglia.
La barbue.	Il rombo.
Le merlan.	Il nasello.
Le hareng.	L'aringa.
La sardine.	La sardella.
La tortue.	La tartaruga.
Le homard.	L'astaco.
La crevette.	Il granchio di mare.
L'huître.	L'ostrica.
La moule.	Il muscolo.
Les poissons de rivière.	I pesci di riviera.
Le saumon.	Il sermone, il salmone.
Le brochet.	Il luccio.
La carpe.	Il carpio.

Reptiles and insects.	Würmer und Insekten.
The trout.	Die Forelle.
The tench.	Die Schleie.
The eel.	Der Aal.
The lamprey.	Das Neunauge.
The barbel.	Die Barbe.
The loach.	Die Schmerle.
The roach.	Das Rothauge.
The perch.	Der Barsch.
The chub.	Der Kaulbarsch.
The shad.	Der Maifisch.
The smelt.	Der Stint.
The gudgeon.	Der Gründling.
The craw-fish.	Der Krebs.

Reptiles and insects.	Würmer und Insekten.
The serpent.	Die Schlange.
The snake.	Die Natter.
The viper.	Die Otter.
The slow-worm	Die Blindschleiche.
The toad.	Die Kröte.
The frog.	Der Frosch.
The scorpion	Der Scorpion.
The lizard.	Die Eidechse.
The leech.	Der Blutegel.
The worm.	Der Wurm.
The silk-worm	Der Seidenwurm.
The caterpillar.	Die Raupe.
The grasshopper	Die Grille.
The bee.	Die Biene.
The wasp.	Die Wespe.
The hornet.	Die Hornisse.
The drone.	Die Drohne.
The locust.	Die Heuschrecke.
The butterfly.	Der Schmetterling.
The bug.	Die Wanze.
The flea.	Der Floh.
The louse.	Die Laus.
The ant.	Die Ameise.
The gnat.	Die Mücke; Schnake
The moth.	Die Motte.

Les reptiles et les insectes.	Gli animali rettili e gl'insetti.
La truite.	La trota.
La tanche.	La tinca.
L'anguille.	L'anguilla.
Le lamproie.	Il lamprede.
Le barbeau.	Il barbio.
La loche.	Il fondolo.
Le rouget.	La triglia.
La perche.	La perca.
Le chabot.	La perca cernua.
L'alose.	La chieppa.
L'éperlan.	Il ghiozzo.
Le goujon.	Il gobbio.
L'écrevisse.	Il gambero.

Les reptiles et les insectes.	Gli animali rettili e gl'insetti.
Le serpent.	Il serpente.
La couleuvre.	La biscia.
La vipère.	La vipera.
L'orvet.	L'anfesibena; anfisbena.
Le crapaud.	Il rospo.
La grenouille.	La rana.
Le scorpion.	Lo scorpione.
Le lézard.	La lucertola.
La sangsue.	La sanguisuga.
Le ver.	Il verme.
Le ver à soie.	Il filugello; il bigatto.
La chenille	Il bruco.
La cigale.	La cicala.
L'abeille.	L'ape; la pecchia.
La guêpe.	La vespa.
Le frelon.	Il moscone.
Le bourdon.	Il calabrone.
La sauterelle.	La cavalletta; la locusta.
Le papillon.	La farfalla.
La punaise.	La cimice.
La puce.	La pulce.
Le pou.	Il pidocchio.
La fourmi.	La formica.
Le moucheron; le cousin.	Il moscherino; moscino.
La teigne.	La tignuola.

The fly.	Die Fliege.
The spider.	Die Spinne.
The snail.	Die Schnecke.
The beetle.	Der Käfer.

Metals and precious stones.	Metalle und Edelsteine.
Gold.	Das Gold.
Silver.	Das Silber.
Platina.	Das Platin.
Copper.	Das Kupfer.
Iron.	Das Eisen.
Steel.	Der Stahl.
Lead.	Das Blei.
Zinc.	Das Zink.
Quicksilver.	Das Quecksilber.
Pewter. — (Tin.)	Das Zinn.
Tin.	Das Blech.
Brass.	Das Messing.
Bronze.	Die Bronze.
The agate.	Der Achat.
The chrysolite.	Der Chrysolith.
The cornelian.	Der Carneol.
The amethyst.	Der Amethyst.
The diamond.	Der Diamant.
The emerald.	Der Smaragd.
The hyacinth.	Der Hyacinth.
The jasper.	Der Jaspis.
The ruby.	Der Rubin.
The sapphire.	Der Saphir.
The topaz.	Der Topas.
The turquoise	Der Türkis.
The garnet	Der Granat.
The opal.	Der Opal.
The pearl.	Die Perle.
The coral.	Die Koralle.
Alabaster.	Der Alabaster
Marble.	Der Marmor.

La mouche.	La mosca.
L'araignée.	Il ragno.
Le limaçon.	La lumaca; chiocciola.
Le scarabée; l'escarbot.	Lo scarafaggio.

Les métaux et les pierres précieuses.	**I metalli e le pietre preziose.**
L'or.	L'oro.
L'argent.	L'argento.
Le platine.	La platina.
Le cuivre.	Il rame.
Le fer.	Il ferro.
L'acier.	L'acciajo.
Le plomb.	Il piombo.
Le zinc.	Il zinco.
Le vif-argent.	L'argento vivo.
L'étain.	Lo stagno.
Le fer-blanc.	La latta.
Le laiton.	L'ottone.
Le bronze.	Il bronzo.
L'agate.	L'agata.
La chrysolite.	Il crisolito.
La cornaline.	La corniola.
L'améthyste.	L'amatista.
Le diamant.	Il diamante.
L'émeraude.	Lo smeraldo.
La hyacinthe.	Il giacinto.
Le jaspe.	Il diaspro.
Le rubis.	Il rubino.
Le saphir.	Lo zaffiro.
La topaze.	Il topazio.
La turquoise.	La turchina.
Le grenat.	Il granato.
L'opale.	L'opalo.
La perle.	La perla.
Le corail.	Il corallo.
L'albâtre.	L'alabastro.
Le marbre.	Il marmo.

Materials for dress.	Stoffe.
Woo	die Wolle
Cloth.	Das Tuch.
Linen	Die Leinwand.
Cotton.	Die Baumwolle.
Ticking.	Der Zwillich.
Dimity.	Der Barchent.
Silk.	Die Seide.
Thread.	Der Zwirn.
Satin.	Der Atlas.
Taffeta.	Der Taffet.
Velvet.	Der Sammet.
Crape.	Der Flor.
Ribbon.	Das Band.
Muslin.	Der Musselin.
Cambric.	Das Kammertuch; der Batist.
Buttons.	Die Knöpfe.
Felt.	Der Filz.
Leather.	Das Leder.

Male apparel.	Mannskleider.
A hat.	Ein Hut.
A cap.	Eine Mütze; Kappe.
A cloak.	Ein Mantel.
A waterproof.	Ein Regenmantel.
A great-coat.	Ein Ueberzieher; ein Paletot.
A frock-coat.	Ein Oberrock.
A dress-coat.	Ein Frack.
The sleeves.	Die Aermel.
The pockets.	Die Taschen.
The lining.	Das Futter.
The button-holes.	Die Knopflöcher.
The collar.	Der Kragen.
The skirts.	Die Schösse.
The cuffs.	Die Aermelaufschläge.
The facings.	Der Besatz; die Aufschläge.
A dressing-gown.	Ein Schlafrock.
A waist-coat.	Eine Weste.
Breeches.	Die Hosen.
Pantaloons, trousers.	Die Beinkleider.

Les étoffes.	Le stoffe.
Le drap.	Il panno.
La toile.	La tela.
Le coton.	La bambagia; il cotone.
Le coutil.	Il traliccio.
La futaine.	Il fustagno.
La soie.	La seta.
Le fil.	Il refe; filo.
Le satin.	Il raso.
Le taffetas.	Il taffetà.
Le velours.	Il velluto
Le crêpe.	La tocca.
Le ruban.	Il nastro.
La mousseline.	La mussolina.
La batiste.	La batista.
Les boutons.	I bottoni.
Le feutre.	Il feltro.
Le cuir.	Il cuojo.

Habillements d'homme.	Vestiti d'uomo
Un chapeau.	Un cappello.
Un bonnet; une casquette.	Una berretta.
Un manteau.	Un ferrajuolo; mantello
Un imperméable.	Un palandrano.
Un surtout; un paletot.	Un sajo; una zimarra.
Une redingote.	Un pastrano.
Un habit.	Un frac.
Les manches.	Le maniche.
Les poches.	Le tasche.
La doublure.	La fodera.
Les boutonnières.	Gli occhielli.
Le collet.	Il collaretto.
Les basques.	Le falde.
Les revers.	Le mostre.
Les paremens.	I paramenti.
Une robe de chambre.	Una veste da camera
Un gilet.	Una veste.
La culotte.	I calzoni.
Le pantalon.	I pantaloni.

Male apparel.	Mannskleider.
Trousers.	Die Pumphosen.
Drawers.	Die Unterhosen.
Braces.	Der Hosenträger.
The neck-cloth, scarf.	Das Halstuch; die Cravatte.
Collars.	Die Vatermörder.
Stockings.	Die Strümpfe.
Stocks.	Die Socken.
Gaiters.	Die Kamaschen.
Shoes.	Die Schuhe.
Buckles.	Die Schuhschnallen.
Boots.	Die Stiefel.
Half-boots.	Die Halbstiefel.
Goloshes.	Die Ueberschuhe.
Spurs.	Die Sporen.
Blacking.	Die Wichse.
Dress-shoes.	Die Tanzschuhe.
Slippers.	Die Pantoffeln.
Gloves.	Die Handschuhe.
A shirt	Ein Hemd.
The ruffles.	Die Manschetten.
The frill.	Der Busenstreif.
The handkerchief.	Das Schnupftuch.
A brush.	Eine Bürste.
A comb.	Ein Kamm.
A tooth-brush.	Eine Zahnbürste.
Tooth-powder.	Das Zahnpulver.
A tooth-pick.	Ein Zahnstocher.
An ear-pick.	Ein Ohrlöffel.
A snuff-box.	Eine Schnupftabaksdose.
The cigar-box	Die Cigarrendose.
A watch.	Eine Taschenuhr.
The watch-chain.	Die Uhrkette.
The watch-key.	Der Uhrschlüssel.
A seal.	Ein Petschaft; Siegel.
A ring.	Ein Ring.
Spectacles.	Die Brille.
A cane.	Ein Stock.
A walking-stick.	Ein Spazierstock.
An umbrella.	Ein Regenschirm.
The sword.	Der Degen.

Habillements d'homme.	Vestiti d'uomo.
Le chausses.	Le brache.
Le caleçon.	Le mutande; i sottocalzoni.
Les bretelles.	Le cinghie.
La cravate.	La cravatta.
Le faux-col.	Il collare.
Les bas.	Le calze.
Les chaussettes.	Gli scappini; i peduli; i calzetti.
Les guêtres.	Le uose.
Les souliers.	Le scarpe.
Les boucles.	Le fibbie.
Les bottes.	Gli stivali.
Les bottines.	Gli stivaletti.
Les galoches.	Le galoscie.
Les éperons.	Gli speroni.
Le cirage.	L'inceratura.
Les escarpins.	Gli scarpini.
Les pantoufles.	Le pianelle.
Les gants.	I guanti.
Une chemise.	Una camicia.
Les manchettes.	I manichini.
Le jabot.	Il giabò.
Le mouchoir.	Il fazzoletto.
Une brosse.	Una setola; spazzola.
Un peigne.	Un pettine.
Une brosse à dents.	Una setolina da denti.
La poudre à dents.	Il dentifricio.
Un cure-dent,	Un stuzzicadenti.
Un cure-oreille.	Un stuzzicorecchi.
Une tabatière.	Una tabacchiera.
Le porte-cigars.	Il porta-sigari.
Une montre.	Un oriuolo.
La chaîne de montre.	La catena d'oriuolo.
La clef de montre.	Il chiave d'oriuolo.
Un cachet.	Un sigillo.
Une bague.	Un anello.
Les lunettes.	Gli occhiali.
Un baton.	Un bastone.
Une canne.	Una canna; mazza.
Un parapluie.	Un ombrello.
L'épée.	La spada.

The belt.	Das Degengehänge.
Mourning.	Die Trauerkleider
A court-dress.	Ein Galakleid.

Female apparel.	Frauenkleider.
A dress; gown.	Ein Kleid.
The bodice.	Das Mieder.
A petticoat.	Ein Rock.
An under-petticoat.	Ein Unterrock.
The crinoline.	Der Reifrock.
A chemise.	Ein Frauenhemd.
A chemisette.	Ein Chemisett.
An apron.	Eine Schürze.
A neck-kerchief.	Ein Halstuch.
Stays.	Eine Schnürbrust; ein Corsett
A busk.	Ein Blankscheit.
Laces.	Die Schnürriemen.
The garters.	Die Strumpfbänder.
A sash.	Ein Gürtel.
A veil.	Ein Schleier.
A cap.	Eine Haube.
A night-cap.	Eine Nachthaube.
A cloak.	Eine Mantille.
A tippet.	Ein Umschlagtuch.
A fur-collar.	Ein Pelzkragen.
A muff.	Ein Muff.
Fur.	Das Pelzwerk.
A ribbon.	Ein Band.
A fan.	Ein Fächer.
Pins.	Die Stecknadeln.
A needle.	Eine Nähnadel.
A bodkin.	Eine Schnürnadel.
A pin-cushion.	Ein Nadelkissen.
The head-dress.	Der Kopfputz.
The hair-net.	Das Haarnetz.
The hair-pins.	Die Haarnadeln.
The curls; ringlets.	Die Locken.
Hair-powder	Der Puder.
Rouge.	Die rothe Schminke
Pomatum.	Die Pomade.

Le ceinturon.	I pendagli; il cinturino.
Un habit de deuil.	Un abito da lutto.
Un habit de gala.	Un abito di gala.

Habillements de femme.	Vestiti donneschi.
Une robe.	Un abito da donna.
Le corsage.	Il corpetto.
Une jupe.	Una gonna; una sottana.
Un jupon.	Una gonnella.
La crinoline.	La crinolina.
Une chemise de femme.	Una camicia da donna.
Une chemisette.	Una camiciuola.
Un tablier.	Un grembiale.
Un fichu.	Un veletto.
Un corset.	Un corsetto.
Un busc.	Una stecca.
Les lacets.	Le stringhe.
Les jarretières.	Le legaccie.
Une ceinture.	Una cintola.
Un voile.	Un velo.
Un bonnet.	Una cuffia.
Un bonnet de nuit.	Una cuffia da notte.
Une mantille.	Un mantelletto.
Un châle.	Uno sciallo.
Une palatine.	Una palatina.
Un manchon.	Un manicotto.
La fourrure.	La pellicceria.
Un ruban.	Un nastro.
Un éventail.	Un ventaglio.
Les épingles.	Gli spilli.
Une aiguille.	Un ago.
Un passe-lacet.	Un aghetto.
Une pelote.	Un torsello.
La coiffure.	La pettinatura.
Le filet; la résille.	La reticella.
Les épingles à cheveux.	Gli spilloni; le forcelle.
Les boucles.	I ricci.
La poudre.	La polvere.
Le rouge.	Il belletto, il cinabro.
La pommade.	La pomata.

Scents.	Wohlriechende Sachen.
A reticule; bag.	Ein Arbeitsbeutel.
An etui-case.	Ein Etui.
A travelling-bag.	Ein Reise-Necessaire.
A box.	Eine Schachtel.
A smelling-bottle.	Ein Riechfläschchen.
Almond-paste.	Der Mandelteig.
The scissors.	Die Scheere.
Jewellery.	Das Geschmeide.
An aigrette.	Ein Demantstrauss.
Ear-rings.	Die Ohrringe.
Pendants.	Die Ohrgehänge.
A string of pearls.	Eine Perlenschnur.
A neck-lace.	Ein Halsband.
Bracelets.	Die Armbänder.
A shawl-pin, brooch.	Eine Vorstecknadel.
A clasp.	Ein Schloss.
A buckle.	Eine Schnalle.
A parasol.	Ein Sonnenschirm.

Of the country and the objects there met with.	**Vom Lande und was man dort findet.**
The high-road.	Die Landstrasse.
A stage.	Eine Poststation.
A bye-road.	Ein Feldweg.
A footpath.	Ein Fusspfad.
A rut.	Ein Geleise.
An estate.	Ein Landgut.
A country-house; villa.	Ein Landhaus.
A farm.	Ein Meierhof; Pachthof.
A castle.	Ein Schloss; eine Burg.
A ruin.	Eine Ruine.
A borough.	Ein Flecken.
A village.	Ein Dorf.
A hamlet.	Ein Weiler.
A mill.	Eine Mühle.
The public house.	Die Schenke.
A hut.	Eine Hütte.

La campagne et les choses qu'on y rencontre.	La campagna e le cose che vi si vedono.
Des parfums.	Dei profumi.
Un ridicule.	Un sacchettino.
Un étui.	Un astuccio.
Un nécessaire de voyage.	Una cassetta da viaggio.
Une boîte.	Una scatola.
Un flacon.	Una boccetta.
La pâte d'amande.	La basta di mandorle.
Les ciseaux.	Le forbici.
Les bijoux.	Le gioje.
Une aigrette.	Un pennino di gemme; una garza.
Les boucles d'oreille.	Gli orecchini.
Les pendants d'oreille.	I pendenti.
Un collier de perles.	Un vezzo di perle.
Un collier.	Una collana; un monile.
Les bracelets.	Le smaniglie.
Une broche.	Una broscia.
Une agrafe.	Un uncino.
Une boucle.	Una fibbia.
Une ombrelle.	Un parasole.

La campagne et les choses qu'on y rencontre.	La campagna e le cose che vi si vedono.
Le grand chemin; la chaussée.	La strada maestra; la strada reale.
Un relais.	Una posta.
Un chemin vicinal.	Una strada vicinale.
Un sentier.	Un sentiero.
L'ornière.	La rotaja.
Une terre.	Una terra.
Une maison de campagne.	Una villa.
Une ferme.	Un podere.
Un château.	Un castello.
Une ruine.	Una rovina.
Un bourg.	Un borgo.
Un village.	Un villaggio.
Un hameau,	Un casale.
Un moulin.	Un mulino
L'auberge.	L'osteria.
Une cabane.	Una capanna.

Of the country and the objects there met with. - Of travelling, carriages, harness etc.	Vom Lande und was man dort findet. — Vom Reisen, von Wagen, Pferdegeschirr etc.
A ditch.	Ein Graben.
A river.	Ein Fluss.
A brook.	Ein Bach.
A spring.	Ein Brunnen.
A well.	Ein Ziehbrunnen.
A pool.	Ein Teich.
A pond.	Eine Pfütze.
A forest.	Ein Forst.
A wood.	Ein Wald.
A bush.	Ein Gebüsch.
A park.	Ein Park.
A garden.	Ein Garten.
A kitchen-garden.	Ein Gemüsegarten.
An orchard.	Ein Obstgarten.
A hedge.	Eine Hecke.
A field.	Ein Feld.
Barren-land.	Unfruchtbarer Boden.
Fallow-land.	Der Brachacker.
Fertile land.	Fruchtbares Feld.
Stubble field.	Das Stoppelfeld.
An inclosure.	Umzäuntes Feld.
The harvest.	Die Ernte.
A pasture.	Eine Viehweide.
A meadow.	Eine Wiese.
A hay-stack.	Ein Heuschober.
A vineyard.	Ein Weinberg.
The vintage.	Die Weinlese.
A mine.	Ein Bergwerk.
A foundery.	Ein Hüttenwerk.
A forge.	Ein Hammerwerk
A flock of sheep.	Eine Schafheerde.
A herd of cattle.	Eine Viehheerde.
A canal.	Ein Kanal.
A railway.	Eine Eisenbahn.
The country.	Die Gegend.

Of travelling, carriages, harness etc.	**Vom Reisen, von Wagen, Pferdegeschirr etc.**
The passport.	Der Pass.
The inn.	Der Gasthof.

La campagne et les choses qu'on y rencontre. — Du voyage, des voitures, des harnais etc.	La campagna e le cose che vi si vedono. — Viaggio, vetture, arnesi da cavallo etc.
Un fossé.	Un fosso.
Une rivière.	Un fiume.
Un ruisseau.	Un ruscello.
Une fontaine.	Una fontana.
Un puits.	Un pozzo.
Un étang.	Uno stagno.
Une mare.	Una laguna.
Une forêt.	Una selva; una foresta.
Un bois.	Un bosco; una macchia.
Un taillis.	Un cespuglio.
Un parc.	Un parco.
Un jardin.	Un giardino.
Un potager.	Un orto.
Un verger.	Un frutteto.
Une haie.	Una siepe.
Un champ.	Un campo.
Une terre stérile.	Una terra sterile.
La jachère.	Il maggese.
Une terre fertile.	Una terra fertile.
Le chaume.	La stoppia.
Un clos.	Un ricinto.
La moisson.	La messe.
Un pâturage.	Un pascolo.
Un pré.	Un prato.
Une meule de foin.	Un mucchio di fieno.
Une vigne.	Una vigna.
Les vendanges.	La vendemmia.
Une mine.	Una miniera.
Une usine.	Una fonderia.
Une forge.	Una fucina.
Un troupeau de moutons.	Una greggia.
Un troupeau de bestiaux.	Una mandra; un armento
Un canal.	Un canale.
Un chemin de fer.	Una strada ferrata.
La contrée.	La contrada.

Du voyage, des voitures, des harnais etc.	**Viaggio, vetture, arnesi da cavallo etc.**
Le passe-port.	Il passaporto.
L'auberge; l'hôtel.	La locanda.

Of travelling, carriages, harness etc.	Vom Reisen, von Wagen, Pferdegeschirr etc.
The sign.	Das Schild.
The turnpike.	Der Schlagbaum.
The post-office.	Das Postamt.
The stage-coach.	Der Postwagen.
The mail-coach.	Die Schnellpost.
The mail-cart.	Die Briefpost.
The guard.	Der Schirrmeister.
A postillion.	Ein Postillon.
A guide.	Ein Führer.
A porter.	Ein Packträger.
The horse.	Das Pferd.
The mule.	Das Maulthier.
The donkey.	Der Esel.
The carriage.	Das Fuhrwerk.
A waggon.	Ein Lastwagen.
A cart.	Ein Karren.
The stage-waggon.	Der Güter-Postwagen.
A coach.	Eine Kutsche.
A coachman.	Ein Kutscher.
A hackney-coach.	Eine Miethkutsche.
A hackney-coachman.	Ein Miethkutscher.
A chaise.	Eine Chaise.
A calash.	Eine Kalesche.
A sedan-chair; a litter.	Eine Sänfte.
The roof.	Der Kutschenhimmel.
A cabriolet; gig.	Ein Cabriolet.
The boot.	Der Kasten.
The perch.	Der Langbaum.
The shafts.	Die Schwangbäume.
The pole.	Die Deichsel.
The pole-bolt.	Der Schlossnagel.
The box.	Der Bock.
The dickey.	Der Bedientensitz.
The splinter-bars.	Die Wagenschwengel.
The springs.	Die Federn.
The main-braces.	Die Tragriemen.
The coach-door.	Der Kutschenschlag.
The front-seat.	Der Vordersitz.
The back-seat.	Der Rücksitz.
The seat.	Der Sitz.
The cushions.	Die Kissen.

Du voyage, des voitures, des harnais etc.	Viaggio, vetture, arnesi da cavallo etc.
L'enseigne.	L'insegna.
La barrière.	La barriera.
Le bureau des postes.	L'uffizio delle poste.
La diligence.	La diligenza.
La malle-poste.	Il velocifero.
Le courier.	Il corriere.
Le conducteur.	Il conduttore.
Un postillon.	Un postiglione.
Un guide.	Una guida.
Un porteur de bagages.	Un portatore di bagagli.
Le cheval.	Il cavallo.
La mule.	La mula.
L'âne.	L'asino.
La voiture.	Il legno; la vettura.
Un chariot.	Un carro da trasporto.
Un char; une charrette.	Un carro; una carretta.
Le fourgon.	Il carrettone.
Un carrosse.	Una carrozza.
Un cocher.	Un cocchiere.
Une voiture de louage.	Una carrozza da nolo.
Un cocher de louage.	Un vetturino.
Un coupé.	Un carrozzino.
Une calèche.	Un calesso.
Une chaise à porteurs.	Una portantina.
Le dessus d'un carrosse.	Il cielo d'una carrozza.
Un cabriolet.	Un biroccio.
La caisse.	Il guscio.
La flèche.	L'assedone.
Les brancards.	Le stanghe.
Le timon.	Il timone.
La cheville ouvrière.	La cavicchia della sala.
Le siége du cocher.	La cassetta del cocchiere.
Le siége de derrière.	Il seggio di dietro.
Les arcs-boutants.	Gli archi.
Les ressorts.	Le molle.
Les soupentes.	I correggioni; i cignoni.
La portière.	La portiera.
Le fond.	Il fondo.
Le siége à reculé.	Il seggio di dietro.
Le siége.	Il seggio.
Les coussins.	I cuscini.

Of travelling, carriages, harness etc.	Vom Reisen, von Wagen, Pferdegeschirr etc.
The windows.	Die Wagenfenster.
The axle.	Die Achse.
The linch-pin.	Die Linse.
The wheels.	Die Räder.
The nave of the wheel.	Die Radnabe.
The spokes.	Die Speichen.
The felloes.	Die Felgen.
The bars.	Die Radstangen.
The tire.	Der Räderbeschlag.
The steps.	Die Wagentritte.
The paunel.	Das Sattelkissen.
The traces.	Die Stränge.
The reins.	Die Zügel.
The halter.	Die Halfter.
The snaffle.	Die Trense.
The bridle.	Der Zaum.
The collar.	Das Kummet.
The belly-band.	Der Bauchgurt.
The bit.	Das Gebiss.
The curb-chain.	Die Kinnkette.
The saddle-cloth.	Die Schabracke.
The whip.	Die Peitsche.
The riding-whip.	Die Reitpeitsche.
The horse cloth.	Die Pferdedecke.
The saddle.	Der Sattel.
The stirrups.	Die Steigbügel.
The stirrup-leathers.	Die Steigbügelriemen.
The curry-comb.	Der Striegel.
The groom.	Der Stallknecht.
The stable.	Der Stall.
The manger.	Die Krippe.
The rack.	Die Raufe.
Litter.	Die Streu.
Hay.	Das Heu.
Straw.	Das Stroh.
Oats.	Der Hafer.
A box.	Eine Kiste.
A trunk.	Ein Koffer.
A portmanteau.	Ein Mantelsack.
A carpet-bag.	Ein Nachtsack.
A hat-box.	Eine Hutschachtel.

Du voyage, des voitures, des harnais etc.	Viaggio, vetture, arnesi da cavallo etc.
Les glaces.	I cristalli; gli specchi.
L'essieu.	L'asse.
L'esse.	L'acciarino.
Les roues.	Le ruote.
Le moyeu de la roue.	Il mozzo della ruota.
Les rais.	I razzi.
Les jantes.	Gli assili; i quarti.
Les barres.	Le spranghe.
Le cercle.	La ferratura d'una ruota.
Les marche-pieds.	Le pedane.
Le panneau.	La paniottina.
Les traits.	Le tirelle.
Les rênes.	Le redine.
Le licou.	Il capestro.
Le bridon.	Il bridone.
La bride.	La briglia.
Le collier.	Il collare.
La sangle.	La cinghia.
Le mors.	Il morso.
La gourmette.	Il barbazzale.
La housse.	La gualdrappa
Le fouet.	La frusta.
La cravache.	La frusta.
Le caparaçon.	La copertina.
La selle.	La sella.
Les étriers.	Le staffe.
Les courroies des étriers.	Le cinghie delle staffe
L'étrille.	La striglia.
Le palefrenier.	Il mozzo di stalla.
L'écurie.	La stalla.
La mangeoire.	La mangiatoja.
Le ratelier.	La rastrelliera.
La litière.	Lo strame.
Le foin.	Il fieno.
La paille.	La paglia.
L'avoine.	L'avena.
Une caisse.	Una cassa.
Une malle.	Una valigia.
Un porte-manteau.	Un portamantello.
Un sac de nuit.	Un sacco da notte.
Une boîte à chapeau.	Una cappelliera.

A pouch.	Eine Jagdtasche.
A knapsack.	Ein Tornister.
A parcel.	Ein Bündel.

Railways and steamboats.	Eisenbahnen und Dampfschiffe.
The rails.	Die Schienen.
A double-line.	Ein doppelter Schienenweg.
A single-line.	Ein einfacher Schienenweg.
The points.	Bewegliche Schienenstücke.
The turn-plate.	Die Drehscheibe.
A station.	Eine Station.
A train.	Ein Wagenzug.
A goods' train.	Ein Güterzug.
An ordinary train.	Ein gewöhnlicher Zug.
An express train.	Ein Schnellzug.
An excursion train.	Ein Vergnügungszug.
The locomotive-engine.	Die Locomotive.
The engineer.	Der Maschinenmeister.
The engine-driver.	Der Maschinenführer.
The stoker.	Der Heizer.
The engine.	Die Maschine.
The fire-box.	Der Feuerraum.
The boiler.	Der Dampfkessel.
The piston.	Der Kolben.
The cylinder.	Der Cylinder.
A horizontal cylinder.	Ein liegender Cylinder.
A vertical cylinder.	Ein stehender Cylinder.
The axle.	Die Achse.
The crank.	Der Krummzapfen.
The safety-valve.	Die Sicherheitsklappe.
A stationary-engine.	Eine stehende Maschine.
The tender.	Der Tender.
Coke.	Kohlen.
To let off the steam.	Den Dampf herauslassen.
To keep up the steam.	Den Dampf anhalten.
The sleepers.	Die Schwellen.
The chairs.	Die Kissen; Unterlagen.

Chemins de fer et bateaux à vapeur.	Strade ferrate e batelli a vapore.
Une gibecière.	Una carniera.
Un havresac.	Una bisaccia.
Un paquet.	Un pacchetto.
Chemins de fer et bateaux à vapeur.	**Strade ferrate e batelli a vapore.**
Les rails.	Le guide; i raili.
Une double voie.	Strada a doppia rotaja.
Une voie simple.	Strada a semplice rotaja.
Des rails mobiles.	Guide, raili eccentrici.
La plateforme circulaire.	Piattaforma mobile; disco girevole.
Une station.	Una stazione.
Un train; un convoi.	Un treno; un convoglio.
Un train de marchandises.	Un convoglio di merci.
Un train ordinaire.	Un treno ordinario.
Un train de vitesse.	Un treno di corriere; convoglio celere.
Un train de plaisir.	Un treno di piacere.
La locomotive.	La locomotiva.
L'ingénieur.	Il macchinista.
Le conducteur.	Il conduttor e' macchinista.
Le chauffeur.	Il fochista.
La machine.	La macchina.
La chauffe.	Il focolare.
La chaudière à vapeur.	La caldaja.
Le piston.	Lo stantuffo.
Le cylindre.	Il cilindro.
Un cylindre horizontal.	Un cilindro piano.
Un cylindre vertical.	Un cilindro verticale.
L'axe.	La sala; l'asse.
La manivelle.	La manovella; il manubrio.
La soupape de sûreté.	La valvola di sicurezza.
Une machine stationnaire.	Una macchina stabile.
Le tender.	Il tender.
Le charbon.	Il carbone.
Donner de la vapeur.	Scaricare la macchina.
Arrêter la vapeur.	Trattenere il vapore.
Les seuils.	I dormioni; sleepers.
Les coussinets.	I cuscinetti; i sottocuscinetti.

The pins.	Die Keile.
A tunnel.	Ein Tunnel.
An embankment.	Eine Eindämmung.
A cutting.	Ein Einschnitt.
A bridge.	Eine Brücke.
A viaduct.	Ein Viaduct.
A pier.	Eine Landebrücke.
The paddles.	Die Schaufelräder.
The screw.	Die Schraube.
The paddle-boxes.	Die Radkasten.
The beam.	Der Balancier.
The funnel.	Der Schornstein.
The rudder.	Das Steuerruder.
The mast.	Der Mast.
The hold; the cabin.	Der Schiffsraum, die Cajüte
The deck.	Das Verdeck.
The captain.	Der Kapitän.
The conductor.	Der Conducteur.
The steersman.	Der Steuermann.
The sailor.	Der Matrose.

Handicrafts and trades.	**Handwerke und Gewerbe.**
The dealer in old books.	Der Antiquar.
The apothecary.	Der Apotheker.
The armourer.	Der Waffenschmied.
The baker.	Der Bäcker.
The barber.	Der Barbier.
The basket-maker.	Der Korbmacher.
The black-smith.	Der Grobschmied.
The bookbinder.	Der Buchbinder.
The bookseller.	Der Buchhändler.
The boot-maker.	Der Stiefelmacher.
The brazier.	Der Kupferschmied.
The brewer.	Der Brauer.
The brick-maker.	Der Ziegelstreicher.
The butcher.	Der Fleischer; Metzger.
The cabinet-maker.	Der Kunstschreiner.
The carpenter.	Der Zimmermann.
The carrier.	Der Fuhrmann.
The cartwright.	Der Stellmacher.

Chemins de fer et bateaux à vapeur. — Professions et métiers.	Strade ferrate e batelli a vapore. — Professioni e mestieri.
Les coins.	I cunei.
Un tunnel.	Una galleria; un tunnel.
Un endiguement.	Un' arginatura.
Un tranchée.	Un' incavazione; un intaglio.
Un pont.	Un ponte.
Un viaduc.	Un viadotto.
Un débarcadère.	Uno scalo.
Les palettes; roues à palette.	Ruote a palette.
L'hélice.	L'elice.
Les tambours.	I tamburi.
Le balancier.	Il bilanciere.
La cheminée.	Il cammino.
Le gouvernail.	Il timone.
Le mât.	L'albero.
La cabine.	La coperta.
Le pont.	Il ponte.
Le capitaine.	Il capitano.
Le conducteur.	Il conduttore.
Le pilote.	Il pilota.
Le matelot.	Il marinajo.
Professions et métiers.	**Professioni e mestieri.**
L'antiquaire.	L'antiquario.
Le pharmacien.	Lo speziale.
L'armurier.	L'armajuolo.
Le boulanger.	Il fornajo.
Le barbier.	Il barbiere.
Le vannier.	Il panierajo.
Le forgeron.	Il maniscalco.
Le relieur.	Il legatore.
Le libraire.	Il librajo.
Le bottier.	Lo stivalajo.
Le chaudronnier.	Il calderajo.
Le brasseur.	Il birrajo.
Le briquetier.	Il mattoniero.
Le boucher.	Il beccajo; il macellajo
L'ébéniste.	L'ebanista.
Le charpentier.	Il legnajuolo.
Le voiturier.	Il vetturino.
Le charron.	Il carrajo.

Handicrafts and trades.	Handwerke und Gewerbe.
The chandler.	Der Lichtzieher.
The chimney-sweeper.	Der Kaminfeger.
The cloth-merchant.	Der Tuchhändler.
The coach-maker.	Der Wagenbauer.
The coachman.	Der Kutscher.
The coffee-house keeper.	Der Kaffewirth.
The collar-maker.	Der Kummetmacher.
The confectioner.	Der Conditor.
The cooper.	Der Küfer.
The tanner.	Der Gerber.
The cutler.	Der Messerschmied.
The draper.	Der Tuchmacher.
The dress-maker.	Die Nähterin.
The druggist.	Der Materialist.
The dyer.	Der Färber.
The embroideress.	Die Stickerin.
The farrier.	Der Hufschmied.
The fishmonger.	Der Fischhändler.
The founder.	Der Giesser.
The broker, fripperer.	Der Trödler.
The fruit-woman.	Die Obsthändlerin.
The furrier.	Der Kürschner
The gardener.	Der Gärtner.
The gilder.	Der Vergolder.
The glazier.	Der Glaser.
The glover.	Der Handschuhmacher.
The goldsmith.	Der Goldschmied.
The grave-digger.	Der Todtengräber.
The grocer.	Der Spezereihändler.
The gun-smith.	Der Büchsenschmied.
The hair-dresser.	Der Friseur.
The hardware-man.	Der Stahlwaarenhändler.
The harness-maker.	Der Riemer.
The hatter.	Der Hutmacher.
The horse-dealer.	Der Pferdehändler.
The hosier.	Der Strumpfwirker.
The hotel-keeper; inn-keeper.	Der Gastwirth.
The jeweller.	Der Juwelier.
The joiner.	Der Tischler.
The ironmonger.	Der Eisenhändler.
The lace-maker.	Der Bortenwirker.

Professions et métiers.	Professioni e mestieri.
Le chandelier.	Il candelottajo.
Le ramoneur.	Lo spazzacamino.
Le marchand de drap.	Il mercante di panno
Le carrossier.	Il carrozzajo.
Le cocher.	Il cocchiere.
Le cafetier.	Il caffetiere.
Le bourrelier.	Il bastajo.
Le confiseur.	Il confettiere.
Le tonnelier.	Il bottajo.
Le corroyeur.	Il coreggiajo.
Le coutelier.	Il coltellinajo.
Le drapier.	Il pannajuolo.
La couturière.	La sartora.
Le droguiste.	Il droghiero.
Le teinturier.	Il tintore.
La brodeuse.	La ricamatrice.
Le maréchal.	Il maniscalco.
Le marchand de poisson.	Il pesciajuolo.
Le fondeur.	Il fonditore.
Le fripier.	Il rigattiere.
La fruitière.	La fruttajuola.
Le fourreur.	Il pellicciajo.
Le jardinier.	Il giardiniere.
Le doreur.	L'indoratore.
Le vitrier.	Il vetrajo.
Le gantier.	Il guantajo.
L'orfèvre.	L'orefice.
Le fossoyeur.	Il beccamorti.
L'épicier.	Il droghiere.
L'arquebusier.	L'archibugiere.
Le friseur.	L'arricciatore.
Le quincaillier.	Il chincagliere.
Le bourrelier.	Il valigiajo.
Le chapelier.	Il cappellajo.
Le maquignon.	Il cozzone.
Le bonnetier.	Il berrettajo.
L'aubergiste.	Il locandiere.
Le joaillier.	Il giojelliere.
Le menuisier.	Il falegname.
Le ferronnier.	Il ferrajo.
Le passementier.	Lo spinettajo.

Professions and trades.	Handwerke und Gewerbe.
The lapidary.	Der Steinschneider.
The linen-draper.	Der Linnenhändler.
The lock-smith.	Der Schlosser.
The looking-glass-maker.	Der Spiegelmacher; Spiegelhändler.
The mason; bricklayer.	Der Maurer.
The miller.	Der Müller.
The milliner.	Die Putzhändlerin.
The money-changer.	Der Wechsler.
The music-seller.	Der Musikalienhändler.
The optician.	Der Opticus.
The paper-manufacturer.	Der Papiermüller.
The pastry-cook.	Der Pastetenbäcker.
The pedlar.	Der Hausirer.
The perfumer.	Der Parfumeur.
The pin-manufacturer.	Der Nadler.
The porter.	Der Lastträger.
The potter.	Der Töpfer.
The poulterer.	Der Hühnerhändler.
The print-seller.	Der Kupferstichhändler.
The ragman.	Der Lumpensammler.
The ropemaker.	Der Seiler.
The saddler.	Der Sattler.
The seedsman.	Der Samenhändler.
The seamstress.	Die Nähterin.
The shepherd.	Der Schäfer.
The shipowner.	Der Rheder.
The shoemaker.	Der Schuster.
The silk-mercer.	Der Seidenhändler.
The silversmith.	Der Silberschmied.
The slater, tiler.	Der Dachdecker.
The smith.	Der Schmied.
The soap-boiler.	Der Seifensieder.
The sword-cutler.	Der Schwertfeger.
The tailor.	Der Schneider.
The tallow-chandler.	Der Lichtzieher.
The tanner.	Der Rothgerber.
The timber-merchant.	Der Holzhändler.
The tinman.	Der Blechschläger.
The tin-potter.	Der Zinngiesser.
The tobacconist.	Der Tabakhändler.

Professions et métiers.	Professioni e mestieri.
Le lapidaire.	Il lapidario.
Le linger.	Il mercante di tela.
Le serrurier.	Il magnano.
Le miroitier.	Lo specchiajo.
Le maçon.	Il muratore.
Le meunier.	Il mugnajo.
La marchande de modes.	La crestaja.
Le changeur.	Il cambiatore.
Le marchand de musique.	Il mercante di musica.
L'opticien.	L'ottico.
Le papetier.	Il cartajo.
Le pâtissier.	Il pasticciere.
Le colporteur.	Il merciajuolo.
Le parfumeur.	Il profumiere.
L'épinglier.	Lo spillettajo.
Le crocheteur; le porte-faix.	Il facchino.
Le potier.	Il pentolaro.
Le marchand poulailler.	Il pollajuolo.
Le marchand d'estampes.	Il mercante di stampe.
Le chiffonnier.	Lo stracciajuolo.
Le cordier.	Il funajuolo; il cordajo
Le sellier.	Il sellajo.
Le grenetier.	Il granajuolo.
La couturière.	La sartora.
Le berger.	Il pastore; il pecorajo.
Le fréteur.	Il nolleggiatore.
Le cordonnier.	Il calzolajo.
Le marchand de soie.	Il mercante di seta.
L'orfèvre.	L'argentajo.
Le couvreur.	Il conciatetti.
Le forgeron.	Il fabbro; il ferrajo.
Le savonnier.	Il saponajo.
Le fourbisseur.	Lo spadajo.
Le tailleur.	Il sarto; il sartore.
Le fabricant de chandelles.	Il cerajuolo.
Le tanneur.	Il conciatore.
Le marchand de bois.	Il mercante di legname.
Le ferblantier.	Il lattajo.
Le potier d'étain.	Lo stagnajo.
Le marchand de tabac.	Il mercante di tabacco.

The tradesman.	Der Handelsmann.
The trunk-maker.	Der Koffermacher.
The turner.	Der Drechsler.
The upholsterer.	Der Tapezierer.
The vine-dresser.	Der Winzer.
The washerwoman; laundress.	Die Wäscherin.
The watchmaker.	Der Uhrmacher.
The weaver.	Der Weber.
The wheelwright.	Der Wagner.
The wine-merchant.	Der Weinhändler.
The woollen-draper.	Der Tuchhändler.

Agricultural implements and tools.	Ackerbau- und Handwerksgeräthschaften.
The plough.	Der Pflug.
The ploughshare.	Die Pflugschaar.
The coulter.	Das Pflugeisen.
The spade.	Der Spaten.
The shovel.	Die Schaufel; die Schippe.
The pickaxe.	Der Karst.
The hoe.	Die Haue.
The weeder.	Der Gäter.
The harrow.	Die Egge.
The roller.	Die Walze.
The rake.	Die Harke.
The pitchfork.	Die Gabel.
The scythe.	Die Sense.
The sickle.	Die Sichel.
The bill.	Die Hippe.
The pruning-knife.	Das Gartermesser.
The watering-pot.	Die Giesskanne.
The flail.	Der Dreschflegel.
The winnowing-sieve.	Die Wanne; Schwinge.
The riddle.	Das Sieb.
A trough for cattle.	Ein Trog für Vieh.
An anvil.	Ein Ambos.
The hammer.	Der Hammer.
The mallet.	Der Schlägel.

Instruments d'agriculture et outils.	Strumenti d'agricultura e di differenti mestieri.
Le marchand.	Il mercante.
Le layetier.	Il valigiajo.
Le tourneur.	Il tornajo.
Le tapissier.	Il tappezziere.
Le vigneron.	Il vignajuolo.
La blanchisseuse.	La lavandaja.
L'horloger.	L'oriuolajo.
Le tisserand.	Il tessitore.
Le charron.	Il carradore.
Le marchand de vin.	Il mercante di vino.
Le marchand de drap.	Il pannajuolo.

Instruments d'agriculture et outils.	Strumenti d'agricultura e di differenti mestieri.
La charrue.	L'aratro.
Le soc.	Il vomere.
Le coutre.	Il coltro.
La bêche.	La vanga.
La pelle.	La pala.
La pioche.	La zappa.
La houe.	La marra.
Le sarcleur.	Il sarchiello.
La herse.	L'erpice.
Le rouleau.	Il curro.
Le rateau.	Il rastrello.
La fourche.	La forca.
La faux.	La falce.
La faucille.	Il falcino: la falciuola.
La serpe.	La ronca.
La serpette.	La roncola.
L'arrosoir.	L'innaffiatojo.
Le fléau.	Il correggiato.
Le van.	Il vaglio.
Le crible.	Il crivello.
Une auge pour les bêtes.	Un truogo pel bestiame.
Une enclume.	Un' incudine.
Le marteau.	Il martello.
Le maillet.	Il mazzapicchio.

Agricultural implements and tools.	Ackerbau- und Handwerksgeräthschaften.
Pincers.	Die Zange.
A nail.	Ein Nagel.
The file.	Die Feile.
The awl.	Die Ahle.
The vice.	Der Schraubstock.
A drill.	Ein Drillbohrer.
The screw.	Die Schraube.
The nut.	Die Schraubenmutter.
The auger.	Der Stangenbohrer.
The mason's hod.	Ein Maurertrog.
The ladder.	Die Leiter.
The scaffold.	Das Gerüst.
The trowel.	Die Kelle.
The crow-bar.	Das Brecheisen.
A cart.	Ein Karren.
A barrow.	Ein Schubkarren.
The rammer.	Die Handramme.
The lever.	Der Hebel; Hebebaum.
The axe.	Die Axt.
The wedge.	Der Keil.
The hatchet.	Das Beil.
The pulley.	Die Winde.
The saw.	Die Säge.
The plane.	Der Hobel.
The gimlet.	Der Bohrer.
The chisel.	Der Meissel.
A grindstone.	Ein Schleifstein.
Glue.	Der Leim.
Compasses.	Der Zirkel.
The square.	Das Winkelmass.
The level.	Die Wasserwage; Bleiwage
The trepan.	Der Erdbohrer.
The mason's chisel	Der Steinmeissel.
The graver.	Der Grabstichel.
A turning-lathe.	Eine Drehbank.
A punch.	Eine Pfrieme; Ahle.
A last.	Ein Leisten.
Shears.	Eine grosse Scheere.

Instruments d'agriculture et outils.	Strumenti d'agricoltura e di differenti mestieri.
Les tenailles.	La tanaglia.
Un clou.	Un chiodo.
La lime.	La lima.
L'alêne.	La lesina.
L'étau.	La morsa.
Un vilebrequin.	Un trapano.
La vis.	La vite.
L'écrou.	La chiocciola.
La tarière.	Il succhio.
Une auge de maçon.	Una bigoncine da muratore.
L'échelle.	La scala.
L'échafaud.	Il ponte.
La truelle.	La mestola.
La pince.	Il piccone.
Une charette.	Una carretta.
Une brouette.	Un carretto.
La demoiselle.	La mazzeranga.
Le levier.	La lieva.
La cognée.	La scure.
Le coin.	Il conio.
La hache.	L'ascia; l'asce.
Le cric.	L'argano da ghindare.
La scie.	La sega.
Le rabot.	La pialla.
Le foret.	Il succhiello.
Le ciseau.	Lo scarpello.
Une pierre à aiguiser.	Una mola d'aguzzare.
La colle.	La colla.
Le compas.	Il compasso.
L'équerre.	La squadra.
Le niveau.	La livella.
Le trépan.	Il trapano.
Le poinçon.	Il punteruolo.
Le burin.	Il bulino.
Un tour.	Un torno.
Une pointe.	Un punzone.
Une forme.	Una formella.
Les ciseaux.	La forbice.

Literary and professional men.	Gelehrte und Künstler.
An actor; an actress.	Ein Schauspieler; eine Schauspielerin.
An advocate; a barrister.	Ein Advokat.
An attorney; a solicitor.	Ein Anwalt.
An architect.	Ein Baumeister.
An artist.	Ein Künstler.
An astronomer.	Ein Astronom.
A botanist.	Ein Botaniker.
A chemist.	Ein Chemiker.
A clergyman.	Ein Geistlicher.
A dancing-master.	Ein Tanzmeister.
A dentist.	Ein Zahnarzt.
A doctor.	Ein Doctor.
A drawer.	Ein Zeichner.
An engineer.	Ein Maschinenbauer.
An engraver.	Ein Kupferstecher.
A fencing-master.	Ein Fechtmeister.
A geometer, surveyor.	Ein Feldmesser.
A historian.	Ein Geschichtschreiber.
A language-master.	Ein Sprachmeister.
A lawyer.	Ein Rechtsgelehrter.
A mathematician.	Ein Mathematiker.
A mechanician.	Ein Mechaniker.
A mineralogist.	Ein Mineralog.
A musician.	Ein Musiker.
A naturalist.	Ein Naturforscher.
A painter.	Ein Maler.
A philosopher.	Ein Philosoph.
A physician.	Ein Arzt.
A poet.	Ein Dichter.
A preacher.	Ein Prediger.
A professor.	Ein Professor.
A riding-master.	Ein Bereiter.
A school-master.	Ein Schulmeister.
A sculptor.	Ein Bildhauer.
A surgeon.	Ein Wundarzt.
A theologian.	Ein Theolog.
A writing-master.	Ein Schreiblehrer.

Savants et artistes.	**Letterati ed artefici.**
Un acteur; une actrice.	Un attore; un' attrice.
Un avocat.	Un procuratore.
Un avoué.	Un avvocato.
Un architecte.	Un architetto.
Un artiste.	Un artista.
Un astronome.	Un astronomo.
Un botaniste.	Un botanico.
Un chimiste.	Un chimico.
Un ecclésiastique.	Un ecclesiastico.
Un maître de danse.	Un maestro di ballo.
Un dentiste.	Un cavadenti.
Un docteur.	Un dottore.
Un dessinateur.	Un disegnatore.
Un ingénieur.	Un ingegnere.
Un graveur.	Un intagliatore.
Un maître d'armes.	Un maestro di scherma.
Un géomètre.	Un geometra.
Un historien.	Un istorico.
Un maître de langue.	Un maestro di lingua.
Un jurisconsulte.	Un giurisconsulto.
Un mathématicien.	Un matematico.
Un mécanicien.	Un meccanico.
Un minéralogiste.	Un mineralista.
Un musicien.	Un musico.
Un physicien.	Un fisico.
Un peintre.	Un pittore.
Un philosophe.	Un filosofo.
Un médecin.	Un medico.
Un poëte.	Un poeta.
Un prédicateur.	Un predicatore.
Un professeur.	Un professore.
Un écuyer.	Un cavallerizzo.
Un maître d'école.	Un maestro di scuola.
Un sculpteur.	Un scultore.
Un chirurgien.	Un chirurgo.
Un théologien.	Un teologo.
Un maître d'écriture.	Un maestro di scrittura.

Of commerce.	Vom Handel.
The exchange.	Die Börse.
The (rate of) exchange.	Der Curs.
A banker.	Ein Banquier.
A merchant.	Ein Kaufmann.
A wholesale-dealer.	Ein Grosshändler.
A retailer.	Ein Kleinhändler.
A partner.	Ein Gesellschafter.
A factor; an agent.	Ein Commissionär.
A money-changer.	Ein Wechsler.
A broker.	Ein Makler.
A stock-broker.	Ein Wechselagent.
A cashier.	Ein Kassirer.
A clerk.	Ein Buchhalter; Commis.
The buyer.	Der Käufer.
The seller.	Der Verkäufer.
The debtor.	Der Schuldner.
The creditor.	Der Gläubiger.
The course of exchange.	Der Wechselkurs.
A letter of advice.	Ein Avisbrief.
A bill of exchange.	Ein Wechselbrief.
The draft.	Die Tratte.
The remittance.	Die Rimesse.
The acceptance.	Das Accept.
The endorsement.	Das Indossement.
The expiration of terms.	Die Verfallzeit.
The protest.	Der Protest.
The payment.	Die Zahlung.
A receipt.	Ein Empfangschein.
The quittance.	Die Quittung.
A letter of credit.	Ein Creditbrief.
To pay an account.	Eine Rechnung bezahlen.
An obligation.	Ein Schuldbrief.
The invoice.	Die Faktur.
The balance.	Die Bilanz.
The cash-book.	Das Kassabuch.
The ledger.	Das Hauptbuch.
The wares.	Die Waaren.
The warehouse.	Das Waarenlager.
The shop.	Der Kaufladen.

Du commerce.	Del commercio.
La bourse.	La borsa.
Le cours.	Il corso.
Un banquier.	Un banchiere.
Un négociant.	Un negoziante.
Un marchand en gros.	Un mercante all' ingrosso.
Un marchand en détail.	Un mercante al minuto.
Un compagnon.	Un compagno.
Un commissionnaire.	Un fattore.
Un changeur.	Un combiatore.
Un courtier.	Un sensale; un mezzano
Un agent de change.	Un agente di cambio.
Un caissier.	Un cassiere.
Un commis.	Un giovane di banca.
L'acheteur.	Il compratore.
Le vendeur.	Il venditore.
Le débiteur.	Il debitore.
Le créancier.	Il creditore.
Le change.	Il cambio.
Une lettre d'avis.	Una lettera d'avviso.
Une lettre de change.	Una lettera di cambio.
La traite.	La tratta.
La remise.	La rimessa.
L'acceptation.	L'accettazione.
L'endossement.	La girata; il giro.
L'échéance.	La scadenza.
Le protêt.	Il protesto.
Le paiement.	Il pagamento.
Un reçu.	Una ricevuta.
La quittance.	La quitanza.
Une lettre de crédit.	Una lettera credenziale
Solder un compte.	Saldare un conto.
Une obligation.	Una scritta.
La facture.	La fattura.
La balance.	La bilancia.
Le livre de caisse.	Il libro di cassa.
Le grand livre.	Il libro maestro.
Les marchandises.	Le mercanzie.
Le magasin.	Il magazino.
La boutique.	La bottega.

The counter.	Der Ladentisch.
The shop-windows.	Die Schaufenster.
The office, counting-house.	Das Comptoir.
The strong-box.	Die Kasse.

Money and coins.	Münzen.
Money.	Das Geld.
Change.	Kleines Geld.
A banknote.	Eine Banknote.
A gold-coin.	Eine Goldmünze.
A silver-coin.	Eine Silbermünze.
Copper-money.	Das Kupfergeld.
A sovereign.	Ein Souveränd'or.
A pound sterling.	Ein Pfund Sterling.
A crown.	Eine Krone.
A shilling.	Ein Schilling.
A louis.	Ein Louisd'or.
A napoleon.	Ein Napoleond'or.
A five franc-piece.	Ein Fünffrankenstück.
A franc.	Ein Frank.
A carlin.	Ein Carolin.
A ducat.	Ein Dukat.
A florin.	Ein Gulden.
A kreuzer.	Ein Kreuzer.
A heller.	Ein Heller.
A frederic.	Ein Friedrichsd'or.
A dollar.	Ein Thaler.
A groschen.	Ein Groschen.
A pistole.	Eine Pistole.
A piastre.	Ein Piaster.
A sequin.	Eine Zechine.
A doubloon.	Eine Doublone.
A paul.	Ein Paolo.
An ounce.	Eine Unze.
An exchequer-bill.	Eine Kassenanweisung.

Weights and measures.	Gewicht und Maass.
A ton = 2240 pds. Engl.	Eine Tonne.
A hundred-weight = 112 pds. Engl.	Ein Centner.

Le comptoir.	Lo scrittojo.
L'étalage; la montre.	La mostra delle botteghe.
Le bureau.	L'uffizio.
La caisse.	La cassa.
Des monnaies.	**Delle monete.**
L'argent.	Il danaro.
De la monnaie.	Danari piccoli.
Un billet de banque.	Una cedola di banco.
Une pièce d'or.	Una moneta d'oro.
Une pièce d'argent.	Una moneta d'argento.
La monnaie de cuivre.	La moneta di rame.
Un souverain d'or.	Un sovrano d'oro.
Une livre sterling.	Una lira sterlina.
Une couronne.	Una corona.
Un schelling.	Uno scellino.
Un louis d'or.	Un luigi d'oro.
Un napoléon d'or.	Un napoleone d'oro.
Une pièce de cinq francs.	Un pezzo di cinque franchi.
Un franc.	Un franco.
Un carlin.	Un carlino.
Un ducat,	Un ducato.
Un florin.	Un fiorino.
Un kreuzer.	Un carantano.
Un denier.	Un danajo.
Un frédéric d'or.	Un frederic d'oro.
Un écu.	Uno scudo.
Un gros.	Un grosso.
Une pistole.	Una doppia.
Une piastre.	Una piastra.
Un sequin.	Un zecchino.
Un doublon.	Un doppione.
Un paul.	Un paolo.
Une once.	Un' oncia.
Un billet de trésor.	Un biglietto di tesoro.
Poids et mesures.	**Pesi e misure.**
Un tonneau.	Un doglio.
Un quintal.	Un quintale.

Weights and measures.	Gewicht und Maass.
A stone = 14 pds. Engl.	Ein Stein.
A pound.	Ein Pfund.
An ounce.	Eine Unze.
Half an ounce.	Ein Loth.
A drachm.	Ein Quentchen.
A scruple.	Ein Skrupel.
A carat.	Ein Karat.
A grain.	Ein Gran; Ass.
A tun = 240 gallons.	Eine Tonne.
A pipe = 120 gallons.	Eine Pipe; ein Stückfass.
A hogshead = 66 gallons.	Ein Oxhoft.
A bushel = 8 gallons.	Ein Scheffel.
A peck = 2 gallons.	Eine Metze.
A gallon = 10 pds. distill. water.	Ein Gallon.
A quart = $2^1/_2$ pds. dist. w.	Ein Quart; ein Viertel.
A pint = $^1/_2$ quart.	Ein Schoppen.
A gill = $^1/_4$ pint.	Ein Viertelschoppen.
A fathom = 6 feet.	Ein Faden; ein Klafter.
A yard = 3 feet.	Eine Ruthe.
An ell.	Eine Elle.
A foot.	Ein Fuss.
A hand = $^1/_3$ foot.	Eine Hand.
An inch = $^1/_{12}$ foot.	Ein Zoll.
A line.	Ein Strich.
A german mile = $4^2/_3$ Engl. miles.	Eine deutsche Meile.
A league = $2^4/_5$ Engl. miles.	Eine Stunde.
A mile = 1760 Engl. yards.	Eine englische Meile.
A square-mile.	Eine Quadratmeile.
A square-yard.	Eine Quadratruthe.
A cubic-foot.	Ein Kubikfuss.
An acre of land = 4840 square-yards.	Ein Morgen Landes.
Breadth.	Die Breite.
Length.	Die Länge.
Height.	Die Höhe.
Depth.	Die Tiefe.
Thicknes	Die Dicke.
Extent.	Die Ausdehnung.

Poids et mesures.	Pesi e misure.
Une pierre.	Una pietra.
Une livre.	Una libbra.
Une once.	Un' oncia.
Une demi-once.	Una mezz' oncia.
Une drachme.	Una dramma.
Un scrupule.	Uno scrupolo.
Un carat.	Un carato.
Un grain.	Un grano.
Un tonneau.	Un doglio.
Une pipe.	Una pipa.
Une pièce.	Un osoffo.
Un boisseau.	Un moggio.
Un picotin.	Una profenda.
Un gallon.	Un gallone.
Un quart.	Un quarto.
Une chopine.	Una foglietta.
Une roquille.	Un quarto di foglietta.
Une brasse; toise.	Un braccio; una tesa.
Une verge.	Una verga.
Une aune.	Un' auna.
Un pied.	Un piede.
Un palme.	Un palmo.
Un pouce.	Un pollice.
Une ligne.	Una linea.
Un mille allemand.	Un miglio tedesco.
Une lieue.	Una lega.
Un mille anglais.	Un miglio inglese.
Un mille carré.	Un miglio quadrato.
Une verge carrée.	Una verga quadrata.
Un pied cube.	Un piede cubico.
Un arpent de terre.	Un jugero di terra.
La largeur.	La larghezza.
La longueur.	La lunghezza
La hauteur.	L'altezza.
La profondeur.	La profondità.
L'épaisseur.	La grossezza.
L'étendue; la dimension.	L'estensione; l'ampiezza; la dimensione.

Colours, painting and writing materials.	Farben, Malerei und Schreibmaterialien.
Red.	Roth.
Blue.	Blau.
Yellow.	Gelb.
Black.	Schwarz.
White.	Weiss.
Green.	Grün.
Brown.	Braun.
Violet.	Violet.
Orange-yellow.	Orangegelb.
Indigo.	Indigo.
Olive.	Olivenfarbig.
Purple.	Purpur.
Grey.	Grau.
Ash-colour.	Aschfarbig.
Flesh-colour.	Fleischfarbig.
Flaxen-colour.	Blond.
Scarlet.	Scharlach.
Crimson.	Carmoisin.
Carmine.	Der Carmin.
The easel.	Die Staffelei.
A pallet.	Ein Farbenbrett.
A hair-pencil.	Ein Pinsel.
A pencil.	Ein Bleistift.
Black-chalk.	Schwarze Kreide.
Charcoal.	Die Kohle.
The stump	Der Wischer.
Indian ink.	Die Tusche.
Crayon.	Der Pastell.
A crayon-holder.	Ein Kreidehalter.
A picture.	Ein Gemälde.
A drawing.	Eine Zeichnung.
A sketch.	Eine Skizze.
An engraving; print.	Ein Kupferstich.
A lithograph.	Ein Steindruck.
A historical picture.	Ein geschichtliches Bild.
A view.	Eine Ansicht.
A landscape.	Eine Landschaft.
A portrait.	Ein Portrait.

Des couleurs, de la peinture et de l'écriture.	Dei colori, della pittura e della scrittura.
Rouge.	Rosso.
Bleu.	Turchino.
Jaune.	Giallo.
Noir.	Nero.
Blanc.	Bianco.
Vert.	Verde.
Brun.	Bruno; fosco.
Violet.	Paonazzo.
Jaune orangé.	Giallo arancio.
Indigo.	Indaco.
Olivâtre.	Olivastro.
Pourpre.	Purpureo.
Gris.	Bigio.
Gris cendré.	Grigio cenericcio.
Incarnat.	Incarnato.
Blond.	Biondo.
Ecarlate.	Scarlato.
Cramoisi.	Cremisino.
Le carmin.	Il carminio.
Le chevalet.	Il cavalletto.
Une palette.	Una tavolozza.
Un pinceau.	Un pennello.
Un crayon.	Un lapis piombino.
Le crayon noir.	Il lapis nero.
Le fusin.	Il carbone.
L'estompe.	Il fumino.
L'encre de Chine.	L'inchiostro della China.
Le pastel.	Il pastello.
Un porte crayon.	Un matitatojo.
Un tableau.	Un quadro.
Un dessin.	Un disegno.
Une esquisse.	Uno schizzo.
Une gravure; estampe.	Un rame; una stampa
Une lithographie.	Una litografia.
Un tableau d'histoire.	Un quadro storico.
Une vue.	Una veduta; vista.
Un paysage.	Un paesetto.
Un portrait.	Un ritratto.

Colours, painting and writing materials. — Games and recreations.	Farben, Malerei und Schreibmaterialien. — Spiele und Vergnügungen.
A miniature.	Ein Miniaturgemälde.
A study.	Eine Studie.
An original.	Ein Original.
A copy.	Eine Copie.
A model.	Ein Muster; Vorbild.
The outlines.	Die Umrisse.
Drapery.	Der Faltenwurf.
Colouring.	Das Colorit.
Perspective.	Die Perspective.
Composition.	Die Composition.
Agreement of colours.	Der Farbenton.
The ink-stand.	Das Schreibzeug.
Ink.	Die Tinte.
A pen.	Eine Feder.
Paper.	Das Papier.
Wafers.	Die Oblaten.
Sealing-wax.	Der Siegellack.
A seal.	Ein Petschaft.
A penknife.	Ein Federmesser.
The ink-bottle.	Das Tintenfass.
The sand-box.	Das Sandfass.
Games and recreations.	**Spiele und Vergnügungen.**
A walk; promenade.	Ein Spaziergang.
A ride.	Ein Spazierritt.
A drive.	Eine Spazierfahrt.
A race.	Ein Wettrennen.
The play.	Das Schauspiel.
Dancing.	Der Tanz.
The ball.	Der Ball.
A partner.	Ein Tänzer.
A partner (f).	Eine Tänzerin.
Game of forfeits.	Das Pfänderspiel.
Game of hazard.	Das Hazardspiel.
Skates.	Die Schlittschuhe.
Chess.	Das Schachspiel.
The chess-board.	Das Schachbrett
The chess-men.	Die Figuren.
The squares.	Die Felder.
The king.	Der König.

Des couleurs, de la peinture et de l'écriture. Jeux et divertissemens.	Dei colori, della pittura e della scrittura. — Giuochi e ricreazioni.
Une miniature.	Una miniatura.
Une étude.	Uno studio.
Un original.	Un originale.
Une copie.	Una copia.
Un modèle.	Un modello.
Les contours.	I contorni.
La draperie.	La panneggiatura.
Le coloris.	Il colorito.
La perspective.	La prospettiva.
La composition.	La composizione.
Le ton.	La tinta.
L'écritoire.	Il calamajo.
L'encre.	L'inchiostro.
Une plume.	Una penna.
Le papier.	La carta.
Le pains à cacheter.	Le ostie.
Le cire d'Espagne.	La cera di Spagna.
Un cachet.	Un sigillo.
Un canif.	Un temperino.
L'encrier.	Il calamajo.
Le poudrier.	Il polverino.

Jeux et divertissemens.	Giuochi e ricreazioni.
Une promenade.	Un passeggio.
Une promenade à cheval.	Una passeggiata a cavallo.
Une promenade en voiture.	Una passeggiata in carrozza.
Une course	Un corso.
Le spectacle.	Lo spettacolo.
La danse.	La danza.
Le bal.	Il ballo.
Un danseur.	Un ballerino.
Une danseuse.	Una ballerina
Les jeux innocents.	Il giuoco de' pegni.
Les jeux de hasard.	Il giuoco di sorte.
Les patins.	I pattini.
Les échecs.	Gli scacchi.
L'échiquier.	Lo scacchiere.
Les pièces.	I pezzi.
Les cases.	Gli scacchi.
Le roi.	Il rè.

Games and recreations. — Field-sports.	Spiele und Vergnügungen. — Die Jagd.
The queen.	Die Königin.
The castle.	Der Thurm.
The bishop.	Der Laufer.
The knight.	Der Springer.
The pawn.	Der Bauer.
Back-gammon.	Das Brettspiel.
Dice.	Die Würfel.
The dice-box.	Der Würfelbecher.
Pieces; men.	Die Steine.
Draughts.	Das Damenspiel.
The draught-board.	Das Damenbrett.
Billiards.	Das Billard.
The balls.	Die Bälle.
The pockets.	Die Löcher.
The cushions.	Die Banden.
A cue.	Ein Queue.
A cannon.	Eine Carambolage.
A winning-hazard.	Einen Ball machen.
A losing-hazard.	Sich verlaufen.
The game of dominoes.	Das Domino.
A pack of cards.	Ein Spiel Karten.
The king.	Der König.
The queen.	Die Dame.
The knave.	Der Bube.
The ace.	Das Ass.
The deuce.	Die Zwei.
To deal.	Geben.
To shuffle.	Mischen.
To cut.	Abheben.
Counters.	Die Spielmarken.
Skittles.	Das Kegelspiel.
The skittle-ground.	Die Kegelbahn.
The bowl.	Die Kugel.
The nine-pins.	Die Kegel.
The shuttlecock.	Der Federball.
The battledore.	Der Schlägel.
Die Jagd.	**Die Jagd.**
Sporting accoutrements.	Das Jagdzeug.
Shooting.	Die kleine Jagd.

Jeux et divertissemens. — La chasse.	Giuochi e ricreazioni. — La caccia.
La dame.	La dama.
La tour.	Il rocco.
Le fou.	L'alfiere.
Le cavalier.	Il cavaliere.
Le pion.	La pedina.
Le trictrac.	Lo sbaraglino.
Les dés.	I dadi.
Le cornet.	Il bossolo.
Les pièces.	I pezzi.
Le jeu de dames.	Il giuoco di dama.
Le damier.	Il tavoliere a dama.
Le billard.	Il bigliardo; trucco.
Les billes.	Le palle.
Les blouses.	I buchi.
Les bandes.	Le sponde.
Une queue.	Una stecca.
Un carambolage.	Un carambolaggio.
Faire une bille.	Fare una biglia.
Se perdre.	Perdersi.
Le domino.	Il dominò.
Un jeu de cartes.	Un giuoco di carte.
Le roi.	Il rè.
La dame.	La dama.
Le valet.	Il fante.
L'as.	L'asso.
Le deux.	Il duo.
Donner.	Dare.
Battre.	Mischiare.
Couper.	Alzare.
Les jetons.	I marchj.
Le jeu de quilles.	Il giuoco di birilli.
Le quillier.	Il giuocoliscio.
La boule.	La palla.
Les quilles.	I birilli.
Le volant.	Il volante.
La raquette.	La rachetta.
La chasse.	**La caccia.**
L'équipage de chasse.	Gli arnesi da caccia.
La chasse au tir.	La caccia a fucili.

Field-sports.	Die Jagd.
Hunting.	Die Hetzjagd.
Battue.	Die Treibjagd.
Coursing.	Die Hasenhetze.
Fox-hunting.	Die Fuchshetze
A gun.	Eine Flinte.
A double-barrelled gun.	Eine Doppelflinte.
A rifle.	Eine Büchse.
The ramrod.	Der Ladestock.
The lock.	Das Schloss.
The butt-end.	Der Kolben.
The stock.	Der Schaft.
The cock.	Der Hahn.
The touch-hole.	Das Zündloch.
The trigger.	Der Drücker; Abzug.
The powder.	Das Pulver.
The powder-flask.	Das Pulverhorn.
The percussion-cap.	Das Zündhütchen.
Swan-shot.	Rehposten.
Small-shot.	Der Schrot.
Dust-shot.	Vogeldunst.
The shot-case.	Der Schrotbeutel.
The game-bag.	Die Jagdtasche.
The bugle.	Das Jagdhorn.
Game.	Das Wildpret.
A sportsman.	Ein Jäger.
A beater.	Ein Treiber.
The stand.	Der Anstand.
The track.	Die Spur; Fährte.
The scent.	Die Witterung.
Whooping.	Das Jagdgeschrei.
A poacher.	Ein Wilddieb.
The fisherman.	Der Fischer.
Fishing.	Der Fischfang.
Fishing-tackle.	Das Fischergeräth.
The fishing-rod.	Die Angelruthe.
The line.	Die Angelschnur.
The hook.	Die Angel.
Bait.	Der Köder.
A net.	Ein Netz.
A fish-pond.	Ein Fischteich.
The fish-tank.	Der Fischbehälter.

La chasse.	La caccia.
La chasse à courre.	La caccia forzata.
La battue.	La caccia clamorosa.
La chasse au lièvre.	La caccia di lepre.
La chasse au renard.	La caccia di volpe.
Un fusil.	Un fucile; uno schioppo.
Un fusil à deux coups.	Uno schioppo doppio.
Une carabine.	Una carabina.
La baguette.	La bacchetta.
La batterie.	Il focile.
La crosse.	Il calcio.
Le fût.	La cassa.
Le chien.	Il cane.
La lumière.	Il focone.
La détente.	Il grilletto.
La poudre.	La polvere.
La corne à poudre.	Il polverino.
La chevrotine.	I pallini da capriuoli.
Le petit-plomb.	I pallini.
La cendrée.	La migliarola.
La bourse à dragée.	La borsa da pallini.
La gibecière.	La carniera.
Le cor de chasse.	Il corno da caccia.
Le gibier.	La cacciagione.
Un chasseur.	Un cacciatore.
Un batteur.	Una guida.
L'affût.	La posta.
La piste.	La traccia.
Le vent.	Il sentore.
La huée.	La grida.
Un braconnier.	Chi caccia furtivamente.
Le pêcheur.	Il pescatore.
La pêche.	La pesca.
L'appareil de pêche.	Gli arnesi della pesca.
La gaule.	La verga pescatoria.
La ligne.	La lenza.
Le hameçon	L'amo.
L'appat.	L'esca.
Un filet.	Una rete.
Un vivier.	Una peschiera.
Le réservoir.	Il serbatojo.

A bird-catcher.	Ein Vogelsteller.
A lime-twig.	Eine Leimruthe.
A springe.	Ein Sprenkel.
A cage.	Ein Vogelbauer.
The fowling-floor.	Der Vogelheerd.

Music.	Musik.
A musical-festival.	Ein Musikfest.
A concert.	Ein Konzert.
The band-master.	Der Kapellmeister.
The musicians.	Die Musiker.
An overture.	Eine Ouvertüre.
A symphony.	Eine Symphonie.
An air.	Eine Arie.
A song.	Ein Lied.
The accompaniment.	Die Begleitung.
The voice.	Die Stimme.
The tuning-key.	Der Stimmhammer.
The organ.	Die Orgel.
A string instrument.	Ein Saiteninstrument
A piano-forte.	Ein Fortepiano.
A grand piano.	Ein Flügel.
A violin.	Eine Violine.
A viol.	Eine Viole.
A violoncello.	Ein Violoncell.
A bass, double-bass.	Ein Contrabass.
The bow.	Der Bogen.
A harp.	Eine Harfe.
A guitar.	Eine Guitarre.
A wind-instrument.	Ein Blasinstrument
A flageolet.	Ein Flageolet.
A hautboy.	Eine Hoboe.
A clarionet.	Eine Klarinette.
A flute.	Eine Flöte.
A horn; bugle.	Ein Horn.
A trumpet.	Eine Trompete.
A bassoon.	Ein Fagott.
A bag-pipe.	Ein Dudelsack.
A jew's-harp.	Eine Maultrommel.
A trombone.	Eine Posaune.

La musique.	La musica
Un oiseleur.	Un uccellatore.
Un gluau.	Un panione.
Un cerceau.	Una schiaccia.
Une cage.	Una gabbia.
L'aire.	L'uccellaja.

La musique.

La musique.	La musica.
Un festival.	Una festa di musica.
Un concert.	Un concerto.
Le maître de chapelle.	Il maestro di cappella.
Les musiciens.	I musici.
Une ouverture.	Un' entrata.
Une symphonie.	Una sinfonia.
Un air.	Un' aria.
Une chanson.	Un canzone.
L'accompagnement.	L'accompagnamento.
La voix.	La voce.
L'accordoir.	La chiave.
L'orgue.	L'organo.
Un instrument à cordes.	Un instrumento a corde.
Un piano.	Un pianoforte.
Un piano à queue.	Un pianoforte a coda.
Un violon.	Un violino.
Une viole.	Una viola.
Un violoncelle.	Un violoncello.
Une contrebasse.	Un violone; contrabasso
L'archet.	L'archetto.
Une harpe.	Un' arpa.
Une guitare.	Una chitarra.
Un instrument à vent.	Uno strumento da fiato
Un flageolet.	Uno zufolo.
Un hautbois.	Un oboè.
Une clarinette.	Un clarinetto.
Une flûte.	Un flauto.
Un cor.	Un corno.
Une trompette.	Una tromba.
Un basson.	Un fagotto.
Une cornemuse.	Una cornamusa.
Une guimbarde.	Uno spassapensiero
Un trombone.	Un trombone.

The kettle-drums.	Die Pauken.
A drum.	Eine Trommel.
The great drum.	Die grosse Trommel.
A triangle.	Ein Triangel.
The cymbals.	Die Becken.
A fife.	Eine Pfeife.
The shalms.	Die Schalmei.
Bells.	Der Schellenbaum.

Secular dignities. | **Weltliche Würden.**

An emperor; an empress.	Ein Kaiser; eine Kaiserin.
The king; the queen.	Der König; die Königin.
An archduke; an archduchess.	Ein Erzherzog; eine Erzherzogin.
A grand-duke; a grand-duchess.	Ein Grossherzog; eine Grossherzogin.
A duke; a duchess.	Ein Herzog; eine Herzogin.
A prince; a princess.	Ein Prinz; eine Prinzessin.
The prince-royal, the princess-royal.	Der Kronprinz; die Kronprinzessin.
An elector; an electress.	Ein Kurfürst; eine Kurfürstin.
A peer.	Ein Pair.
A deputy; a member of parliament.	Ein Abgeordneter; ein Volksvertreter.
A marquis; a marchioness.	Ein Marquis; eine Marquise.
An earl; a countess.	Ein Graf; eine Gräfin.
A viscount; a viscountess.	Ein Vicomte; eine Vicomtesse.
A baron; a baroness.	Ein Freiherr; eine Freifrau.
A lord; a lady.	Ein Lord; eine Lady
A gentleman, nobleman.	Ein Edelmann.
A knight.	Ein Ritter.
A chancellor.	Ein Kanzler.
A minister.	Ein Minister.
A secretary of state.	Ein Staatssekretär.
A viceroy.	Ein Vicekönig.

Les timbales.	I timpani.
Un tambour.	Un tamburo.
La grosse caisse.	La gran cassa; il tamburo grande.
Un triangle.	Un triangolo
Les cymbales.	I cimbali.
Un fifre.	Un piffero.
Le chalumeau.	La cennamella.
Le chapeau chinois.	Il cappello chinese.

Dignités séculières.	Dignità secolari.
Un empereur; une impératrice.	Un imperatore; un' imperatrice.
Le roi; la reine.	Il rè; la regina.
Un archiduc; une archiduchesse.	Un arciduca; un' arciduchessa.
Un grand-duc; une grand-duchesse.	Un granduca; una granduchessa.
Un duc; une duchesse.	Un duca; una duchessa.
Un prince; une princesse.	Un principe; una principessa.
Le prince royal (impérial); la princesse royale (impériale).	Il principe reale (imperiale); la principessa reale (imperiale).
Un électeur; une électrice.	Un elettore; un' elettrice.
Un pair.	Un pari.
Un député; un représentant du peuple.	Un deputato; un rappresentante del popolo.
Un marquis; une marquise.	Un marchese; una marchesa.
Un comte; une comtesse.	Un conte; una contessa.
Un vicomte; une vicomtesse.	Un viconte; una vicontessa.
Un baron; une baronne.	Un barone; una baronessa.
Un lord; une lady.	Un lord; una lady.
Un gentilhomme.	Un gentiluomo.
Un chevalier.	Un cavaliere
Un chancelier.	Un cancelliere.
Un ministre.	Un ministro.
Un secrétaire d'état.	Un segretario di stato.
Un vice-roi.	Un vicerè.

An ambassador; an ambassadress.	Ein Gesandter; eine Gesandtin.
A governor; a governor's lady.	Ein Statthalter; eine Statthalterin.
A commandant.	Ein Befehlshaber; Kommandant.
A plenipotentiary.	Ein Bevollmächtigter.
An envoy.	Ein Abgesandter.
A resident.	Ein Resident.
A consul.	Ein Consul.
An official.	Ein Beamter.

Ecclesiastical dignities.	**Geistliche Würden.**
The pope.	Der Papst.
The sovereign pontiff	Der oberste Bischof.
A cardinal.	Ein Kardinal.
A patriarch.	Ein Patriarch.
A primate.	Ein Primas.
An archbishop.	Ein Erzbischof.
A bishop.	Ein Bischof.
A prelate.	Ein Prälat.
A legate.	Ein Legat.
A vice-legate.	Ein Vice-Legat.
An apostolical nuncio.	Ein apostolischer Nuntius.
An internuncio.	Ein Internuntius.
A grand-vicar.	Ein Grossvicarius.
An arch-priest.	Ein Erzpriester.
A prior.	Ein Prior.
An abbot.	Ein Abt.
A rector.	Ein Rector.
A vicar.	Ein Pfarrer; ein Pastor.
An archdeacon.	Ein Archidiaconus.
A priest.	Ein Priester.
A deacon.	Ein Diaconus.
A canon.	Ein Canonicus; Domherr.
A chaplain; a curate	Ein Kaplan.
A confessor.	Ein Beichtvater.
A clergyman.	Ein Geistlicher.
A monk.	Ein Mönch.
A lay-brother.	Ein Laienbruder.

Un ambassadeur; une ambassadrice.	Un ambasciatore; un' ambasciatrice.
Un gouverneur; une gouvernante.	Un governatore; una governatrice.
Un commandant.	Un comandante.
Un plénipotentiaire.	Un plenipotenziario.
Un envoyé.	Un inviato.
Un résident.	Un residente.
Un consul.	Un console.
Un fonctionnaire.	Un impiegato, officiante.

Dignités ecclésiastiques.	Dignità ecclesiastiche.
Le pape.	Il papa.
Le souverain pontife.	Il summo pontefice.
Un cardinal.	Un cardinale.
Un patriarche.	Un patriarca.
Un primat.	Un primate.
Un archevêque.	Un arcivescovo.
Un évêque.	Un vescovo.
Un prélat.	Un prelato.
Un légat.	Un legato.
Un vice-légat.	Un vicelegato.
Un nonce apostolique.	Un nunzio apostolico.
Un internonce.	Un internunzio.
Un grand-vicaire.	Un vicario generale.
Un archi-prêtre.	Un arciprete.
Un prieur.	Un priore.
Un abbé.	Un abbate.
Un recteur.	Un rettore.
Un curé; un pasteur.	Un curato; un parroco.
Un archi-diacre.	Un arcidiacono.
Un prêtre.	Un prete; un sacerdote.
Un diacre.	Un diacono.
Un chanoine.	Un canonico.
Un chapelain.	Un cappellano.
Un confesseur.	Un confessore.
Un ecclésiastique.	Un ecclesiastico.
Un moine.	Un monaco.
Un frère-lai.	Un converso.

A nun.	Eine Nonne.
The sacristan, verger.	Ein Kirchendiener.

Countries and nations.	Länder und Völker.
A state.	Ein Staat.
The Empire.	Das Reich; Kaiserreich.
The Kingdom.	Das Königreich.
The Grand-Duchy.	Das Grossherzogthum.
The Electorate.	Das Kurfürstenthum.
The Duchy.	Das Herzogthum.
The Principality.	Das Fürstenthum.
The County.	Die Grafschaft.
The Republic.	Die Republik; der Freistaat.
A free city.	Eine freie Stadt.
A territory.	Ein Gebiet.
Africa; an African.	Afrika; ein Afrikaner.
America; an American.	Amerika; ein Amerikaner.
Asia; an Asiatic.	Asien; ein Asiat.
Australia.	Australien.
Austria; an Austrian.	Oesterreich; ein Oesterreicher.
Baden; an inhabitant of Baden.	Baden; ein Badenser.
Bavaria; a Bavarian.	Baiern; ein Baier.
Belgium; a Belgian.	Belgien; ein Belgier.
Bohemia; a Bohemian.	Böhmen; ein Böhme.
Brabant; a Brabantine.	Brabant; ein Brabanter.
China; a Chinese.	China; ein Chinese.
Denmark; a Dane.	Dänemark; ein Däne.
England; an Englishman.	England; ein Engländer.
Europe; an European.	Europa; ein Europäer.
Flanders; a Fleming.	Flandern; ein Flamländer.
France; a Frenchman.	Frankreich; ein Franzose.
Germany; a German.	Deutschland; ein Deutscher.
The German confederation.	Der deutsche Bund.
Great-Britain; a Briton.	Grossbritannien; ein Britte.
Greece; a Greek.	Griechenland; ein Grieche.
Grisons.	Graubünden.
Hainault.	Der Hennegau.
Hanover; a Hanoverian.	Hannover; ein Hannoveraner.

Une religieuse.	Una religiosa; monaca.
Le sacristain; le bedeau.	Il sacristano.

Des pays et des peuples.	**Paesi e popoli.**
Un état.	Uno stato.
L'empire.	L'impero.
Le royaume.	Il regno.
Le grand-duché	Il gran ducato.
L'électorat.	L'elettorato.
Le duché.	Il ducato.
La principauté.	Il principato.
Le comté.	La contea.
La république.	La repubblica.
Une ville libre.	Una città libera.
Un territoire.	Un territorio.
L'Afrique; un Africain.	L'Affrica; un Affricano.
L'Amérique; un Américain.	L'America; un Americano.
L'Asie; un Asiatique.	L'Asia; un Asiatico.
L'Australie.	L'Australia.
L'Autriche; un Autrichien.	L'Austria; un Austriaco.
Le duché de Bade; un Badois.	Il ducato di Baden; un Badense.
La Bavière; un Bavarois.	La Baviera; un Bavarese.
La Belgique; un Belge.	La Belgia; un Belgio.
La Bohème; un Bohémien.	La Boemia; un Boemo.
Le Brabant; un Brabançon.	Il Brabante; un Brabanzone.
La Chine; un Chinois.	La China; un Chinese.
Le Danemark; un Danois.	La Danimarca; un Danese.
L'Angleterre; un Anglais.	L'Inghilterra; un Inglese.
L'Europe; un Européen.	L'Europa; un Europeo.
La Flandre; un Flamand.	La Fiandra; un Fiammingo.
La France; un Français.	La Francia; un Francese.
L'Allemagne; un Allemand.	La Germania; un Tedesco.
La confédération germanique.	La confederazione germanica.
La grande Bretagne; un Breton.	La Gran Bretagna; un Bretone.
La Grèce; un Grec.	La Grecia; un Greco.
Les Grisons.	I Grigioni.
Le Hainaut.	L'Ainù.
Le Hanovre; un Hanovrien.	L'Anovera; un Anovrano.

Countries and nations. — Cities and towns.	Länder und Völker. Städte.
Holland; a Dutchman.	Holland; ein Holländer.
Hungary; an Hungarian.	Ungarn; ein Ungar.
Ireland; an Irishman.	Irland; ein Irländer.
Italy; an Italian.	Italien; ein Italiener.
Japan; a Japanese.	Japan; ein Japanese.
The Levant.	Die Levante.
Lombardy; a Lombard.	Die Lombardei; ein Lombarde.
The Neapolitan states; a Neapolitan.	Neapel; ein Neapolitaner.
The Netherlands.	Die Niederlande.
Norway; a Norwegian.	Norwegen; ein Norweger.
The Palatinate; a Palatinian.	Die Pfalz; ein Pfälzer.
The Papal states.	Der Kirchenstaat.
Piedmont; a Piedmontese.	Piemont; ein Piemontese.
Poland; a Pole.	Polen; ein Pole.
Portugal; a Portuguese.	Portugal; ein Portugiese.
Prussia; a Prussian.	Preussen; ein Preusse.
Russia; a Russian.	Russland; ein Russe.
Sardinia; a Sardinian.	Sardinien; ein Sardinier.
Savoy; a Savoyard.	Savoyen; ein Savoyard.
Saxony; a Saxon.	Sachsen; ein Sachse.
Scotland; a Scotchman.	Schottland; ein Schotte.
Servia; a Servian.	Serbien; ein Serbe.
Spain; a Spaniard.	Spanien; ein Spanier.
Stiria.	Steiermark.
Sweden; a Swede.	Schweden; ein Schwede.
Switzerland; a Swiss.	Die Schweiz; ein Schweizer
Transylvania.	Siebenbürgen.
Turkey; a Turk.	Die Türkei; ein Türke.
Tuscany.	Toskana.
Tyrol; a Tyrolese.	Tyrol; ein Tyroler.
The United-States of America.	Die Vereinigten Staaten von Amerika.
Valais.	Das Wallis.
Wirtemberg.	Württemberg.
Cities and towns.	**Städte.**
Aix-la-Chapelle.	Aachen.
Amsterdam.	Amsterdam.

Des pays et des peuples. — Villes.	Paesi e popoli. — Città.
La Hollande; un Hollandais.	L'Olanda; un Olandese.
La Hongrie; un Hongrois.	L'Ungheria; un Unghero.
L'Irlande; un Irlandais.	L'Irlanda; un Irlandese.
L'Italie; un Italien.	L'Italia; un Italiano.
Le Japon; un Japonais.	Il Giapone; un Giaponese.
Le Levant.	Il Levante.
La Lombardie; un Lombard.	La Lombardia; un Lombardo.
Naples; un Napolitain.	Napoli; un Napolitano.
Les Pays-Bas.	I Paesi Bassi.
La Norvège; un Norvégien.	La Norvegia; un Norvegio.
Le Palatinat; un Palatin.	Il Palatinato; un Palatino.
L'étât de l'Église.	Lo stato della Chiesa.
Le Piémont; un Piémontais.	Il Piemonte; un Piemontese.
La Pologne; un Polonais.	La Polonia; un Polacco.
Le Portugal; un Portugais.	Il Portogallo; un Portoghese.
La Prusse; un Prussien.	La Prussia; un Prussiano.
La Russie; un Russe.	La Russia; un Russo.
La Sardaigue; un Sarde.	La Sardegna; un Sardo.
La Savoie; un Savoyard.	La Savoia; un Savoiardo.
La Saxe; un Saxon.	La Sassonia; un Sassone.
L'Ecosse; un Eccossais.	La Scozia; uno Scozzese.
La Serbie; un Serbe.	La Servia; un Servio.
L'Espagne; un Espagnol.	La Spagna; uno Spagnuolo.
La Stirie.	La Stiria.
La Suède; un Suédois.	La Svezia; un Svedese.
La Suisse; un Suisse.	La Svizzera; uno Svizzero.
La Transylvanie.	La Transilvania.
La Turquie; un Turque.	La Turchia; un Turco
La Toscane.	La Toscana.
Le Tirol; un Tirolien.	Il Tirole; un Tirolese.
Les États-Unis d'Amérique.	Gli Stati Uniti d'America.
Le Valais.	La Vallisia.
Le Wurttemberg.	La Wirtemberga.
Villes.	**Città.**
Aix-la-Chapelle.	Aquisgrana.
Amsterdam.	Amsterdamo.

Cities and towns.	Städte.
Antwerp.	Antwerpen.
Basle.	Basel.
Berlin.	Berlin.
Bern.	Bern.
Botzen.	Botzen.
Bruges.	Brügge.
Brunswick.	Braunschweig.
Brussels.	Brüssel.
Buda.	Ofen.
Cleves.	Cleve.
Coblentz.	Coblenz.
Coire.	Chur.
Cologne.	Köln.
Dort.	Dordrecht.
Dresden.	Dresden.
Florence.	Florenz.
Flushing.	Vliessingen.
Frankfort.	Frankfurt.
Geneva.	Genf.
Genoa.	Genua.
Ghent.	Gent.
The Hague.	Haag.
Hamburgh.	Hamburg.
Herzogenbosh.	Herzogenbusch.
Leipsic.	Leipzig.
Leghorn.	Livorno.
Liege.	Lüttich.
London.	London.
Louvain.	Löwen.
Lyons.	Lyon.
Mayence.	Mainz.
Mechlin.	Mecheln.
Milan.	Mailand.
Mons.	Bergen; Mons.
Munich.	München.
Naples.	Neapel.
Nuremberg.	Nürnberg.
Nymwegen.	Nymwegen.
Paris.	Paris.
Piacenza.	Piacenza.
Prague.	Prag.

Villes.	Città.
Anvers.	Anversa.
Bâle.	Basilea.
Berlin.	Berlino.
Berne.	Berna.
Bolzano.	Bolzano.
Bruges.	Bruges.
Brunswick.	Brunsviga.
Bruxelles.	Brusselles.
Bude.	Buda.
Clèves.	Clivia.
Coblence.	Coblenza.
Coire.	Coira.
Cologne.	Cologna.
Dourtray.	Dortriga.
Dresde.	Dresda.
Florence.	Fiorenza.
Flessingue.	Vlissinga.
Francfort.	Francoforte.
Genève.	Ginevra.
Gènes.	Genova.
Gand.	Gand.
La Haye.	L'Aja.
Hambourg.	Amburgo.
Bois-le-Duc.	Bosco di Duca
Leipsic.	Lipsia.
Livourne.	Livorno.
Liège.	Liegi.
Londres.	Londra.
Louvain.	Lovanio.
Lyon.	Lione.
Mayence	Magonza.
Malines.	Malines.
Milan.	Milano.
Mons.	Mons.
Munich.	Monaco.
Naples.	Napoli.
Nuremberg.	Norimberga
Nimègue.	Nimega.
Paris.	Parigi.
Plaisance.	Piacenza.
Prague.	Praga.

Ratisbon.	Regensburg.
Rome.	Rom.
Rotterdam.	Rotterdam.
Schaffhausen.	Schaffhausen.
Sion.	Sitten.
Soleure.	Solothurn.
Tournay.	Doornik.
Trent.	Trient.
Treves.	Trier.
Venice.	Venedig.
Vienna.	Wien.
Warsaw.	Warschau.
Zurich.	Zürich.
Zweibrücken.	Zweibrücken.

Mountains and rivers.	Gebirge und Flüsse.
Abruzzi.	Die Abruzzen.
Alps.	Die Alpen.
Apennines.	Die Apenninen.
Ardennes.	Die Ardennen.
The Black-forest.	Der Schwarzwald.
The Vosges.	Die Vogesen.
The Adige.	Die Etsch.
The Danube.	Die Donau.
The Elbe.	Die Elbe.
The lake of Constance.	Der Bodensee.
The Maine.	Der Main.
The Meuse.	Die Maas.
The Moselle.	Die Mosel.
The Neckar.	Der Neckar.
The Rhine.	Der Rhein.
The Scheldt.	Die Schelde.
The Thames.	Die Themse.
The Vistula.	Die Weichsel.

Affirmative Phrases.	Bejahende Redensarten.
That is true.	Das ist wahr.
It is so.	Das ist so.
I believe so.	Ich glaube es.

Ratisbonne.	Ratisbona.
Rome.	Roma.
Roterdam.	Roterdamo
Schaffhouse.	Scaffusa.
Sion.	Sion.
Soleure.	Solura.
Tournay.	Dorniga.
Trente.	Trento.
Trèves.	Treviri.
Venise.	Venezia.
Vienne.	Vienna.
Varsovie.	Varsovia.
Zurich.	Zurigo.
Deux-Ponts.	Dueponti.

Montagnes et rivières.	**Monti e fiumi.**
Les Abruzzes.	Gli Abruzzi.
Les Alpes.	Le Alpi.
Les Apennins.	Gli Apennini.
Les Ardennes.	Le Ardenne.
La Forêt-noire.	La selva nera.
Les Vosges.	I Vosghi.
L'Adige.	L'Adige.
Le Danube.	Il Danubio.
L'Elbe.	L'Elba.
Le lac de Constance.	Il lago di Costanza.
Le Mein.	Il Meno.
La Meuse.	La Mosa.
La Moselle.	La Mosella.
Le Necre.	Il Neccare.
Le Rhin.	Il Reno.
L'Escaut.	La Schelda.
La Tamise.	Il Tamigi.
La Vistule.	La Vistola.

Phrases affirmatives.	**Frasi affermative.**
C'est vrai.	È vero.
Cela est ainsi.	È così.
Je le crois.	Lo credo.

Affirmative Phrases.	Bejahende Redensarten.
I say yes.	Ich sage ja.
You are right.	Sie haben Recht.
I am convinced of it.	Ich bin davon überzeugt.
I know it positively.	Ich weiss es sicher.
I promise it you.	Ich verspreche es Ihnen.
I give it you.	Ich gebe es Ihnen.
It is he himself.	Er ist es selbst.
It is she herself.	Sie ist es selbst.
It is they themselves.	Sie sind es selbst.
I know her.	Ich kenne sie.
He was wrong.	Er hatte Unrecht.
I believe it.	Ich glaube es.
We think so.	Wir denken so.
He is at home.	Er ist zu Hause.
He is still in bed.	Er liegt noch im Bette.
He is up.	Er ist aufgestanden.
That is sufficient.	Das genügt.
That's well.	Das ist gut.
He has breakfasted.	Er hat gefrühstückt.
We have dined.	Wir haben zu Mittag gespeist.
They have supped.	Sie haben zu Nacht gespeist.
He is gone out.	Er ist ausgegangen.
I have business.	Ich habe zu thun.
He is still asleep.	Er schläft noch.
He is dressed.	Er ist angekleidet.
The carriage is ready.	Der Wagen ist bereit.
The horses are put to.	Die Pferde sind angespannt.
It is late.	Es ist spät.
It is still very early.	Es ist noch sehr früh.
Dinner is on the table.	Das Essen ist aufgetragen.
He is gone to bed.	Er ist zu Bette gegangen.
I am dressed.	Ich bin angekleidet.
I went out early.	Ich bin früh ausgegangen.
I came in late.	Ich bin spät zurück gekehrt.
I am fatigued.	Ich bin müde.
I am thirsty; I am hungry.	Ich bin durstig; ich bin hungrig.
I am sleepy.	Ich bin schläfrig.
I am cold; I am warm.	Ich bin kalt; ich bin warm.

Phrases affirmatives.	Frasi affermative.
Je dis que oui.	Dico di sì.
Vous avez raison.	Avete ragione.
J'en suis sûr.	Ne sono certo.
Je le sais positivement.	Lo so di certo.
Je vous le promets.	Velo prometto.
Je vous le donne.	Velo do.
C'est lui-même.	È desso.
C'est elle-même.	È dessa.
Ce sont eux-mêmes. Ce sont elles-mêmes.	Sono dessi. Sono desse.
Je la connais.	La conosco.
Il avait tort.	Egli aveva torto.
Je le crois.	Lo credo.
Nous pensons ainsi.	Pensiamo così.
Il est chez lui.	È in casa.
Il est encore couché.	Egli è ancora in letto.
Il est levé.	Egli è levato.
Cela suffit.	Basta così.
C'est bon.	Non occorr' altro.
Il a déjeûné.	Ha fatto colazione
Nous avons dîné.	Abbiamo pranzato.
Ils ont soupé.	Hanno cenato.
Il est sorti.	È uscito.
J'ai affaire.	Ho da fare.
Il dort encore.	Dorme ancora.
Il est habillé.	Egli è vestito.
La voiture est prête.	Il legno è pronto.
Les chevaux sont attelés.	I cavalli sono attaccati sotto
Il est tard.	È tardi.
Il est encore de très bonne heure.	È ancora abbonora.
Le dîner est servi.	È in tavola.
Il est couché.	È in letto.
Je suis habillé.	Sono vestito.
Je suis sorti de bon matin.	Sono uscito per tempo.
Je suis rentré tard.	Sono tornato a casa tardi
Je suis fatigué.	Sono stracco.
J'ai soif; j'ai faim.	Ho sete; ho fame.
J'ai sommeil.	Ho sonno.
J'ai froid; j'ai chaud.	Ho freddo; ho caldo.

Negative phrases.	Verneinende Redensarten.
It is time to set off.	Es ist Zeit abzureisen.
The carriage is come.	Der Wagen ist angekommen.
They are good horses.	Die Pferde sind gut.
The horses are tired.	Die Pferde sind ermüdet.
We must stop.	Wir müssen anhalten.
The coachman is drunk.	Der Kutscher ist betrunken.
The driver is tipsy.	Der Fuhrmann ist berauscht.

Negative phrases.	Verneinende Redensarten.
That is not true.	Das ist nicht wahr.
It is nobody there.	Es ist niemand da.
Nobody says it.	Niemand sagt das.
I am doing nothing.	Ich thue nichts.
I say nothing.	Ich sage nichts.
I say no.	Ich sage nein.
He will have nothing.	Er will nichts.
We ask nothing.	Wir verlangen nichts.
He is not there.	Er ist nicht da.
I did not say that.	Ich sagte das nicht.
I am going no where.	Ich gehe nirgendwohin.
They are not going to walk.	Sie gehen nicht spazieren.
I will not go to her house.	Ich will nicht in ihr Haus gehen.
We will not go to your house.	Wir wollen nicht zu Ihnen gehen.
He will not go to your house.	Er will nicht in Ihr Haus gehen.
I do not know what o'clock it is.	Ich weiss nicht, wie viel Uhr es ist.
I have not heard.	Ich habe nicht gehört.
I did not understand.	Ich verstand nicht.
I will not have any bread.	Ich will kein Brod.
He will not have any wine.	Er will keinen Wein.
He would not have any wine and water.	Er wollte keinen Wein mit Wasser.
The table is not laid.	Der Tisch ist nicht gedeckt.
Dinner is not ready.	Das Mittagsessen ist nicht fertig.
The supper is not yet ready.	Das Abendessen ist noch nicht fertig.

Phrases négatives.	Frasi negative.
Il est temps de partir.	È ora di partire.
La voiture est arrivée.	Il legno è giunto.
Les chevaux sont bons.	I cavalli sono buoni.
Les chevaux sont fatigués.	I cavalli sono stracchi.
Il faut arrêter.	Bisogna fermarsi.
Le cocher est ivre.	Il cocchiere è ebro.
Le voiturier est gris.	Il vetturino è brillo.

Phrases négatives.	Frasi negative.
Cela n'est pas vrai.	Ciò non è vero.
Il n'y a personne.	Non c'è nessuno.
Personne ne le dit.	Nessuno lo dice.
Je ne fais rien.	Non fo nulla.
Je ne dis rien.	Non dico nulla.
Je dis que non.	Dico di no.
Il ne veut rien.	Non vuol niente.
Nous ne demandons rien.	Non chiediamo nulla.
Il n'y est pas.	Non c'è.
Je ne disais pas cela.	Non diceva così.
Je ne vais nulle part.	Non vo in nessun luogo.
Ils ne vont pas se promener.	Non vanno a spasso.
Je ne veux pas aller chez elle.	Non voglio andare a casa sua.
Nous ne voulons pas aller chez vous.	Non vogliamo venire da voi.
Il ne veut pas aller chez vous.	Non vuol venire a casa vostra.
Je ne sais pas l'heure qu'il est.	Non so che ora sia.
Je n'ai pas entendu.	Non ho inteso.
Je n'avais pas compris.	Non aveva capito.
Je ne veux pas de pain.	Non voglio pane.
Il ne veut pas de vin.	Non vuole vino.
Il ne voulait pas d'eau rougie.	Non voleva vino innacquato.
Le couvert n'est pas mis.	La tavola non è apparecchiata.
Le diner n'est pas prêt.	Il pranzo non è pronto.
Le souper n'est pas encore prêt.	La cena non è preparata ancora

Negative phrases. — Interrogative phrases.	Verneinende Redensarten. – Fragende Redensarten.
I never eat meat at night.	Ich esse Abends nie Fleisch.
You are not in the wrong.	Sie haben nicht Unrecht.
He is not right.	Er hat nicht Recht.
The carriage is not yet come.	Der Wagen ist noch nicht angekommen.
The horses are not come.	Die Pferde sind noch nicht da.
The horses are not put to.	Die Pferde sind noch nicht angespannt.
The carriage is not comfortable.	Dieser Wagen ist nicht bequem.
The horses are not good.	Die Pferde sind nicht gut.
It is not time yet to set off.	Es ist noch nicht Zeit abzureisen.
I do not know at what o'clock they will set off.	Ich weiss nicht, um wie viel Uhr sie abreisen wollen.
I do not know the name of that country.	Ich weiss nicht, wie das Land heisst.
I do not listen to him.	Ich höre nicht auf ihn.
He is not at home.	Er ist nicht zu Hause.
That is not enough.	Das ist nicht genug.
I do not believe it.	Ich glaube es nicht.
Don't say a word.	Sprechen Sie kein Wort.

Interrogative phrases.	Fragende Redensarten.
Who is it?	Wer ist es?
Who is knocking?	Wer klopft?
Who is calling me?	Wer ruft mich?
What are you doing?	Was machen Sie?
What do you want?	Was wollen Sie?
What do you wish?	Was verlangen Sie?
Where are you?	Wo sind Sie?
Where is he?	Wo ist er?
What is he doing?	Was macht er?
What are they doing?	Was machen sie?
Where are you going?	Wohin gehen Sie?
Where are they going?	Wohin gehen sie?
What o'clock is it?	Wie viel Uhr ist es?

Phrases negatives. Phrases interrogatives.	Frasi negative. — Frasi interrogative.
Je ne mange jamais de viande le soir.	Non mangio mai carne la sera.
Vous n'avez pas tort.	Non avete torto.
Il n'a pas raison.	Egli non ha ragione.
La voiture n'est pas encore arrivée.	Il legno non è giunto ancora.
Les chevaux ne sont pas encore arrivés.	I cavalli non sono giunti ancora.
Les chevaux ne sont pas encore attelés.	I cavalli non sono ancora attaccati sotto.
Cette voiture n'est pas commode.	Questo legno non è comodo.
Les chevaux ne sont pas bons.	I cavalli non sono buoni.
Il n'est pas encore temps de partir.	Non è ancora tempo di partire.
Je ne sais pas l'heure à laquelle ils partiront.	Non so a che ora partiranno.
Je ne sais pas comment s'appelle ce pays.	Non so come si chiami quella terra.
Je ne l'écoute pas.	Non gli do retta.
Il n'est pas chez lui.	Non è in casa.
Cela ne suffit pas.	Ciò non basta.
Je ne le crois pas.	Non lo credo.
Ne dites mot.	Non fate parola.

Phrases interrogatives.	Frasi interrogative
Qui est-ce?	Chi è?
Qui est-ce qui frappe?	Chi picchia?
Qui est-ce qui m'appelle?	Chi mi chiama?
Que faites vous?	Che cosa fate?
Que voulez vous?	Che cosa volete?
Que demandez vous?	Che cosa chiedete?
Où êtes-vous?	Dove siete?
Où est-il?	Dov'è?
Que fait-il?	Che cosa fa?
Que font-ils?	Che cosa fanno?
Où allez vous?	Dove andate?
Où vont-ils?	Dove vanno?
Quelle heure est-il?	Che ora è?

Interrogative phrases.	Fragende Redensarten.
What o'clock do you think it is?	Wie viel Uhr glauben Sie, dass es sei?
What do you say?	Was sagen Sie?
Have you heard?	Haben Sie gehört?
Did you understand me?	Haben Sie mich verstanden?
Will you have some bread?	Wollen Sie Brod?
Will you have some wine?	Wollen Sie Wein?
Will you have a glass of wine and water?	Wollen Sie ein Glas Wein mit Wasser?
Is dinner ready?	Ist das Mittagsessen fertig?
Is supper ready?	Ist das Abendessen bereit?
Will you take breakfast?	Wollen Sie frühstücken?
Will you have coffee with milk?	Wollen Sie Kaffe mit Milch?
Are you speaking in earnest?	Sprechen Sie im Ernste?
Will you have a cup of chocolate?	Wollen Sie eine Tasse Chokolade?
Will you have the wing of a chicken?	Wollen Sie einen Hühnerflügel?
Is the carriage come?	Ist der Wagen da?
Are the horses come?	Sind die Pferde da?
Is this carriage comfortable?	Ist dieser Wagen bequem?
Are the horses good?	Sind die Pferde gut?
Is it time to go?	Ist es Zeit abzureisen?
Where are you going?	Wohin gehen Sie?
Where shall we go?	Wohin sollen wir gehen?
Where will you go?	Wohin wollen Sie gehen?
What are you thinking of?	Woran denken Sie?
Into what country do you wish to go?	Nach welchem Lande wollen Sie gehen?
What is the name of the country where you are going?	Wie heisst das Land, wohin Sie reisen?
How do you call that country?	Wie nennen Sie dies Land?
How many leagues is it?	Wie viel Stunden sind es?
Will you come with me?	Wollen Sie mit mir kommen?
Are you coming with us?	Kommen Sie mit uns?
Shall we go with them?	Sollen wir mit ihnen gehen?
When shall we set out?	Wann sollen wir abreisen?

Phrases interrogatives.	Frasi interrogative.
Quelle heure croyez vous qu'il soit?	Che ora credete che sia?
Que dites vous?	Che cosa dite?
Avez-vous entendu?	Avete sentito?
M'avez-vous compris?	Mi avete capito?
Voulez-vous du pain?	Volete del pane?
Voulez-vous du vin?	Volete del vino?
Voulez-vous un verre d'eau rougie?	Volete un bicchiere di vino innacquato?
Le dîner est-il prêt?	È pronto il pranzo?
Le souper est-il prêt?	È apparecchiata la cena?
Voulez-vous déjeûner?	Volete far colazione?
Voulez-vous du café au lait?	Volete del caffé col latte?
Parlez-vous sérieusement?	Dite daverro?
Voulez-vous une tasse de chocolat?	Volete una chicchera di cioccolata?
Voulez-vous une aile de poulet?	Volete un' ala di pollastro?
La voiture est-elle arrivée?	È giunto il legno?
Les chevaux sont-ils arrivés?	Sono giunti i cavalli?
Cette voiture est-elle commode?	È comoda codesta carrozza?
Les chevaux sont-ils bons?	Sono buoni i cavalli?
Est-il temps de partir?	È egli ora di partire?
Où allez-vous?	Dove andate?
Où irons-nous?	Dove andremo?
Où voulez-vous aller?	Dove volete andare?
A quoi pensez-vous?	A che pensate?
Dans quel pays voulez-vous aller?	In che paese volete andare?
Comment appelez-vous le pays où vous allez?	Come si chiama il paese dove andate?
Comment appelez-vous ce pays là?	Come si chiama quella terra?
Combien de lieues y a-t-il?	Quante leghe ci sono?
Voulez-vous venir avec moi?	Volete venire con me?
Venez-vous avec nous?	Venite con noi?
Irons-nous avec eux?	Andremo con loro?
Quand partirons-nous?	Quando partiremo?

At what o'clock does the diligence set off?	Um wie viel Uhr geht der Postwagen ab?
Have you been to the post-office?	Sind Sie auf der Post gewesen?
Are there any letters for me?	Sind Briefe für mich da?
What does this article cost?	Was kostet dieser Gegenstand?

Imperative phrases.	Befehlende Redensarten.
Come here.	Kommen Sie hieher.
Come near.	Kommen Sie näher.
Sit down by me.	Setzen Sie sich zu mir.
Make haste.	Beeilen Sie sich.
Go into the house.	Gehen Sie ins Haus.
Go out of the house.	Gehen Sie aus dem Hause.
Let us take a walk.	Lassen Sie uns spazieren gehen.
Go and walk in the garden.	Gehen Sie im Garten spazieren.
Follow me close.	Folgen Sie mir ganz nahe.
Follow him at a distance.	Folgen Sie ihm aus der Ferne.
Tell him to come.	Sagen Sie ihm, er möge kommen.
Open the door.	Oeffnen Sie die Thür.
Shut the window.	Schliessen Sie das Fenster.
Stay here a moment.	Warten Sie hier einen Augenblick.
Eat. Drink.	Essen Sie. Trinken Sie.
Listen to me. Look at it.	Hören Sie auf mich. Betrachten Sie es.
Put it into your pocket.	Stecken Sie es in Ihre Tasche.
Put the book you have in your hand on the table.	Legen Sie das Buch, welches Sie in der Hand haben, auf den Tisch.
Let us have done.	Lassen Sie uns damit endigen.
Begin. Continue.	Fangen Sie an. Fahren Sie fort.
Get up and walk.	Stehen Sie auf und gehen Sie.
Take care. Stop.	Geben Sie Acht. Halt.

Phrases impératives.	Frasi imperative.
A quelle heure la diligence parte-elle?	A che ora parte la diligenza?
Avez-vous été à la poste?	Siete stato alla posta?
Y a-t-il des lettres pour moi?	Ci sono lettere per me?
Que coûte cet objet?	Quanto costa questo oggetto?

Phrases impératives.	Frasi imperative.
Venez-ici.	Venite quà.
Approchez.	Avvicinatevi.
Asseyez-vous auprès de moi.	Sedete vicino a me.
Dépêchez-vous.	Spicciatevi.
Entrez dans la maison.	Entrate in casa.
Sortez de la maison.	Uscite fuori di casa.
Allons-nous promener.	Andiamo a spasso.
Promenez-vous dans le jardin.	Passeggiate nel giardino.
Suivez-moi de tout près.	Seguitemi da vicino.
Suivez-le de loin.	Seguitelo da lontano.
Dites-lui de venir.	Ditegli che venga.
Ouvrez la porte.	Aprite la porta.
Fermez la fenêtre.	Chiudete la finestra.
Attendez ici un moment.	Aspettate quì un momento.
Mangez. Buvez.	Mangiate. Bevete.
Écoutez-moi. Regardez-le.	Sentite. Guardatelo.
Mettez-le dans votre poche.	Mettetelo in tasca.
Posez le livre que vous tenez sur la table.	Ponete codesto libro sulla tavola.
Finissons-en.	Finiamola.
Commencez. Continuez.	Principiate. Proseguite.
Levez-vous et marchez.	Alzatevi, e camminate.
Prenez garde. Arrêtez.	Badate. Fermatevi.

Imperative phrases.	Befehlende Redensarten.
Not so quick.	Nicht so schnell.
Walk quickly.	Gehen Sie schnell.
Let us get up directly.	Lassen Sie uns schnell aufstehen.
Stop, coachman!	Halt, Kutscher!
Speak to him.	Sprechen Sie mit ihm.
Tell him so.	Sagen Sie es ihm.
Do not believe him.	Glaube ihm nicht.
Do not say that, for it would do you an injury.	Sage das nicht, Du würdest Dir Unrecht thun.
Do what I tell you.	Thun Sie, was ich Ihnen sage.
Do not do it, and you will be glad.	Thue es nicht und Du wirst zufrieden sein.
Let us go and see the king.	Lassen Sie uns gehen, den König zu sehen.
Go and see the princes.	Gehen Sie und sehen Sie die Prinzen.
Be quiet.	Sein Sie ruhig.
Go away.	Gehen Sie weg.
Give me a glass of water.	Geben Sie mir ein Glas Wasser.
Do not listen to him.	Hören Sie nicht auf ihn.
Give a bit of bread to that child.	Geben sie diesem Kinde ein Stück Brod.
Give that little girl a handkerchief.	Geben Sie diesem kleinen Mädchen ein Schnupftuch.
Speak sincerely.	Sprechen Sie aufrichtig.
Give me a chair.	Geben Sie mir einen Stuhl.
Go to bed.	Gehen Sie zu Bette.
Get out of bed.	Stehen Sie auf vom Bette.
Make him get up early.	Lassen Sie ihn früh aufstehen.
Order the horses to be put to.	Lassen Sie anspannen.
Bring up the carriage.	Lassen Sie den Wagen vorfahren.
Get the horses shod.	Lassen Sie die Pferde beschlagen.
Call (wake) me at five o'clock.	Wecken Sie mich um fünf Uhr.
Brush these clothes.	Putzen Sie diese Kleider.

Phrases impératives.	Frasi imperative.
Pas si vite.	Non così presto.
Marchez vite.	Camminate presto.
Levons-nous vite.	Leviamoci subito.
Arrêtez, cocher!	Fermatevi, cocchiere!
Parlez-lui.	Parlategli.
Dites-le lui.	Diteglielo.
Ne le crois pas.	Non gli credere.
Ne dis pas cela, parce que tu te ferais du tort.	Non dire ciò, che ti faresti torto.
Faites ce que je vous dis.	Fate quel che vi dico.
Ne le fais pas, et tu en seras bien-aise.	Non lo fare, e sarai contento.
Allons voir le roi.	Andiamo a vedere il re.
Allez voir les princes.	Andate a vedere i principi.
Restez tranquille.	State quieto.
Allez-vous en.	Andate via.
Donnez-moi un verre d'eau.	Datemi un bicchiere d'acqua.
Ne l'écoutez pas.	Non gli date retta.
Donnez un morceau de pain à cet enfant.	Date un boccon di pane a quel ragazzo.
Donnez un mouchoir à cette petite fille.	Date un fazzoletto a quella ragazzina.
Parlez sincèrement.	Dite sinceramente.
Donnez-moi une chaise.	Datemi una seggiola.
Allez-vous coucher.	Andate a letto.
Levez vous du lit.	State su.
Qu'il se lève de bonne heure.	Si alzi abbonora.
Faites atteler.	Fate attaccar sotto.
Faites avancer la voiture.	Fate venir avanti la carrozza.
Faites ferrer les chevaux.	Fate ferrare i cavalli.
Reveillez moi à cinq heures.	Svegliatemi alle cinque.
Nettoyez ces habits.	Spazzolate quegli abiti.

Familiar phrases.	Gewöhnliche Redensarten.
For the last year.	Seit einem Jahre.
For the last six months.	Seit einem halben Jahre.
For the last fortnight.	Seit vierzehn Tagen.
It is now a month ago.	Es ist einen Monat her.
It was three days ago.	Es sind drei Tage her.
In a month.	In einem Monate.
In six weeks.	In sechs Wochen.
In a short time.	In kurzer Zeit.
Yesterday.	Gestern.
Yesterday evening.	Gestern Abend.
The day before yesterday.	Vorgestern.
Last night.	Die vergangene Nacht.
To-day.	Heute.
To-night.	Diese Nacht.
This morning.	Diesen Morgen.
At mid-day.	Zu Mittag.
This afternoon.	Diesen Nachmittag.
This evening.	Diesen Abend.
To-morrow.	Morgen.
The day after to-morrow.	Uebermorgen.
This year.	Dies Jahr.
Last month.	Der verflossene Monat.
Next week.	Die nächste Woche.
From time to time.	Von Zeit zu Zeit.
Every day.	Alle Tage.
Every two days.	Alle zwei Tage.
Every hour.	Stündlich.
By little and little	Nach und nach.
Almost always.	Beinahe immer.
Hardly ever.	Fast nie.
Always.	Immer.
Never.	Nie.
Nearly.	Beinahe.
Sooner or later.	Früh oder spät.
At most.	Höchstens.
More or less.	Mehr oder weniger.
Moreover.	Mehr.
So much the more.	Um so mehr.
As soon as possible.	So bald als möglich.

Locutions familières.	Elocuzioni familiari.
Depuis un an.	Da un anno in quà.
Depuis six mois.	Da sei mesi in quà.
Depuis quince jours.	Da quindici giorni in quà.
Il y a un mois.	Un mese fa (è un mese).
Il y a trois jours.	Tre giorni fa (sono tre giorni).
Dans un mois.	Fra un mese.
Dans six semaines.	Fra sei settimane.
Sous peu.	In breve (fra poco).
Hier.	Jeri.
Hier au soir.	Jeri sera.
Avant-hier.	Jeri l'altro.
La nuit dernière.	La notte passata,
Aujourd'hui.	Oggi.
La nuit prochaine.	La notte prossima.
Ce matin.	Questa mattina.
A midi.	A mezzo giorno.
Cette après-dînée.	Questo dopo pranzo.
Ce soir.	Questa sera.
Demain.	Dimani.
Après-demain.	Posdomani.
Cette année-ci.	Quest' anno.
Le mois dernier.	Il mese passato.
La semaine prochaine.	La settimana prossima.
De temps en temps.	Di quando in quando.
Tous les jours.	Ogni giorno.
Tous les deux jours.	Ogni due giorni.
D'heure en heure.	D'ora in ora.
Peu à peu.	A poco a poco.
Presque toujours.	Quasi sempre.
Presque jamais.	Quasi mai.
Toujours.	Sempre.
Jamais.	Mai.
A peu près; presque.	Presso a poco; quasi.
Tôt ou tard.	O presto o tardi.
Tout au plus.	Al sommo.
Plus au moins.	Più o meno.
De plus.	Il oltre (di più).
D'autant plus.	Tanto più.
Au plus tôt.	Quanto prima.

Short Questions.	Kurze Fragen.
On board a steamboat.	**Auf einem Dampfschiffe.**
Which is the best cabin?	Welches ist der beste Platz?
How much must I pay for my place?	Wie viel muss ich für meinen Platz bezahlen?
At what hour do we dine?	Um wie viel Uhr speisen wir?
What o' clock is it?	Wie viel Uhr ist es?
Show me your list of wines.	Zeigen Sie mir Ihre Weinkarte.
Which is the best wine?	Welches ist der beste Wein?
Which is the strongest?	Welches ist der stärkste?
How much is it a bottle?	Wie viel kostet die Flasche?
Can I have half a bottle?	Kann ich eine halbe Flasche haben?
What kind of meat is that?	Was ist das für Fleisch?
What name do you give to that dish?	Welchen Namen geben Sie diesem Gerichte?
Bring me some bread.	Bringen Sie mir etwas Brod.
Bring me a glass of water.	Bringen Sie mir ein Glas Wasser.
Have you any good cognac on board?	Haben Sie guten Cognac an Bord?
Would you be so kind as to hand me the vegetables?	Wären Sie so gefällig, mir das Gemüse zu reichen?
Have you any mineral water on board?	Haben Sie Mineral-Wasser an Bord?
How much do you charge for dinner?	Wie viel berechnen Sie für das Mittagsessen?
How much for wine?	Wie viel für den Wein?

Questions courtes.	Questioni corte.
A bord d'un Bateau à Vapeur.	**A bordo di un batello a vapore.**
Quelle est la meilleure place?	Qual' è la miglior piazza?
Combien faut-il que je paye pour ma place?	Quanto si paga per questo posto?
A quelle heure dînons-nous?	A che ora pranziamo, si mangia?
Quelle heure est-il?	Che ora è?
Montrez-moi la carte des vins.	Mostratemi la lista dei vostri vini.
Quel est le meilleur vin?	Qual è il miglior vino?
Quel est le plus fort?	Qual è il più forte?
Que coûte la bouteille?	Quanto costa la bottiglia?
Pourrais-je avoir une demi-bouteille?	Potete darmene una mezza bottiglia?
Quelle est cette viande?	Che carne è questa?
Quel nom donnez vous à ce mets?	Come chiamate questa pietanza?
Apportez-moi du pain.	Portatemi del pane.
Apportez-moi un verre d'eau.	Recatemi un bicchier d'acqua.
Avez-vous du bon cognac à bord?	Avete del buon cognac a bordo?
Je vous serais fort obligé si vous vouliez me faire passer les légumes.	Mi obbligereste assai se mi passaste quella verdura.
Avez-vous de l'eau minérale à bord?	Avete dell' acqua minerale a bordo?
Combien faites-vous payer ce dîner?	Quanto importa il pranzo?
Combien le vin?	Quanto costa il vino?

On board a steamboat.	Auf einem Dampfschiffe.
That is rather dear.	Das ist etwas theuer.
Waiter, will you bring me a cup of coffee.	Kellner, bringen Sie mir eine Tasse Kaffe.
I do not take milk with it.	Ich will keine Milch dazu.
Steward, will you assist this lady to go on deck, she is very unwell.	Kellner, wollen Sie dieser Dame behülflich sein, auf das Verdeck zu kommen, sie ist sehr unwohl.
Sir, be so kind as to move a little to that side, I have not room enough.	Haben Sie die Güte, etwas auf die Seite zu rücken, mein Herr, ich habe nicht Platz genug.
Where is my dog?	Wo ist mein Hund?
Have you given him any thing to eat, steward?	Haben Sie ihm etwas zu fressen gegeben, Kellner?
I wish him to be taken care of.	Ich wünsche, dass Sie für ihn sorgen.
How far from X are we at present?	Wie weit sind wir noch von X entfernt?
Do the passengers sleep on board?	Schlafen die Passagiere an Bord?
Or does the steamer stop at some town during the night?	Oder legt das Dampfschiff während der Nacht bei irgend einer Stadt an?
Is there a good hotel there?	Ist ein guter Gasthof da?
What is the name of it?	Wie heisst er?
At what hour shall we arrive at that place?	Um wie viel Uhr werden wir an jenem Orte sein?
Will our baggage be searched there?	Wird unser Gepäck dort untersucht werden?
Shall we be allowed to take any thing on shore?	Wird man uns erlauben, irgend etwas mit ans Ufer zu nehmen?
Are there any duties payable upon passengers' luggage?	Wird für das Passagier-Gut irgend ein Zoll bezahlt?
Is there any duty on carriages or horses?	Besteht ein Zoll auf Wagen oder Pferde?
Take care, that my carriage	Nehmen Sie sich in Acht,

A bord d'un bateau à vapeur.	A bordo di un batello a vapore.
C'est un peu cher.	È alquanto caro.
Garçon, apportez-moi une demi-tasse de café.	Cameriere, portatemi una tazza di caffè.
Je le prends sans lait.	Datemelo senza latte.
Garçon, voulez vous aider cette dame à monter sur le pont, elle se sent fort indisposée.	Cameriere, ajutate questa signora a salire sulla coperta, ella si sente molto male.
Veuillez, Monsieur, avoir la bonté de reculer un peu, car je n'ai pas assez de place.	Abbiate la gentilezza, di ritirarsi un po', mio signore, non ho posto sufficiente, sto troppo stretto.
Où est mon chien?	Dov' è il mio cane?
Garçon, lui avez-vous donné à manger?	Gli avete dato a mangiare, cameriere?
Je désire que vous ayez soin de lui.	Spero bene che non vi sarete scordato di lui.
De combien sommes-nous encore éloignés de X?	Quanto abbiamo ancora a X?
Les passagers couchent-ils à bord?	Dormono i passeggieri a bordo?
Ou bien le bateau à vapeur s'arrête-t-il pendant la nuit près d'une ville?	Oppure si ferma il battello di notte in qualche città?
S'y trouve-t-il un bon hôtel?	Vi si trova un buon albergo?
Comment l'appelez-vous?	Come si chiama?
A quelle heure arriverons-nous à cet endroit?	A che ora saremo noi là?
Y visitera-t-on nos bagages?	Visiteranno colo' i nostri effetti?
Nous permettra-t-on d'emporter quelque chose à terre?	Ci permetteranno di prender qualche cosa a terra con noi?
Les effets des passagers payent-ils un droit de douane?	Si paga forse qualche tariffa per l'equipaggio?
Existe-t-il un droit d'entrée sur les voitures et les chevaux?	V'ha un dazio d'entrata sui legni e sui cavalli?
Prenez bien garde d'endom-	Fate attenzione che il mio

On board a steamboat.	Auf einem Dampfschiffe.
is not damaged in landing it from the boat.	dass mein Wagen beim Ausschiffen nicht Schaden leidet.
If you do every thing to my satisfaction, I will reward you liberally.	Wenn Sie Alles zu meiner Zufriedenheit besorgen, werde ich Sie gut belohnen.
At what hour does the steamer start to-morrow?	Um wie viel Uhr fährt das Dampfschiff morgen früh ab?
At what hour shall we arrive at X?	Um wie viel Uhr werden wir in X ankommen?
Is the river higher (lower) than usual?	Ist der Fluss höher (niedriger) als gewöhnlich?
What is the name of that ruined castle?	Wie heisst jene Schlossruine?
Do you know in what century it was built?	Wissen Sie, in welchem Jahrhunderte sie erbaut wurde?
Did it belong to any celebrated family?	Gehörte sie irgend einer berühmten Familie?
What is the name of the present owner?	Wie heisst der gegenwärtige Besitzer?
What is the name of that place?	Wie heisst jener Ort?
What is the name of that mountain?	Wie heisst jener Berg?
Do you know how high it is?	Wissen Sie, wie hoch er ist?
Is that the height above the level of the river, or of the sea?	Ist das die Höhe über dem Spiegel des Flusses oder des Meeres?
Is the wine produced here good?	Ist der hier erzeugte Wein gut?
To whom does that large house belong?	Wem gehört jenes grosse Haus?
Was that building formerly a convent?	Ist jenes Gebäude früher ein Kloster gewesen?
Is that a large island which we are approaching?	Ist das eine grosse Insel, der wir uns jetzt nähern?
Where is that large raft going?	Wohin geht das grosse Floss?

A bord d'un bateau à vapeur.	A bordo di un batello a vapore.
mager ma voiture en la débarquant.	legno non soffra nello sbarcarlo.
Je vous récompenserai bien, si je suis content de vous.	Se farete tutto a dovere vi saprò bene ricompensare.
A quelle heure le bateau à vapeur part-il demain matin?	A che ora parte domattina il batello, il piroscafo?
A quelle heure arriverons-nous à X?	A che ora arriveremo noi a X?
La rivière est-elle plus haute (plus basse) qu'à l'ordinaire?	È il fiume più alto (più basso) del solito?
Comment appelle-t-on ce château en ruines?	Come si chiamano le rovine di quel castello?
Savez-vous dans quel siècle il fut bâti?	Sapete voi in qual secolo venne fabbricato?
Appartenait-il à quelque famille illustre?	Apparteneva a qualche rinomata famiglia?
Comment s'appelle le propriétaire actuel?	Come si chiama il suo attuale possessore?
Quel est le nom de cet endroit?	Come si chiama quel paese?
Quel nom porte cette montagne?	Che nome porta quel monte?
Savez-vous quelle est son élévation?	Sapete voi quanto sia alto?
Est-ce la hauteur au-dessus du niveau du fleuve ou de la mer?	Computate voi quest' altezza al di sopra della superficie del fiume o del mare?
Le vin du pays est-il bon?	È buono il vino di questi paesi?
A qui appartient cette belle maison?	Di chi è quella gran casa?
Cet édifice était-il autrefois un couvent?	Quell' edificio era già un chiostro?
L'île dont nous approchons est-elle grande?	È grande l'isola alla quale ora ci avviciniamo?
Où va ce grand radeau?	Dove va quella gran zattera?

On board a steamboat.	Auf einem Dampfschiffe.
How many days will elapse before it arrives there?	Wie viel Tage werden vergehen, bis es dort ankommt?
What is the value of it?	Welchen Werth hat es?
What railway is that?	Was ist das für eine Eisenbahn?
Is that the road to X which runs so near to the river?	Ist das die Strasse nach X, welche so nahe am Flusse hinläuft?
Do many persons travel by the diligence?	Reisen viele Leute mit der Post?
Is it more expensive?	Ist es theurer?
Was the road constructed by the present government or a former one?	Wurde die Strasse von der jetzigen Regierung angelegt, oder von einer der frühern?
Is there any thing worth seeing in that castle?	Ist in jenem Schlosse irgend etwas Sehenswerthes?
Is it permitted to see the interior?	Ist es erlaubt, das Innere zu betrachten?
Was that building destroyed during the last war?	Wurde jenes Gebäude während des letzten Krieges zerstört?
How long has it been in that state?	Wie lange ist es in dem Zustande?
Is that river navigable?	Ist jener Fluss schiffbar?
What is the name of that river?	Wie heisst jener Fluss?
How far is it navigable for barges?	Wie weit ist er für Transportschiffe schiffbar?
Is the country pretty through which it flows?	Ist die Gegend schön, durch welche er fliesst?
Is there any passenger-boat upon it?	Fährt ein Marktschiff darauf?
Do you know the name of that gentleman?	Kennen Sie den Namen jenes Herrn?
Is he an Englishman?	Ist es ein Engländer?

Combien de jours lui faut-il pour y arriver?	Quanti giorni vi metto per arrivarci?
De quelle valeur est-il?	Qual prezzo ha?
Quel est ce chemin de fer?	Quale è questa strada ferrata?
La route qui longe cette rivière, est-ce celle de X?	La strada che va lungo il fiume è quella che conduce a X?
Voyage-t-on beaucoup en diligence?	Viaggiano molti per la diligenza? per la posta?
Est-ce plus cher?	È più caro?
Est-ce que cette route a été établie par le gouvernement actuel, ou par l'un des précédents?	Quella strada venne fatta dal governo attuale, o dal passato?
Y a-t-il dans ce château quelque chose de curieux à voir?	V'ha qualche cosa degna di esser veduta in quel castello?
Est-il permis d'en visiter l'intérieur?	È permesso visitarne l'interno?
Cet édifice a-t-il été détruit pendent la dernière guerre?	Venne quell' edificio distrutto durante l'ultima guerra?
Depuis quand est-il dans cet état?	È molto tempo che è così?
Cette rivière est-elle navigable?	È navigabile quel fiume?
Comment l'appelle-t-on?	Come si chiama quel fiume?
Jusqu' où est-elle navigable pour les bateaux de transport?	Fin dove è navigabile per le barche da trasporto?
La contrée qu'elle parcourt est-elle belle?	È bello il paese ch'egli percorre?
S'y fait-il un service de bateaux?	Naviga su esso qualche barca per l'uso del mercato?
Savez-vous le nom de ce Monsieur?	Conoscete il nome di quel signore?
Est-ce un Anglais?	È egli Inglese?

Do you know where he is going?	Wissen Sie, wohin er reist?
Have you seen him before?	Haben Sie ihn früher schon gesehen?
How long shall we remain at this place?	Wie lange werden wir an diesem Orte bleiben?
How deep is the river here?	Wie tief ist hier der Fluss?
What is the name of the steamer that passed us?	Wie heisst das Dampfschiff, welches eben vorbei fuhr?
Is the distance greater by land or by water to X?	Ist die Entfernung zu Lande oder zu Wasser grösser nach X?

Roads, conveyances etc.	Wege, Fuhrgelegenheiten etc.
Is there a steamboat (a diligence) from this place to X?	Fährt ein Dampfschiff (ein Eilwagen) von hier nach X?
At what hour does the steamboat start?	Um wie viel Uhr fährt das Dampfschiff ab?
What are the fares?	Wie viel beträgt das Passagiergeld?
Where is the office?	Wo ist das Expeditions-Bureau?
Have you a printed tariff of the fares, time of departure and other regulations?	Haben Sie einen gedruckten Tarif über das Passagiergeld, die Zeit der Abfahrt und andere Bestimmungen?
Do they take carriages on board the boat?	Werden Wagen an Bord genommen?
Do they take horses?	Werden Pferde mitgenommen?
Are refreshments to be obtained on board the boat?	Kann man Erfrischungen auf dem Schiffe bekommen?
Does it stop at X?	Hält es zu X an?
Can I be landed at X?	Kann ich zu X ausgeschifft werden?
What is the expense of em-	Was ist die Taxe für das

Savez-vous où il va?	Non sapete ove vada?
L'avez-vous déjà vu?	L'avete già veduto altre volte?
Combien de temps resterons-nous à cet endroit?	Quanto tempo ci fermeremo in questo paese?
Quelle est ici la profondeur de la rivière?	Che profondità ha qui il fiume?
Quel est le nom du bateau à vapeur qui vient de passer?	Come si chiama il batello a vapore che è passato ora?
La distance de X est-elle plus grande par terre où par eau?	Il viaggio da qui a X è più lungo per terra o per acqua?

Chemins, Messageries etc.	Strade, mezzi di trasporto etc.
Y a-t-il un service de bateaux à vapeur (de diligences) d'ici à X?	Avete un batello a vapore (o diligenza) che faccia il tragitto da qui a X?
A quelle heure le bateau à vapeur part-il?	A che ora parte il batello a vapore?
Quel est le prix du passage?	Quanto costa il trasporto de' passeggieri?
Où est le bureau des expéditions?	Dov' è l'ufficio di spedizione?
Avez-vous un tarif imprimé contenant les prix de passage, les heures d'arrivée et de départ et d'autres indications?	Avete una lista stampata pei prezzi, per l'orario di partenza ed altre regole?
Reçoit-on les voitures à bord?	Si prendono a bordo le carrozze?
Embarque-t-on les chevaux?	Si trasportano anche i cavalli?
Peut-on avoir des rafraîchissements sur le bateau?	Si ponno avere rinfreschi a bordo?
S'arrête-t-il à X?	Si ferma esso ad X?
Pourrais-je débarquer à X?	Posso essere sbarcato a X?
Quel est le tarif de l'embar-	Quanto si paga per l'im-

Roads, conveyances etc.	Wege. Fuhrgelegenheiten etc.
barking or landing a carriage?	Ein- und Ausschiffen eines Wagens?
What sum is usually given to the commissioner for that service?	Wie viel zahlt man einem Commissionär für diesen Dienst?
Is it necessary to have my passport signed or viséed?	Ist es nöthig, dass mein Pass visirt wird?
Do they give much trouble to travellers about their passports?	Macht man den Reisenden viele Umstände wegen der Pässe?
Is there a carriage road (a foot-path) from this place to X?	Besteht ein Fahrweg (ein Fusspfad) von hier nach X?
Will there be any risk of injuring the carriage if I go by that road?	Muss ich befürchten, den Wagen zu beschädigen, wenn ich diesen Weg einschlage?
Is the road easy to find?	Ist der Weg leicht zu finden?
How far is it to X?	Wie weit ist es von hier nach X?
Can I hire a carriage to take me there?	Kann ich einen Wagen miethen, der mich dahin bringt?
How much must I pay for a carriage by the day?	Wie viel muss ich für einen Wagen auf den Tag bezahlen?
What fee ought I to give to the driver?	Wie viel Trinkgeld gibt man dem Kutscher?
Can I have a horse to carry me to X?	Kann ich ein Pferd nach X bekommen?
Can we get a pony or a donkey for this lady, to mount that hill?	Können wir ein Pferd oder einen Esel für diese Dame bekommen, um diesen Hügel hinanzureiten?
What is the usual charge by the day?	Was bezahlt man gewöhnlich für den Tag?
What do you charge per hour? what for driving (for riding) to X?	Wie viel nehmen Sie für die Stunde? wie viel um nach X zu fahren (zu reiten)?
Where is the diligence-office, to take my place?	Wo ist die Post, um einen Platz im Eilwagen zu nehmen?

quement et du débarquement d'une voiture?	barco e lo sbarco di un legno?
Combien paye-t-on au commissionnaire pour un pareil service?	Quanto si dà ad un commissionario per tal servigio?
Est-il nécessaire que mon passe-port soit visé?	È necessario far vidimare il passaporto?
Fait-on aux voyageurs beaucoup de difficultés pour leurs passe-ports?	Si fanno molte difficoltà ai viaggiatori pei passaporti?
Y a-t-il une grand route (un sentier) d'ici à X?	Vi è una strada (un sentiero) da quì a X?
Dois-je craindre d'endommager ma voiture, si je prends ce chemin?	C'è pericolo di guastare la carrozza tenendo questa strada?
Trouve-t-on facilement le chemin?	È la via facile a trovarsi?
Combien y a-t-il d'ici à X?	Quanto distante è N ... da quì?
Pourrais-je louer une voiture pour m'y conduire?	Troverò un legno da nolo che mi vi conduca?
Combien faut-il que je paye une voiture pour la journée?	Quanto spenderò al giorno per una carrozza?
Combien de pourboire donne-t-on au cocher?	Quanto si dà di mancia al vetturino?
Pourrais-je louer un cheval d'ici à X?	Avreste un cavallo da darmi per andare a X?
Pourriez-vous me procurer un cheval ou un âne pour Madame, pour monter cette colline?	Si potrebbe avere un cavallo od un asino per questa dama, onde salire su questa collina?
Combien donne-t-on ordinairement par jour?	Quanto si spende al giorno di solito?
Combien demandez-vous par heure? combien pour aller à X?	Quanto vi debbo dare per ora, per andare a X?
Où est le bureau de la diligence?	Dov' è l'ufficio della diligenza?

At what hour does it start?	Um wie viel Uhr fährt er ab?
How many hours shall we be upon the road?	Wie lange werden wir unterwegs bleiben?
Do they charge for luggage?	Muss man für das Gepäck etwas bezahlen?
What weight is allowed?	Wie viel Pfund hat man frei?
Can I take my dogs with me by the coach?	Kann ich meine Hunde im Wagen mitnehmen?
Where does the diligence stop?	Wo hält der Eilwagen an?
Shall I have time to breakfast here?	Habe ich Zeit, hier zu frühstücken?
How long do you stay?	Wie lange halten Sie hier?
Do we dine on the road?	Speisen wir unterwegs zu Mittag?
Which is the best hotel at X?	Welches ist der beste Gasthof in X?
Are the charges moderate?	Ist es billig dort?
Is there an inn or public-house at X?	Ist ein Wirthshaus oder eine Schenke dort?
Where is the station for X?	Wo ist der Bahnhof nach X?
When does the next train start?	Wann fährt der nächste Zug?
These six packages go to X.	Diese sechs Gepäckstücke gehen nach X.
Is this the train to X?	Ist dies der Zug nach X?
How long does it take to get to X?	Wie lange fahren wir bis X?
How many stations are there still?	Wie viele Stationen haben wir noch?

With a hackney-coachman.	**Mit einem Lohnkutscher.**
Can you drive us immediately to X?	Können Sie uns sogleich nach X fahren?
Have you a comfortable carriage?	Haben Sie einen bequemen Wagen?
Are your horses good?	Sind Ihre Pferde gut?
What must I pay for a two-	Was muss ich für einen vier-

A quelle heure part-elle?	A che ora parte?
Combien de temps resterons-nous en route?	Quanto tempo staremo per via?
Faut-il payer quelque chose pour les bagages?	È d'uopo pagare qualche cosa per l'equipaggio?
Combien a-t-on de bagages libres?	Qual peso è permesso portare di diritto?
Puis-je faire monter mes chiens dans la voiture?	Posso condur meco i miei cani in carrozza?
A quel endroit la diligence s'arrête-t-elle?	Dove si ferma la diligenza?
Aurai-je le temps de déjeûner ici?	Avrò tempo da far colazione quì?
Combien de temps arrêtez-vous-ici?	Quanto tempo vi trattenete quì?
Dînerons-nous en route?	Pranzeremo noi per viaggio?
Quel est le meilleur hôtel à X?	Qual è il miglior albergo in X?
Y a-t-on bon marché?	Sono i prezzi equi colà?
Y a-t-il là un hôtel ou une auberge?	Trovasi colà un albergo od un' osteria?
Où est l'embarcadère de X?	Dov' è l'imbarcatojo di X?
A quelle heure le prochain convoi part-il?	A che ora parte il primo convoglio?
Ces six colis vont à X.	Questi colli vanno a X.
Est-ce là le train pour X?	E quello il traino per X?
Combien de temps metterons-nous pour aller à X?	Quanto tempo ci metteremo per andare a X?
Combien de stations avons-nous encore?	Quanto stazioni abbiamo ancora?

Avec un cocher de louage. | Con un vetturino.

Pouvez-vous nous conduire tout de suite à X?	Potete condurci tosto a X?
Avez-vous une voiture commode?	È comoda la vostra carrozza?
Avez-vous de bons chevaux?	Sono buoni i vostri cavalli?
Combien demandez vous pour	Quanto vi debbo dare per

With a hackney-coachman.	Mit einem Lohnkutscher.
horse-carriage with four places?	sitzigen Wagen mit zwei Pferden bezahlen?
How much for a one-horse?	Wie viel für einen Einspänner?
That is too much, I can only give forty francs.	Das ist zu viel, ich gebe nur vierzig Franken.
How soon shall we be there?	Wie bald werden wir dort sein?
How much must I pay you by the day?	Wie viel muss ich Ihnen für den Tag bezahlen?
The tolls are included in our agreement.	Das Chaussee- und Brückengeld geht auf Ihre Rechnung.
How many miles a day will you travel?	Wie viel Meilen wollen Sie im Tage zurücklegen?
Is there room for my luggage upon the coach?	Hat mein Gepäck Platz auf dem Wagen?
I have a trunk, two portmanteaus and a hatbox.	Ich habe einen Koffer, zwei Mantelsäcke und eine Hutschachtel.
We wish to go to X to remain there some hours and then to return.	Wir wollen nach X fahren, uns dort einige Stunden aufhalten und dann zurückkehren.
We wish to go by X to Z.	Wir wollen über X nach Z fahren.
If you go fast, you shall have a good fee.	Wenn Sie schnell fahren, sollen Sie ein gutes Trinkgeld bekommen.
Put to immediately.	Spannen Sie sogleich an.
Do not keep me waiting.	Lassen Sie mich nicht warten.
Come with your carriage tomorrow morning at six o'clock.	Fahren Sie morgen früh um sechs Uhr vor.
Stop, coachman! We wish to get out.	Halt, Kutscher! Wir wollen aussteigen.
Drive faster, coachman! We do not get on.	Fahrt zu, Kutscher! Wir kommen nicht voran.
Do not drive so near to that precipice, — to the river.	Fahrt nicht so nahe an diesem Abgrund, — an diesem Fluss.

Avec un cocher de louage.	Con un vetturino.
une voiture à quatre personnes, avec deux chevaux?	una carrozza a quattro posti con due cavalli?
Combien pour une voiture à un cheval?	Quanto si spende per un biroccio?
C'est trop, je ne donne que quarante francs.	È troppo, vi darò quaranta franchi.
Quand arriverons-nous?	Ci arriveremo presto?
Combien faut-il vous donner par jour?	Quanto vi debbo dare al giorno?
Le péage des ponts et chaussées est à votre compte.	I pedaggi sono a vostro carico.
Combien de milles pensez-vous faire par jour?	Quante miglia al giorno farete?
Y a-t-il de la place pour mes bagages sur la voiture?	Potrete collocare il mio equipaggio su la carrozza?
J'ai une malle, deux portemanteaux et une boîte à chapeau.	Ho un baule, due valige ed una cappelliera.
Nous voulons aller à X pour nous y arrêter quelques heures, et puis revenir.	Vogliamo andare a X ci tratterremo colà alcune ore e poi ritorneremo.
Nous voulons aller par X à Z.	Vogliamo andare a X passando per Z.
Vous aurez un bon pourboire, si vous nous conduisez vite.	Se ci servirete bene, avrete una buona mancia.
Attelez tout de suite.	Attaccate subito.
Ne me faites pas attendre.	Non mi fate aspettare.
Vous serez prêt demain matin à six heures.	Venite a levarci domattina alle sei.
Arrêtez, cocher! nous voulons descendre.	Fermatevi, vetturino, vogliamo discendere.
Allez donc, cocher! nous n'avançons pas.	Presto, vetturino, non andiamo mai innanzi.
N'allez pas si près de ce précipice —, de cette rivière.	Non andate sì vicino al precipizio, — al fiume.

How long must we stay here, coachman, to rest the horses?	Wie lange halten wir hier, Kutscher, um die Pferde ruhen zu lassen?
When must I be ready?	Wann muss ich fertig sein?

At an inn. — In einem Gasthofe.

At an inn.	In einem Gasthofe.
I wish to see the landlord of the hotel.	Ich wünsche den Herrn des Hauses zu sehen.
Sir, I wish to have two beds for a few days.	Mein Herr, ich wünsche zwei Zimmer für einige Tage zu haben.
I wish my bedroom to be on the first floor.	Ich wünsche ein Schlafzimmer im ersten Stocke zu haben.
Can we have three single bed-rooms here to-night, one bed in each room?	Können wir für diese Nacht drei Zimmer haben, ein Bett in jedem Zimmer?
We do not like a passage-room.	Wir brauchen kein Vorzimmer.
A double-bedded room will not suit us.	Ein Zimmer mit zwei Betten kann uns nicht dienen.
We can make a parlour of one of our bed-rooms.	Wir können ein Schlafzimmer als Empfangszimmer benutzen.
Give me the key of my room. I have number twelve.	Geben Sie mir den Schlüssel von meinem Zimmer. Ich habe Nummer zwölf.
Where is the bell to this room?	Wo ist die Schelle in diesem Zimmer?
The bell does not ring.	Die Schelle schellt nicht.
Will you send up the chambermaid directly, for we are tired and want to go to bed.	Wollen Sie sogleich das Zimmermädchen schicken, wir sind müde und wollen zu Bette gehen.
Tell the chambermaid to bring more water and more towels.	Sagen Sie dem Zimmermädchen, sie möge mehr Wasser und Handtücher bringen.
Bring me fresh water.	Bringen Sie frisches Wasser.

Combien de temps vous faut-il, cocher, pour faire reposer les chevaux?	Vetturino, quanto tempo ci tratterremo qui, per far riposare i cavalli?
A quelle heure faut-il être prêt?	A che ora debbo esser pronto?

Dans un hôtel.	**In un albergo.**
Je désire parler au maître de l'hôtel.	Vorrei parlare al maestro di casa.
Je désire, Monsieur, avoir deux chambres pour quelques jours.	Signore, vorrei due stanze per alcuni giorni.
Je désire une chambre à coucher au premier étage.	Vorrei che la mia stanza da letto fosse al primo piano.
Pourrions-nous avoir pour cette nuit trois chambres à un lit?	Potremmo avere stanotte tre stanze da un letto solo?
Nous n'avons pas besoin d'antichambre.	Non abbiamo bisogno d'anticamera.
Une chambre à deux lits ne peut pas nous convenir.	Una stanza con due letti non ci serve.
Nous pourrons nous servir d'une de nos chambres à coucher comme de salon.	Possiamo servici di una stanza da letto per anticamera.
Donnez-moi la clef de ma chambre. J'ai le numéro douze.	Datemi la chiave della mia camera. Sono al numero dodici.
Où est la sonnette dans cette chambre?	Dov' è il campanello di questa stanza?
La sonnette ne sonne pas.	Il campanello non suona.
Voulez-vous nous envoyer de suite la femme de chambre, nous sommes fatigués et désirons nous coucher.	Mandateci tosto la cameriera, siamo stanchi e vogliamo andar a letto.
Dites à la fille d'apporter plus d'eau et plus d'essuie-mains.	Dite alla cameriera, che porti dell' altra acqua e qualche asciugamani di più.
Apportez de l'eau fraîche.	Portatemi dell' acqua fresca.

At an inn.	In einem Gasthofe.
I should like a bath of warm water for my feet; if you have not a foot-bath, a pail will do just as well.	Ich wünsche ein warmes Fussbad; wenn Sie keine Wanne haben, verrichtet ein Eimer dieselben Dienste.
I want my bed warmed directly.	Ich wünsche mein Bett gleich gewärmt zu haben.
The bed seems very hard.	Das Bett scheint sehr hart.
Are the sheets well aired?	Sind die Betttücher gut ausgelüftet?
Where is the water-closet?	Wo ist der Abtritt?
My boots (shoes) are quite wet, will you have them thoroughly dried up for me by to-morrow morning; for I catch a cold always, if they are at all damp.	Meine Stiefel (Schuhe) sind ganz nass, lassen Sie mir sie bis morgen früh gut trocknen; ich erkälte mich stets, wenn sie nur etwas feucht sind.
Will you have this chest of drawers wiped out, it is quite dirty.	Fegen Sie diese Kommode aus, sie ist ganz schmutzig.
Put the box of matches upon the table.	Setzen Sie das Feuerzeug auf den Tisch.
Have you a coachhouse and stables adjoining the hotel?	Haben Sie ein Wagenhaus und Ställe bei Ihrem Gasthofe?
I must have my horses properly attended to and well fed.	Meine Pferde müssen sorgfältig verpflegt und gut gefüttert werden.
Will you send the commissioner to me?	Wollen Sie mir den Lohnbedienten senden?
I wish to have breakfast (supper).	Ich wünsche das Frühstück (das Abendessen).
Give me something to eat.	Geben Sie mir etwas zu essen.
At what hour do we dine?	Um wie viel Uhr speisen wir zu Mittag?
Bring us tea for four directly.	Besorgen Sie bald vier Portionen Thee.
Why is not dinner ready?	Warum ist das Mittagsessen nicht fertig?
At what hour is your table d'hôte?	Um wie viel Uhr ist die table d'hôte?

Dans un hôtel.	In un albergo.
Je désire avoir un bain de pieds; à défaut de baignoire suffira un sceau.	Desidererei una piccola bagneruola con dell' acqua calda per lavarmi i piedi; se non avete bagneruola, mi servirò di un mastelletto.
Faites bassiner mon lit de suite.	Fatemi tosto riscaldare il letto.
Je trouve le lit bien dur.	Il letto mi pare duro.
Est-ce que les draps de lit ont été bien aérés?	Sono le lenzuola bene sicorinate?
Où sont les lieux d'aisance?	Dov' è la ritirata?
Mes bottes (souliers) sont toutes mouillées, faites les sécher pour demain matin, car je m'enrhume toutes les fois que je mets des bottes tant soit peu humides.	I miei stivali (le mie scarpe) sono molto bagnati; abbiate cura, che sieno bene asciutti, poichè mi raffreddo subito, se appena sono umidi.
Voulez-vous faire épousseter cette commode, elle est toute sale.	Fate pulire questo armadio (comò), è assai sporco.
Mettez les allumettes sur la table.	Mettete i zolfanelli (i fulminanti) sulla tavola.
Avez-vous une remise et des écuries dans l'hôtel?	Avete rimessa e scuderia nel vostro albergo?
Il faut avoir bien soin de mes chevaux, et les bien panser.	Ho bisogno, che i miei cavalli sieno diligentemente tenuti e ben nudriti.
Voulez-vous m'envoyer le commissionnaire?	Mandatemi un servo di piazza.
Je désirerais déjeûner (souper).	Vorrei far colazione (cenare).
Donnez-moi quelque chose à manger.	Datemi qualche cosa da mangiare.
A quelle heure dînons-nous?	A che ora si pranza?
Apprêtez vite du thé pour quatre personnes.	Mandateci presto quattro tazze di thé.
Pourquois le dîner n'est-il pas prêt?	Perchè non è all' ordine il pranzo?
A quelle heure dîne-t-on à la table d'hôte?	A che ora si va a tavola rotonda?

At an inn.	In einem Gasthofe.
Have you many people at it?	Ist sie zahlreich?
Keep six places for me at the table d'hôte.	Belegen Sie sechs Plätze an der table d'hôte für mich.
Can we dine in our room?	Können wir auf unserm Zimmer speisen?
How much do you then charge for each person?	Wie hoch rechnen Sie dann das Couvert?
How much do you charge a head at the table d'hôte?	Was kostet das Couvert an der table d'hôte?
Does that include wine?	Ist der Wein dabei inbegriffen?
Show me your bill of fare and list of wines.	Zeigen Sie mir den Speisezettel und die Weinkarte.
Bring me a bottle of wine (a chair, bread, water), waiter.	Bringen Sie mir eine Flasche Wein (einen Stuhl, Brod, Wasser), Kellner.
I will thank you to hand me that dish, — the vegetables.	Sie werden mich verpflichten, wenn Sie mir jene Schüssel, — das Gemüse reichen wollen.
Have you any wine, which is not acid? The French wine are in general too acid for English.	Haben Sie irgend einen Wein, der nicht sauer ist? Die französischen Weine sind gewöhnlich zu sauer für Engländer.
Give me another fork, another knife.	Geben Sie mir eine andere Gabel, ein anderes Messer.
Waiter, this linen is not clean.	Kellner, dieses Tischzeug ist nicht rein.
Will you send for the washerwoman directly, as I want my linen washed and my stay here is very short.	Senden Sie gefälligst gleich zur Waschfrau, ich muss meine Wäsche waschen lassen und bleibe nur kurze Zeit hier.
Can my maid have an iron, to iron a few things for me?	Kann mein Mädchen ein Bügeleisen bekommen, um einige Kleinigkeiten für mich zu bügeln?
I want a needle and some thread, silk, cotton.	Ich brauche eine Nähnadel mit etwas Zwirn, Seide, Baumwolle.

Dans un hôtel.	In un albergo.
Est-elle nombreuse?	Avete una numerosa tavola?
Réservez-moi six places à la table d'hôte.	Preparateci sei posti alla tavola rotonda.
Pouvons-nous dîner dans notre appartement?	Possiamo pranzare in camera nostra?
Combien faites-vous alors payer par tête?	Quanto ci fate pagare a testa in tal caso?
Combien faites-vous payer à la table d'hôte?	Quanto si paga a tavola rotonda?
Le vin est-il compris?	È compreso il vino?
Montrez-moi la carte.	Mostratemi la lista e la nota dei vini.
Garçon, apportez-moi une bouteille de vin (une chaise, du pain, de l'eau).	Cameriere, portatemi una bottiglia di vino (una sedia, del pane, dell' acqua).
Je vous serais fort obligé, si vous vouliez me faire passer ce plat, — ces légumes.	Vorreste avere la gentilezza di passarmi quel piatto, — di favorirmi la verdura.
Avez-vous du vin, qui ne soit pas aigre? Les vins français sont ordinairement trop aigres pour les Anglais.	Avete un vino meno brusco, acido? Gl'Inglesi trovano ordinariamente troppo acidi i vini di Francia.
Changez ma fourchette, mon couteau.	Cambiatemi la forchetta, il coltello.
Garçon, ce linge n'est pas propre.	Cameriere, questa biancheria è sporca.
Voudriez-vous bien envoyer de suite chercher la blanchisseuse, il faut que je fasse blanchir et je ne m'arrêterai pas long-temps ici.	Fatemi chiamar tosto la lavandaja, voglio darle i pannilini sucidi, e non mi tratterò qui che poco tempo.
Est-ce que ma femme de chambre pourrait avoir un fer pour repasser quelques petites choses?	Si potrebbo avere un ferro da stirare per la mia cameriere, affinchè stirasse alcune bagatelle?
J'ai besoin d'une aiguille avec du fil, de la soie, du coton.	Ho bisogno d'un ago e del filo, della seta, del cotone.

At an inn.	In einem Gasthofe.
Bring me the newspaper.	Bringen Sie mir die Zeitung.
Have you an English or French paper?	Haben Sie eine englische oder französische Zeitung?
Have you a valet de place to go through the town with me and show me all that is worth seeing?	Haben Sie einen Lohnbedienten, der mich in der Stadt umher führt und mir die Sehenswürdigkeiten zeigt?
What must I pay him per day, per hour?	Was muss ich ihm für den Tag, für die Stunde zahlen?
Is he ready? for I am anxious to set out.	Ist er bereit? ich möchte gern gleich ausgehen.
At what hour do the letters arrive from England?	Um welche Stunde kommen die Briefe aus England an?
Which is the way to the post-office?	Welches ist der Weg zur Post?
Have you a letter for me?	Haben Sie einen Brief für mich?
How much is the postage?	Wie viel beträgt das Porto?
Bring me some letter-paper, and pen and ink.	Bringen Sie mir etwas Briefpapier, und Feder und Dinte.
Bring me a light and some sealing-wax.	Bringen Sie mir ein Licht und etwas Siegellack.
Send that letter to the post.	Senden Sie diesen Brief zur Post.
I wish to have my passport signed at the police-office.	Ich wünsche meinen Pass auf der Polizei visiren zu lassen.
Will you see that it is done?	Wollen Sie zusehen, ob es geschehen ist?
Is it necessary to have the passport signed here?	Ist es nöthig, dass der Pass hier visirt wird?
Is there an English Consul here?	Ist ein englischer Consul hier?
In what street does he live?	In welcher Strasse wohnt er?
Show me the way to his house.	Zeigen Sie mir den Weg zu seinem Hause.
Where can I get my money changed?	Wo kann ich Geld wechseln lassen?
Where does a banker live?	Wo wohnt ein Banquier?

Dans un hôtel.	In un albergo.
Apportez-moi le journal.	Portatemi la gazzetta.
Avez-vous un journal anglais ou français?	Avete fogli inglesi o francesi?
Auriez-vous un commissionnaire pour me conduire en ville et me faire voir les curiosités?	Vorrei un servo di piazza, che mi conducesse attorno per la città e mi mostrasse tutte le rarità, che vi si trovano.
Combien faut-il lui payer par jour, par heure?	Quanto gli si dà al giorno, all' ora?
Est-il prêt? je voudrais sortir de suite.	È egli all' ordine? vorrei uscir subito.
A quelle heure arrivent les lettres d'Angleterre?	A che ora arrivano le lettere d'Inghilterra?
Pourriez-vous m'indiquer la poste aux lettres?	Potreste indicarmi il cammino che va alla posta?
Avez-vous une lettre pour moi?	Avete lettere per me?
Combien pour le port?	Quanto costa il porto?
Apportez-moi du papier à lettres, des plumes et de l'encre.	Portatemi un po' di carta da lettere, una penna e dell' inchiostro.
Apportez-moi une bougie et de la cire à cacheter.	Portatemi un lume e della ceralacca.
Faites jeter cette lettre à la poste.	Fate portare questa lettera alla posta.
Je désire faire viser mon passeport au bureau de police.	Desidererei far vidimare il mio passaporto alla polizia.
Voulez-vous voir si cela a été fait.	Abbiate la compiacenza di vedere se va bene?
Est-il nécessaire que mon passeport soit visé ici?	È necessario far vidimare qui il passaporto?
Y a-t-il ici un consul d'Angleterre?	Avete qui un consolo inglese?
Où demeure-t-il?	Dove abita egli?
Montrez moi le chemin qui conduit à son hôtel.	Insegnatemi la strada per andarvi.
Où pourrai-je changer de la monnaie?	Dove posse far scambiare del danaro?
Où demeure un banquier?	Dove abita un banchiere?

At an inn.	In einem Gasthofe.
I wish to see a medical man, I am unwell.	Ich wünsche einen Arzt zu sprechen, ich bin unwohl.
Will you send for one, and send for him immediately, if you please.	Wollen Sie nach einem senden, und zwar sogleich wenn es gefällig ist.
Have you a doctor, who speaks English? If he understands French, that will do.	Haben Sie einen Arzt, der englisch spricht? Es genügt, wenn er auch nur französisch versteht.
What fee should I give him? Is that enough?	Wie viel Honorar soll ich ihm geben? Ist das genug?
Where is there an apothecary's shop?	Wo ist eine Apotheke?
I want some medecine, some salt, rhubarb, calomel, blue pills. Have you fresh leeches? These do not bite. Please to change them for others	Ich brauche Arznei, etwas Salz, Rhabarber, Calomel, blaue Pillen. Haben Sie frische Blutegel? Diese beissen nicht an. Tauschen Sie sie gefälligst gegen andere aus.
Can I have a warm bath?	Kann ich ein warmes Bad bekommen?
Have you baths in the house?	Haben Sie Bäder im Hause?
Bring me a tovel.	Bringen Sie mir ein Handtuch.
Have you a thermometer?	Haben Sie ein Thermometer?
Bring me some soap.	Bringen Sie mir Seife.
Did you tell the hairdresser to come to dress my hair? to cut my hair?	Haben Sie den Friseur bestellt, dass er mich frisire? mir die Haare schneide?
Give the razors to the cutler to get them set.	Geben Sie diese Rasirmesser dem Messerschmied zum Schleifen.
Call me at six o'clock in the morning.	Wecken Sie mich um sechs Uhr morgen früh.
Will you give a loud knock at my door at a quarter before five to-morrow	Klopfen Sie morgen früh ein Viertel vor fünf Uhr stark an meine Thüre, um mich

Dans un hôtel.	In un albergo.
Je suis indisposé, je désire voir un médecin.	Desidererei parlare con un medico, sono alquanto indisposto.
Envoyez en chercher un tout de suite, s'il vous plait.	Vorreste avere la bontà di farmene chiamare uno, e tosto.
Avez-vous un médecin qui parle anglais? S'il parle français, cela suffira.	Conoscete un medico che parli inglese? Basterebbe che capisse il francese.
Combien faut-il lui donner? Est-ce assez?	Quanto gli debbo dare? Basta così?
Pourriez vous m'indiquer une pharmacie?	Potreste indicarmi una farmacia?
J'ai besoin de quelques médicaments, de quelques sels, de rhubarbe, de calomel, de pillules bleues. Avez-vous de bonnes sangsues? Celles-ci ne veulent pas prendre. Ayez donc la bonté de les échanger.	Voglio comprare alcune medicine, un po' di sal (solfato di soda), del rabarbero, del calomelano, bleu pills. Avete sanguisughe fresche? Queste non s'attaccano, abbiate la bontà di cambiarle.
Pourrais-je avoir un bain chaud?	Potrei avere un bagno caldo?
Y a-t-il des bains à l'hôtel?	Avete i bagni in casa?
Apportez-moi un essuie-main.	Recatemi un asciugamani.
Avez-vous un thermomètre?	Avete un termometro?
Apportez-moi du savon.	Portatemi un po' di sapone.
Avez-vous dit au coiffeur de venir me coiffer? me couper les cheveux?	Avete detto al parrucchiere che venga a pettinarmi? tagliarmi i capelli?
Donnez ces rasoirs au coutelier pour qu'il les repasse.	Portate i rasoi all' arrotino per farli affinare.
Éveillez-moi demain matin à six heures.	Domattina mi sveglierete alle sei.
Frappez fortement à ma porte pour m'éveiller demain matin à cinq heures	Domattina alle cinque meno un quarto fate bussar fortemente all' uscio della mia

At an inn.	In einem Gasthofe.
morning to awake me, and let my boots be there and well dried.	zu wecken. Sorgen Sie, dass meine Stiefel dann da sind und zwar gut getrocknet.
I want my coat brushed.	Ich wünsche meinen Rock ausgebürstet zu haben.
Close the shutters.	Machen Sie die Fensterladen zu.
Can I have the breakfast at that hour?	Kann ich um diese Stunde das Frühstück haben?
We will have breakfast for two at six in the morning punctually.	Wir wünschen morgen früh Schlag sechs Uhr zwei Portionen Frühstück.
Order a hackney-coach for me.	Bestellen Sie mir eine Lohnkutsche.
Why is not the carriage come?	Warum ist der Wagen nicht gekommen?
Take that out of the room.	Nehmen Sie dies aus dem Zimmer.
Carry my luggage into the bed-room.	Bringen Sie mein Gepäck in das Schlafzimmer.
Bring my luggage out of the bed-room.	Nehmen Sie mein Gepäck aus dem Schlafzimmer.
My luggage must be put on board the vessel (taken to the station).	Mein Gepäck muss an Bord des Schiffes (nach dem Bahnhof) gebracht werden.
Are you porter as well as boots?	Sind Sie Packträger und Hausknecht zugleich?
Light a fire in my room.	Lassen Sie auf meinem Zimmer etwas einheizen.
Make a good fire.	Machen Sie ein gutes Feuer.
The fire is going out, stir it.	Das Feuer geht aus, schüren Sie es.
How much have I to pay?	Wie viel habe ich zu bezahlen?
Bring me my account.	Bringen Sie mir die Rechnung.
Give me a specified bill.	Geben Sie mir eine specificirte Rechnung.

Dans un hôtel.	In un albergo.
moins un quart. Ayez soin que mes bottes soient là, et bien séchées.	camera, affinchè mi desti. Procurate ch'io trovi i miei stivali bene asciutii.
Voulez-vous faire brosser ma redingote?	Fatemi scopettare il vestito.
Fermez les volets.	Chiudete le imposte.
Pourrais-je déjeûner à cette heure là?	Mi potrete dare la colazione a quell' ora?
Nous désirons le déjeûner pour deux à six heures précises du matin.	Domattina alle sei precise vorremmo la colazione per due persone.
Faites moi venir une voiture de louage.	Ordinatemi una carrozza da nolo, un fiacre.
Pourquoi la voiture n'est-elle pas arrivée?	Perchè non è ancor giunta la carrozza?
Emportez cela.	Togliete ciò della stanza.
Portez mes bagages dans la chambre à coucher.	Portate i miei effetti nella mia camera da letto.
Emportez mes bagages qui sont dans la chambre à coucher.	Andate a prendere il mio equipaggio nella mia camera da letto.
Il faut porter mes bagages à bord du bateau (à l'embarcadère).	È d'uopo far trasportare il mio equipaggio a bordo (all' imbarcatojo.)
Etes-vous porteur et valet de la maison en même temps?	Siete voi ad un tratto portinajo e servo di casa?
Veuillez faire un peu de feu dans ma chambre.	Fate scaldare un po' la stufa nella mia camera.
Faites un bon feu.	Fate un buon fuoco.
Le feu s'éteint, attisez-le.	Il fuoco si spegne, attizzàtelo.
Combien dois-je?	Quanto vi debbo?
Apportez-moi mon compte.	Portatemi il mio conto.
Donnez-moi une note détaillée.	Datemi un conto specificato.

In a town.	In einer Stadt.
Have you an omnibus to go to the station?	Haben Sie einen Omnibus, der nach der Eisenbahn fährt?
How long will it take me to walk to the station?	Wie viel Zeit brauche ich, um zu Fuss den Bahnhof zu erreichen?

In a town.	In einer Stadt.
Turn to the right, left, straight forward.	Gehen Sie rechts, links, geradeaus.
Keep to the right, and at the second street turn to the left.	Halten Sie sich rechts und wenden sich bei der zweiten Strasse links.
When and where is the English service performed? Do we pay for going? Is it twice a day?	Wann und wo ist englischer Gottesdienst? Bezahlt man etwas dafür? Ist er zweimal täglich?
Is there any thing worth seeing in this town?	Ist irgend etwas Sehenswürdiges in dieser Stadt?
Are there any collections of pictures?	Sind Gemäldeausstellungen hier?
To whom must one make application to see them?	An wen muss man sich wenden, um diese zu sehen?
What churches are most remarkable for their architecture, monuments of sculpture, or paintings?	Welche Kirchen sind besonders bemerkenswerth wegen ihrer Bauart, ihrer Denkmale oder Gemälde?
Which are the most elegant edifices in the town?	Welches sind die schönsten Gebäude in der Stadt?
Is there a theatre in this town?	Giebt es ein Theater in der Stadt?
Is there a good play to-night, and at what theatre?	Wird heute ein gutes Stück aufgeführt, und in welchem Theater?
Where can I buy a book of the play?	Wo kann ich den Text kaufen?
I suppose there will be no difficulty in getting tickets.	Ich denke, es wird nicht schwierig sein, Billets zu bekommen.

Avez-vous un omnibus qui conduise au chemin de fer?	Avete un omnibus che conduca alla strada ferrata?
Combien de temps me faut-il pour aller à pied à l'embarcadère?	Quanto tempo mi abbisogna per andare a piedi all' imbarcatojo?

Dans une ville.	**In una città.**
Prenez à droite, à gauche, marchez tout droit.	Si volga a destra, a sinistra, vada diritto.
Tournez à droite et prenez la seconde rue à gauche.	Si tenga a destra, alla seconda strada volti a sinistro.
Où et quand le service de l'église anglaise se célèbre-t-il? Paie-t-on deux fois par-jour?	Dove ed a che ora si ufficia alla chiesa inglese? E d'uopo pagare per assistervi? Si celebra due volte al giorno?
Y a-t-il quelques curiosités dans cette ville?	Vi sono delle rarità da vedersi in questa città?
Y a-t-il des galeries de tableaux?	Vi sono delle gallerie di quadri?
A qui faut-il s'adresser pour pouvoir les visiter?	A chi debbo rivolgermi per vederle?
Quelles sont les églises les plus remarquables par leur architecture, leurs sculptures ou leurs tableaux?	Quali sono le più ragguardevoli chiese per rispetto alla loro costruzione, ai loro monumenti od ai loro dipinti?
Quels sont les plus beaux édifices de la ville?	Quali sono i più bei edifici della città?
Y a-t-il un théâtre dans la ville?	Avete teatro in questa città
Jouera-t-on une belle pièce ce soir et à quel théâtre?	Si rappresenta questa sera una buona commedia? ed in qual teatro?
Où puis-je acheter la pièce?	Dove si trova il libretto?
J'espère qu'il n'y aura pas de difficulté pour avoir des billets.	M'immagino che non sarà difficile trovare biglietti.

In a town.	In einer Stadt.
Must we go dressed?	Müssen wir besondere Toilette dazu machen?
Is the company a good one?	Ist die Truppe gut?
What is to be performed this evening?	Was wird diesen Abend aufgeführt?
Is it a tragedy, comedy or an opera?	Ist es ein Trauerspiel, ein Lustspiel oder eine Oper?
Is the orchestra good?	Ist das Orchester gut?
I wish a ticket for the pit, for the boxes.	Ich wünsche ein Billet zum Parterre, zu den Logen.
Is there a concert this evening?	Ist diesen Abend Concert?
Who gives the concert?	Wer gibt das Concert?
How much is charged for admission?	Wie hoch ist der Eintrittspreis?
Is there a café in the neighbourhood?	Ist ein Kaffehaus in der Nähe?
Can one see an English newspaper there?	Kann man eine englische Zeitung dort haben?
Is there a book containing the curiosities of this town?	Gibt es ein Buch über die Merkwürdigkeiten dieser Stadt?
What is the title of the book? Where is it sold?	Welches ist der Titel dieses Buches? Wo ist es zu kaufen?
Can you tell me by what route I may arrive at the ... gate?	Können Sie mir sagen, auf welchem Wege ich zu dem ... Thore gelange?
Would you have the kindness to tell me, if I am far from the ... part of the town or from the ... street?	Wollten Sie die Güte haben, mir zu sagen, ob ich weit von dem ... Stadtviertel, oder von der ... Strasse bin?
I wish to find the house of Mr. N.	Können Sie mir sagen, wo Herr N. wohnt?
What direction must I take?	Welche Richtung muss ich nehmen?
Must I afterwards turn to the right or to the left?	Muss ich nachher mich rechts oder links wenden?
Be so kind as to show me the way to ...	Sein Sie so gut, mir den Weg nach ... zu zeigen.

Dans une ville.	In una città.
Faut-il que je fasse toilette?	È necessario mutarsi di vestito?
La troupe est-elle bonne?	È buona la compagnia?
Que donne-t-on ce soir?	Che cosa si rappresenta questa sera?
Est-ce une tragédie, une comédie ou un opéra?	È tragedia, commedia, oppure opera?
L'orchestre est-il bon?	È buona l'orchestra?
Je désire avoir un billet de parterre, de loges.	Vorrei un biglietto per la platea, per le logge.
Y a-t-il concert ce soir?	C'è concerto questa sera?
Qui est-ce qui donne le concert?	Chi da il concerto?
Quel est le prix d'entrée?	Quanto costa il biglietto d'ingresso?
Y a-t-il un cafè près de là?	C'è un caffé nelle vicinanze?
Peut-on y trouver un journal anglais?	Troverò colà un foglio inglese?
Existe-t-il une description des curiosités de la ville?	Esiste un libro che tratti delle rarità di questa città?
Quel est le titre de ce livre? Où se vend-il?	Qual è il titolo di questo libro? Dove si compra?
Pouvez-vous me dire quel est le chemin pour aller à la porte de ...?	Mi sapreste dire qual' è la strada, che conduce a porta ...?
Voulez-vous avoir la bonté de me dire, si je suis éloigné du quartier ... ou de la rue ...?	Vorreste avere la compiacenza di dirmi se sono distante dal quartiere ... o dalla strada ...?
Pourriez vous m'indiquer la maison de Monsieur N.?	Potreste indicarmi la casa del signor N.?
Quelle direction faut-il que je prenne?	Qual direzione devo prendere?
Faut-il tourner plus tard à droite ou à gauche?	Debbo voltarmi poi a destra o a sinistra?
Ayez la bonté de me montrer le chemin de ...	Abbiate la bontà di mostrarmi la via di ....

I will pay you for your trouble.	Ich werde Ihnen Ihre Mühe bezahlen.
Is there a bathing-establishment in this town?	Gibt es ein Badehaus in dieser Stadt?
Is there a good bathing-place in the vicinity?	Ist in der Nähe ein guter Badeplatz?
Is there any one here, who can show it to me?	Ist Jemand da, der mir ihn zeigt?
Can one bathe there without danger?	Kann man dort ohne Gefahr baden?
Is it necessary to be able to swim?	Muss man schwimmen können?

Concerning lodgings.	Wegen einer Wohnung.
Can I meet with good lodgings in this town?	Kann man gute Wohnungen in dieser Stadt bekommen?
I wish to have furnished lodgings.	Ich wünsche eine möblirte Wohnung zu haben.
I wish to have them unfurnished.	Ich wünsche sie ohne Möbel.
How much is usually paid by the month for two furnished rooms on the first floor?	Wie viel bezahlt man gewöhnlich den Monat für zwei möblirte Zimmer im ersten Stock?
How much on the second floor?	Wie viel im zweiten Stock?
How much for one room on the first floor?	Wie viel für ein Zimmer im ersten Stock?
Is fuel dear in this place?	Ist die Feuerung hier theuer?
Are provisions dear?	Sind die Lebensmittel theuer?
What is the usual rent of a house suitable for a small family, in a good part of the town?	Was ist der gewöhnliche Miethpreis eines Hauses für eine kleine Familie in einem guten Stadttheile?
Are taxes high?	Sind die Abgaben bedeutend?
I understand, Sir, that you have apartments to let. Will you allow me to see them?	Ich höre, mein Herr, dass Sie Zimmer zu vermiethen haben. Wollen Sie mir erlauben, sie zu sehen?

Je vous payerai pour votre peine.	Vi pagherò il vostro incomodo.
Y a-t-il des bains dans cette ville?	Trovasi uno stabilimento di bagni in questa città?
Y a-t-il dans le voisinage un endroit où l'on puisse se baigner?	Avete nelle vicinanze un buon luogo dove si possa bagnare?
Trouverais-je quelqu'un qui puisse me l'indiquer?	Troverò qualcuno colà, che me lo insegni?
Peut-on s'y baigner sans danger?	Si puo' bagnare colà senza pericolo?
Faut-il savoir nager?	È d'uopo saper nuotare?

Pour un logement.	Di un' abitazione.
Trouve-t-on de bons logements dans cette ville?	Si trovano qui dei buoni appartamenti?
Je désire avoir un appartement meublé.	Vorrei avere un appartamento mobigliato.
Je le voudrais sans meubles.	Lo vorrei senza mobili.
Combien donne-t-on ordinairement, par mois, pour deux chambres meublées au premier étage?	Quanto si paga ordinariamente per due camere mobigliate in primo piano?
Combien au second étage?	Quanto in secondo piano?
Combien pour une chambre au premier étage?	Quanto per una stanza in primo piano?
Le chauffage est-il cher?	È qui cara la legna?
La nourriture est-elle chère?	Sono cari i viveri?
Quel est, dans un bon quartier, le loyer ordinaire d'une maison, pour une petite famille?	Qual è il consueto prezzo d'affitto di una casa per una piccola famiglia, in una buona parte della città?
Les contributions sont-elles considérables?	Sono forti le imposte?
On m'a dit, Monsieur, que vous avez des chambres à louer. Voulez-vous me les faire voir?	Sento, signore, che avete delle stanze da appigionare, vorreste permettermi di vederle?

Concerning lodgings.	Wegen einer Wohnung.
Are they on the first floor?	Sind sie im ersten Stocke?
Are they furnished?	Sind sie möblirt?
These rooms are large enough, but the furniture is not very good.	Diese Zimmer sind gross genug, aber die Möbel sind nicht besonders.
These rooms are almost too small, but they are well furnished.	Diese Zimmer sind fast zu klein, aber sie sind gut möblirt.
The rooms do not suit me, I am sorry that I cannot take them.	Die Zimmer stehen mir nicht an, es thut mir leid, dass ich sie nicht nehmen kann.
I like the rooms and wish to have them; how much do you ask by the month?	Die Zimmer gefallen mir und ich wünschte sie zu miethen; wie viel fordern Sie für den Monat?
How much by the year?	Wie viel für das Jahr?
What do you charge for firing?	Was berechnen Sie für Heizung?
Do you burn coal or wood here?	Brennt man hier Kohlen oder Holz?
Can I have breakfast at home?	Kann ich im Hause das Frühstück bekommen?
Can I have dinner?	Kann ich das Mittagsessen haben?
Can I dine with the family?	Kann ich mit der Familie zu Mittag speisen?
Is there a good restaurant in the neighbourhood, where I may dine?	Ist ein gutes Speisehaus in der Nachbarschaft, wo ich essen kann?
Can I have dinner sent to me from a restaurant or hotel?	Kann mir das Mittagsessen aus einem Speisehause oder aus einem Gasthofe geschickt werden?
At what hour does the family go to bed?	Um wie viel Uhr geht die Familie zu Bett?
Can I have a housekey?	Kann ich den Hausschlüssel bekommen?
I must have some one to clean my boots and brush my clothes every morning.	Ich muss Jemanden haben, der meine Stiefel und Kleider jeden Morgen reinigt.

Pour un logement.	Di un' abitazione.
Sont-elles au premier étage?	Sono al primo piano?
Sont-elles meublées?	Sono ammobigliate?
Ces chambres sont assez grandes, mais les meubles ne sont pas en très bon état.	Queste camere sono abbastanza grandi, ma i mobili non sono molto belli.
Ces chambres sont un peu petites, mais elles sont bien meublées.	Queste stanze sono un po' troppo piccole, ma sono però ben fornite.
Ces chambres ne me conviennent pas, et je regrette de ne pouvoir les prendre.	Queste camere non mi si confanno, mi rincresce di non poterle prendere.
Ces chambres me conviennent et je désidérais les louer; combien demandez-vous par mois?	Le stanze mi piaccino e desidererci affittarle; quanto ne volete al mese?
Combien par an?	Quanto per un anno?
Combien demandez-vous pour le chauffage?	A quanto calcolate la legna?
Brûle-t-on du bois ou du charbon de terre?	Abbruciasi qui carbone o legna?
Pourrais-je avoir le déjeûner dans la maison?	Potrò avere la colazione in casa?
Pourrais-je y dîner?	Potrò avervi il pranzo?
Pourrais-je dîner avec la famille?	Posso desinare colla famiglia?
Y a-t-il un bon traiteur dans le voisinage où je pourrais dîner?	V'è una buona trattoria in questi contorni, ove io possa pranzare?
Pourrais-je me faire apporter mon dîner du restaurant ou de l'hôtel?	Posso farmi portare il pranzo da una trattoria o da una locanda?
A quelle heure se couche-t-on dans la maison?	A che ora va a letto la famiglia?
Pourrais-je avoir la clef de la maison?	Mi darete la chiave di casa?
Il me faudrait quelqu'un pour nettoyer tous les matins mes habits et mes bottes.	Mi abbisogna qualcuno che mi pulisca la mattina gli stivali ed i vestiti.

What is it usual to give to the servant per month?	Was gibt man gewöhnlich der Magd für den Monat?
Do you charge any thing additional for linen etc.?	Berechnen Sie ausserdem etwas für Linnen etc.?
Have you any other lodgers in the house?	Haben Sie sonst noch Miethleute im Hause?
In a shop.	**In einem Laden.**
What is the price of this article?	Was ist der Preis dieses Artikels?
How much?	Wie viel?
I cannot give so much.	Ich kann nicht so viel geben?
Can you not take less?	Können Sie es nicht billiger lassen?
It is very cheap, but it is not very good.	Es ist sehr wohlfeil, aber es ist nicht sehr gut.
That is not durable.	Das ist nicht dauerhaft.
Do you make any deduction?	Gewähren Sie keinen Abzug?
What is the value of that in English money?	Was ist der Werth desselben in englischem Gelde?
What is the exchange of London?	Wie steht der Cours auf London?
Be so kind as to show me that.	Seien Sie so gut, mir das zu zeigen.
What is the name of that?	Wie heisst das?
That is not good enough.	Das ist nicht gut genug.
Have you no better?	Haben Sie nichts Besseres?
Will you change me these gold-coins?	Wollen Sie mir diese Goldstücke wechseln?
This exchange is higher, I have received at X. more for my English gold.	Der Cours steht höher, ich habe zu X. mehr für mein englisches Gold erhalten.
Take this piece of gold and give me the difference.	Nehmen Sie dies Goldstück, und geben Sie mir heraus.

Combien donne-t-on ordinairement par mois à la domestique?	Quanto si dà di solito al mese alla fantesca?
Comptez-vous, en outre, quelque chose pour le linge etc.?	Calcolate inoltro qualchecosa pei pannilini etc.?
Avez-vous encore d'autres locataires dans la maison?	Avete altri pigionali in casa?

Dans un magasin.	In una bottega.
Quel est le prix de cet article?	Qual è il prezzo di questo articolo?
Combien?	Quanto?
Je ne peux pas en donner autant.	Non posso spendere tanto.
Ne pourriez-vous pas me le laisser à meilleur marché?	Non potete lasciarlo a meno?
C'est bien bon marché, mais cela n'est pas de très bonne qualité.	È molto a buon prezzo, sì, ma la qualità non è molto buona.
Ce n'est pas solide.	Non ha durata.
Ne faites-vous point de remise?	Non accordate veruno sconto?
Combien cela vaut-il en monnaie anglaise?	Quanto vale a moneta inglese?
Quel est le change de Londres?	Come sta il cambio per Londra?
Ayez la bonté de me montrer cela.	Abbiate la compiacenza di mostrarmelo.
Comment cela s'appelle-t-il?	Come si chiama ciò?
Ce n'est pas assez bon.	Non è abbastanza buono.
N'avez-vous rien de meilleur?	Non ne avete di migliore?
Voulez-vous me changer ces pièces d'or?	Volete scambiarmi queste monete d'oro?
Le change est plus haut; on m'a donné d'avantage pour mon or anglais à X.	Il cambio è più alterato, ad X. ho avuto di più pel mio oro inglese.
Prenez cette pièce d'or et rendez-moi la monnaie.	Prendete questa pezza d'oro, e rendetemi il resto.

Dialogues.	Dialogi.
Du temps.	**Del tempo.**
Quel temps fait-il?	Che tempo fa?
Il fait beau.	Fa bel tempo.
Il fait chaud.	Fa caldo.
Il fait bien chaud.	Fa molto caldo.
Il fait très chaud.	Fa caldissimo.
Pleut-il?	Piove?
Il pleut.	Piove.
Oui, je crois qu'il pleut.	Sì, credo che piova.
Il vente.	Tira vento.
Il fait beaucoup de vent.	Fa molto vento.
La bise est très-forte.	La brezza è gagliarda.
Le vent a tourné.	Il vento è cambiato.
Le ciel est couvert.	È nuvolo.
Le ciel est clair.	Il cielo è sereno.
Le soleil luit.	Dà il sole.
Le temps est doux.	Il tempo è mite.
Il fait froid.	Fa freddo.
Il ne fait pas froid.	Non fa freddo.
Au contraire, il fait très froid.	Anzi fa molto freddo.
Je crois que nous aurons de la pluie.	Credo che avremo della pioggia.
Je ne crois pas qu'il pleuve ce matin.	Non credo che pioverà questa mattina.
Il a neigé toute la nuit.	Ha nevicato tutta la notte.
Il neige encore.	Nevica ancora.
Il pleut à verse.	Diluvia.
Il tonne.	Tuona.

Dialogues.	Gespräche.
Of the weather.	**Vom Wetter.**
What sort of weather is it?	Wie ist das Wetter?
It is fine.	Es ist schön.
It is warm.	Es ist warm.
It is very warm.	Es ist sehr warm.
It is very hot.	Es ist sehr heiss.
Does it rain?	Regnet es?
It rains.	Es regnet.
Yes; I believe it rains.	Ja; ich glaube es regnet.
It is windy.	Es ist windig.
It is very windy.	Es ist sehr windig.
The wind is very violent.	Der Wind ist sehr heftig.
The wind has changed.	Der Wind hat gewechselt.
The sky is overcast.	Der Himmel ist bedeckt.
The sky is clear.	Der Himmel ist klar.
The sun shines.	Die Sonne scheint.
The weather is mild.	Das Wetter ist mild.
It is cold.	Es ist kalt.
It is not cold.	Es ist nicht kalt.
On the contrary, it is very cold.	Im Gegentheil, es ist sehr kalt.
I believe we shall have rain.	Ich glaube, wir werden Regen bekommen.
I do not think it will rain this morning.	Ich glaube nicht, dass es diesen Morgen regnen wird.
It has snowed all night.	Es hat die ganze Nacht geschneit.
It snows still.	Es schneit noch.
It rains in torrents.	Der Regen fällt in Strömen.
It thunders.	Es donnert.

Of the weather. — The telegraph-office.	Vom Wetter. — Das Telegraphen-bureau.
It lightens.	Es blitzt.
It hails.	Es hagelt.
The lightning has struck.	Der Blitz hat eingeschlagen.
Does it freeze?	Friert es?
It does not freeze at present, but it froze in the night.	Jetzt friert es nicht, aber es hat die Nacht gefroren.
I see there is a great storm coming up from the west.	Ich sehe, im Westen ist ein starkes Ungewitter im Anzuge.
We have nothing to fear, for the wind is in the north.	Wir haben nichts zu fürchten, denn wir haben Nordwind.
I see a rainbow, which is a sign of fine weather.	Ich sehe einen Regenbogen; das ist ein Zeichen von gutem Wetter.
We may go out and take a walk.	Wir können ausgehen und einen Spaziergang machen.
I will not go out in such weather as this; it is too unsettled.	Ich mag in dem Wetter nicht ausgehen; es ist zu unsicher.

The telegraph-office.	Das Telegraphenbûreau
Where is the electric-telegraph office?	Wo ist das Büreau des electrischen Telegraphen?
In what languages do they telegraph?	In welchen Sprachen kann man telegraphiren?
In English, German, French and Italian.	Auf englisch, deutsch, französisch und italienisch.
What does a message of twenty words to X cost?	Was kostet eineDepesche von zwanzig Worten nach X?
Are punctuation and address included?	Werden die Interpunctionszeichen und die Adresse mitgezählt?
Give me a sheet of paper and a pen if you please.	Geben Sie mir gefälligst ein Blatt Papier und eine Feder.
This message was not delivered to me till three hours	Diese Depesche ist erst drei Stunden nach ihrer An-

Du temps. — Le bureau télégraphique.	Del tempo. — L'ufficio del telegrafo.
Il fait des éclairs.	Lampeggia.
Il grêle.	Grandina.
La foudre est tombée.	È caduto il fulmine.
Gèle-t-il?	Gela?
A présent il ne gèle pas; mais il a gelé toute la nuit.	Non gela adesso; ma ha gelato tutta la notte.
Je vois qu'il se prépare du côté de l'ouest un grand orage.	Vedo che si forma verso l'occidente un gran temporale.
Nous n'avons rien à craindre, parce que le vent est au nord.	Non abbiamo nulla da temere, perchè soffia la tramontana.
J'aperçois un arc-en-ciel; c'est signe de beau temps.	Vedo l'arco-baleno; è segno di bel tempo.
Nous pouvons sortir et faire une promenade.	Possiamo uscire, per andare a spasso.
Je ne veux pas sortir par ce temps-là; il n'est pas assez sûr.	Non voglio uscire con questo tempo; egli non è sicuro abbastanza.
Le bureau télégraphique.	**L'ufficio del telegrafo.**
Pourriez-vous m'indiquer le bureau du télégraphe électric?	Potreste indicarmi l'ufficio del telegrafo elettrico?
Dans quelles langues peut-on télégraphier?	In che lingua si può telegrafiare?
En anglais, en allemand, en français et en italien.	In inglese, in tedesco, in francese ed in italiano.
Que coûte une dépêche de vingt mots pour X?	Quanto si paga per un dispaccio di venti parole per X?
Compte-t-on les signes de ponctuation et l'adresse?	Contano i segni di punteggiamento e l'indirizzo?
Veuillez me donner une feuille de papier et une plume.	Favoritemi un foglio di carta e una penna.
Cette dépêche ne m'est parvenue que trois heures	Queste dispaccio l'ho ricevuto tre ore dopo il suo

after its arrival; what is the reason of this delay?	kunft in meine Hände gelangt; was ist der Grund dieser Verspätung?
Can I prepay the answer to my message?	Kann ich die Antwort auf meine Depesche hier frankiren?

To make inquiries before undertaking a journey.	Um Erkundigungen vor einer Reise einzuziehen.
How many leagues is it from here to X?	Wie viel Stunden sind es von hier nach X?
A hundred leagues.	Hundert Stunden.
How many English miles is that?	Wie viel englische Meilen macht das?
Nearly three hundred.	Beinahe dreihundert.
Is the road good?	Ist der Weg gut?
Sometimes good, sometimes bad.	Zuweilen gut, zuweilen schlecht.
Is it paved?	Ist der Weg gepflastert?
Almost the whole way.	Beinahe der ganze Weg.
Can one go on the riding-path without driving on the pavement?	Kann man auf dem Bankett fahren, ohne das Pflaster zu berühren?
In this season the riding-path is generally good every-where.	In dieser Jahreszeit ist das Bankett fast allenthalben gut.
Are there many ruts?	Giebt es viele Geleise?
Yes, in some places.	Ja, an einigen Stellen.
Are the inns good?	Sind die Gasthöfe gut?
Tolerable. There are good and bad.	Ziemlich. Es gibt gute und schlechte.
Are the beds clean?	Sind die Betten reinlich?
In some places they are, in others not.	An einigen Orten sind sie es, an andern nicht.
May one get clean sheets easily?	Kann man leicht reine Betttücher bekommen?
Sometimes it is difficult to get them.	Es ist zuweilen schwierig, deren zu bekommen.

après son arrivée; quel est le motif de ce retard?	arrivo; qual è il motivo di questo ritardo?
Puis-je affranchir ici la réponse à ma dépêche?	Posso francare qui la risposta al mio dispaccio?
Pour prendre des informations avant d'entreprendre un voyage.	**Per prendere ragguagli prima d'intraprendere un viaggio.**
Combien de lieues y a-t-il d'ici à X?	Quante leghe ci sono da qui a X?
Cent lieues.	Cento leghe.
Combien de milles d'Angleterre cela fait-il?	Quante miglia inglese fanno?
Presque trois cents.	Quasi trecento.
La route est-elle bonne?	È buona la strada?
Tantôt oui, tantôt non.	Ora sì, ora no.
La route est-elle pavée?	È lastricata la strada?
Presque en entier.	Quasi tutta.
Le voiture peut-elle aller sur le trottoir en évitant le pavé?	La vettura può ella andare sul marciapiede senza andare sul lastrico?
Dans cette saison le trottoir est bon presque partout.	In questa stagione il marciapiede è buono quasi da per tutto.
Y a-t-il beaucoup d'ornières?	Vi sono molte rotaje?
Oui, en quelques endroits.	Sì, in certi luoghi.
Les auberges qu'on rencontre sont-elles bonnes?	Sono buone le osterie che s'incontrano?
Passables. Il y en a de bonnes et de mauvaises.	Sono passabili. Ce ne sono di buone, e di cattive.
Les lits sont-ils propres?	Sono puliti i letti?
En quelques lieux, oui; en d'autres, non.	In alcuni luoghi sì, in altri no.
Y peut-on facilement avoir des draps blancs?	Si possono avere facilmente delle lenzuola nette di bucato?
Quelquefois on a de la peine à en avoir.	Alle volte si stenta ad averne.

To make inquiries before undertaking a journey.	Um Erkundigungen vor einer Reise einzuziehen.
What towns are there on the road?	Welche Städte liegen auf dieser Strasse?
There are several, but they are not worth stopping at.	Es gibt deren mehrere, sie sind indess nicht des Anhaltens werth.
How many days does it take to get to X?	Wie viel Tage braucht man, um nach X zu gelangen?
Five by the diligence, and four by the post.	Fünf Tage mit dem Eilwagen, und vier mit Extrapost.
How many with a hired carriage?	Wie viel mit einem Hauderer?
Eight days at least.	Acht Tage wenigstens.
Is living dear in the inns?	Ist das Leben in den Gasthöfen theuer?
If you travel in a carriage, or by the diligence, it will cost you about four francs a meal.	Wenn Sie mit einem Hauderer oder mit dem Eilwagen fahren, wird die Mahlzeit etwa vier Franken kosten.
And by the post?	Und mit Extrapost?
Six, seven, eight, nine, ten francs a meal.	Sechs, sieben, acht, neun, zehn Franken die Mahlzeit.
Does the diligence stop to sleep?	Macht der Eilwagen Halt, um zu übernachten?
I believe it stops once, for three or four hours.	Ich glaube, er bleibt einmal vier oder fünf Stunden lang liegen.
Is the road safe?	Ist die Strasse sicher?
Do you ever hear of robbers?	Hört man von Räubern?
It is very safe, but still it is not prudent to travel after sunset.	Sie ist zwar sehr sicher, doch ist es nicht rathsam, nach Sonnenuntergang zu reisen.
I have also heard that it is not prudent to travel along some parts of that road, at day-break.	Ich habe ebenfalls gehört, dass es nicht rathsam sei, an einigen Stellen dieser Strasse bei Tagesanbruch zu reisen.

Pour prendre des informations avant d'entreprendre un voyage.	Per prendere ragguagli prima d'intraprendere un viaggio.
Quelles villes rencontre-t-on sur la route?	Che città s'incontrano per la strada?
On en rencontre plusieurs; mais elles ne méritent pas qu'on s'y arrête.	Se ne incontrano varie; ma non meritano che uno si fermi.
Combien de jours faut-il pour arriver à X?	Quanti giorni ci vogliono per arrivare a X?
Cinq jours par la diligence, et quatre jours en poste.	Cinque giorni per la diligenza, e quattro per la posta.
Avec un chocher de louage combien faut-il de jours?	Con un vetturino quanti giorni ci vogliono?
Huit jours au moins.	Otto giorni almeno.
La nourriture est-elle chère dans les auberges?	È caro il vitto per le osterie?
En y allant par une voiture de louage ou la diligence il vous en coûtera quatre francs par repas environ.	Andando con un vetturino, o colla diligenza, pagherà quattro franchi per pasto incirca.
Et en poste?	È per la posta?
Six, sept, huit, neuf, dix francs par repas.	Sei, sette, otto, nove, dieci franchi per pasto.
La diligence s'arrête-t-elle pour coucher.	Si ferma la diligenza per pernottare?
Je crois qu'elle s'arrête une fois pendant trois ou quatre heures.	Credo che si fermi una volta per tre o quattr' ore.
La route est-elle sûre?	È sicura la strada?
Entend-on parler de voleurs?	Si sente parlar di ladri?
Elle est très-sûre; néanmoins il n'est pas prudent de voyager après le coucher du soleil.	È sicurissima; nondimeno egli è prudente il non viaggiare dopo il tramontar del sole.
J'ai entendu dire qu'il n'est pas prudent non plus de voyager au point du jour en certains endroits de cette route.	Ho sentito dire che non sia neppure cosa prudente il viaggiare in certi luoghi di questa strada, in sul far del giorno.

To make inquiries before undertaking a journey.	Um Erkundigungen vor einer Reise einzuziehen.
That's true, where there are woods, forests, or ravines.	Das ist richtig, besonders wo Wälder, Gehölze oder Schluchten sind.
Are the postilions insolent?	Sind die Postillone grob?
No, never when they are well paid.	Nein, nie, wenn man sie gut bezahlt.
How much do you give the postilion?	Wie viel gibt man dem Postillon?
Commonly thirty sous a post; but if you are satisfied with him, you may give him a few sous more.	Gewöhnlich dreissig Sous für die Station; ist man indess mit ihm zufrieden, so gibt man wohl einige Sous mehr.
How much do you pay for each horse?	Wie viel bezahlt man für jedes Pferd?
Thirty sous a post.	Dreissig Sous für die Station.
I do not know, but you will find it in the post-book.	Ich weiss es nicht, Sie können es aber im Postbuche finden.
Is the road as broad everywhere as here?	Ist die Strasse überall so breit wie hier?
In some places it is narrow.	An einigen Stellen ist sie schmal.
Are there any mountains to pass?	Kommt man über Berge?
There are three or four.	Es gibt deren drei oder vier.
Is the road over the mountains very steep?	Ist die Strasse über die Berge sehr abschüssig?
In some places it is.	An einigen Stellen ist sie sehr steil.
Is it necessary to get out of the carriage?	Muss man aus dem Wagen steigen?
Yes, it is prudent to get out.	Ja, es ist rathsam auszusteigen.
Are there any sandy places?	Gibt es sandige Stellen?
No; but many stones.	Nein, aber viele Steine.

Pour prendre des informations avant d'entreprendre un voyage.	Per prendere ragguagli prima d'intraprendere un viaggio.
Oui, c'est vrai; aux endroits où il y a des bois, des forêts, ou des ravins.	Sì, è vero; nei luoghi dove vi sono boschi, macchie, selve o borri.
Les postillons sont-ils insolents?	Sono insolenti i postiglioni?
Non, jamais, quand on les paie bien.	No, non mai, quando si pagano bene.
Combien donne-t-on de guides au postillon?	Quanto si dà di buonamano al postiglione?
Ordinairement trente sous par relais; mais quand on en est content, on lui donne quelques sous de plus.	Ordinariamente trenta soldi per posta; ma quando uno è contento dà qualche bajocco di più.
Combien paie-t-on par cheval?	Quanto si paga per cavallo?
Trente sous par relais.	Trenta soldi per ogni posta.
Je ne le sais pas; mais vous pourrez le voir dans le livre des postes.	Non lo so; ma lo potrà vedere nel libro delle poste.
La route est-elle partout aussi large qu'ici?	È larga la strada da per tutto come qui?
En quelques endroits elle est étroite.	In alcuni luoghi è stretta.
Y a-t-il des montagnes à passer?	Vi sono montagne da superare?
Il y en a trois ou quatre.	Ce ne sono tre, o quattro.
Le chemin à travers les montagnes est-il bien escarpé?	È molto scoscesa la strada per le montagne?
Il est bien raide en quelques endroits.	In alcuni luoghi è molto ripida.
Est-il nécessaire de descendre de voiture?	È egli necessario scendere di carrozza?
Oui, il est prudent d'en descendre.	Sì; è prudente lo scenderne.
Rencontre-t-on des sables?	S'incontrano strade sabbiose?
Non; mais on rencontre beaucoup de pierres.	No; ma se n'incontrano di molto sassose.

Are there any return-carriages in this town?	Findet man hier wohl Retourwagen?
I believe there are two.	Ich glaube zwei.
I have my own carriage; can I hire horses cheap?	Ich habe meinen eignen Wagen; kann ich Pferde billig miethen?
You may easily get them in this town.	Sie können deren leicht in dieser Stadt haben.

Just on setting out. (see p. 172 and 176.)	Der Augenblick der Abreise. (siehe S. 172 und 176.)
Are the horses come?	Sind die Pferde da?
Yes, sir.	Ja, mein Herr.
Have them put to directly, for we wish to set off immediately.	Lassen Sie sie schnell anspannen, wir wollen sogleich abreisen.
They are to already.	Sie sind schon angespannt.
Is the trunk well fastened?	Ist der Koffer gut befestigt?
Yes, sir; it is well secured.	Ja, mein Herr; er ist festgeknebelt.
Have you not put the chain round it?	Haben Sie nicht die Kette darum gezogen?
Yes, sir; that was the first thing we did.	Ja, mein Herr; es war das Erste, was geschah.
I should not like the trunk to be stolen on the road.	Es würde mir sehr unangenehm sein, wenn der Koffer unterwegs gestohlen würde.
There is no danger.	Das hat keine Gefahr.
Look into all the rooms, that nothing may be forgotten.	Sehen Sie sich in allen Zimmern um, damit nichts vergessen wird.
I have looked everywhere, nothing is forgotten.	Ich habe schon allenthalben nachgesehen, es ist nichts vergessen worden.
Come, let us go down, gentlemen; it is time to set off.	Kommen Sie, lassen Sie uns hinab gehen, meine Herren; es ist Zeit abzureisen.

Au moment de se mettre en route.	Nel punto di mettersi in viaggio.
Y a-t-il dans cette ville quelques voitures de retour?	Vi è in questa città qualche vettura di ritorno?
Je crois qu'il y en a deux.	Credo che ve ne siano due.
J'ai une voiture à moi; pourrai-je trouver des chevaux de louage à bon marché?	Io ho un legno mio; potrò io trovare cavalli a nolo, a buon prezzo?
On en trouve facilement dans cette ville.	Se ne trovano molto facilmente in questa città.

Au moment de se mettre en route. (voyez p. 173 et 177.)	Nel punto di mettersi in viaggio. (vedi p. 173 e 177.)
Les chevaux sont-ils arrivés?	Sono arrivati i cavalli?
Oui, monsieur.	Sì, signore.
Faites vite atteler; nous voulons partir de suite.	Presto, presto, fate attaccar sotto; che vogliamo partir subito.
Ils sont déjà attelés.	Sono già attaccati.
La malle est-elle solidement attachée?	È ben attaccato il baule?
Oui, monsieur; les cordes sont très serrées.	Sì, signore; le funi sono strettissime.
Est-ce que vous n'y avez pas mis la chaîne?	Non avete messo la catena?
Oui, monsieur; cela a été notre premier soin.	Sì, signore; questo fu la nostra prima cura.
Je ne voudrais pas qu'on me volât ma malle en route.	Non vorrei che mi rubassero il baule per viaggio.
Il n'y a pas de danger.	Non vi è pericolo.
Donnez un coup d'oeil dans toutes les chambres, afin de ne rien oublier.	Date un' occhiata per tutte le stanze, che non dimenticaste qualche cosa.
J'ai déjà fait la visite partout; rien n'a été oublié.	Ho già visitato da per tutto; non ho dimenticato nulla.
Allons, descendons, messieurs; il est temps de partir.	Animo, scendiamo, signori miei; è ora di partire.

Just on setting out.	Der Augenblick der Abreise.
Take these two hats, and put them in the net.	Nehmen Sie diese zwei Hüte, und legen Sie sie ins Netz.
Put this cane and umbrella into the case; and these shoes and boots into the boot.	Stecken Sie diesen Stock und diesen Regenschirm ins Futteral; und diese Schuhe und Stiefel in den Wagenkasten.
But, my dear sir, what must we do with these books?	Aber, mein Bester, was sollen wir mit diesen Büchern machen?
We will carry them down ourselves, and put them in the pockets.	Wir wollen sie selbst hinabtragen, und in die Wagentaschen stecken.
Postilion, mind you go slowly when the road is bad, and when you make a turn; we do not wish either to be jolted or overturned.	Postillon, fahrt langsam, wo der Weg schlecht ist und wo ihr wendet, wir wollen weder gerüttelt noch umgeworfen werden.
I shall obey your orders, sir.	Ich werde Ihren Befehlen Folge leisten, mein Herr.
Go on the side of the road as much as you can, to avoid jolting, and then drive quick.	Benutzt, so viel Ihr könnt, das Bankett, damit das Gerüttel vermieden wird, und dann fahrt schnell.
Yes, sir.	Ja, mein Herr.
Where there are ruts or stones, drive on the pavement.	Wo Geleise oder Steine sind, da fahrt auf das Pflaster.
I shall try to please you.	Ich werde mich bemühen, Ihre Zufriedenheit zu erlangen.
John, open the door, and let down the step.	Johann, öffne den Schlag und lass den Tritt nieder.
Good bye.	Leben Sie wohl.
I wish you a good journey, gentlemen.	Meine Herren, ich wünsche Ihnen eine gute Reise.

Au moment de se mettre en route.	Nel punto di mettersi in viaggio.
Prenez ces deux chapeaux, et mettez-les dans le filet.	Prendete questi due cappelli, metteteli nella rete.
Placez cette canne et ce parapluie dans l'étui; et ces souliers et ces bottes dans la caisse de la voiture.	Questo bastone e quest' ombrella, li riporrete nell' astuccio; e queste scarpe e questi stivali nel magazzino del legno.
Mais, mon cher, que voulez-vous que nous fassions de ces livres?	Ma, amico caro, che cosa faremo di questi libri?
Nous les descendrons nous-mêmes, et nous les mettrons dans les poches de la voiture.	Li scenderemo noi stessi, e li riporremo nelle saccocce della carrozza.
Écoutez, postillon, vous irez doucement lorsque le chemin sera mauvais, et en tournant; nous ne voulons pas être cahotés ni versés.	Sentite, postiglione; andrete piano quando sarà cattiva la strada, e nelle voltate; non vogliamo essere nè strabalzati, nè ribalfati.
Oui, monsieur, j'exécuterai vos ordres.	Sarà servita, come comanda.
Vous irez autant que possible sur le trottoir, pour éviter les cahots, et alors vous irez vite.	Andrete sullo sterrato quanto più potrete, per evitare le scosse, ed allora correrete.
Oui, monsieur.	Illustrissimo, sì.
Là où il y aura des ornières ou des pierres, vous irez sur le pavé.	Quando incontrerete delle rotaje, o dei sassi, andrete sul lastrico.
Messieurs, je tâcherai de vous bien servir.	Le signorie loro saranno ben servite.
Jean, ouvrez la portière, et abaissez le marchepied.	Giovanni, aprite la portiera, e calate giù lo staffone
Adieu, messieurs.	Addio, signori.
Bon voyage, messieurs.	Buon viaggio, signori.

Railway-journey.	Abreise mit der Eisenbahn.
(see p. 176.)	(siehe S. 176.)
Send for a cab.	Lassen Sie eine Droschke holen.
Coachman, drive me to the station.	Kutscher, fahren Sie mich nach der Eisenbahn.
Has the train for X not started yet?	Ist der Zug nach X noch nicht abgefahren?
No, I believe not.	Nein, ich glaube nicht.
Where is the luggage booking-office?	Wo ist die Gepäckannahme?
There, to the left.	Dort, links.
Get these packages booked to X, and bring me the ticket.	Lassen Sie diese Gepäckstücke nach X einschreiben und bringen Sie mir dann den Schein.
I shall see about it.	Ich werde es besorgen.
How many pounds of luggage are free?	Wie viel Pfund Freigepäck hat man?
Fifty pounds.	Fünfzig Pfund.
Then I have two hundred pounds over weight, have I not?	Ich habe also zweihundert Pfund Uebergewicht, nicht wahr?
No, you have two hundred and twenty pounds.	Nein, es sind zweihundert und zwanzig Pfund.
Please to give me two first-class tickets to X.	Ich bitte um zwei Billete erster Klasse nach X.
Here they are.	Hier sind sie.
What do they cost?	Wie viel kosten sie?
Forty francs.	Vierzig Franken.
Where is the first-class waiting-room?	Wo ist der Wartesaal erster Klasse?
At the end of this passage.	Am Ende dieses Ganges.
Is this the train for X?	Ist dies der Zug nach X?
No, it is there.	Nein; dort steht der Zug nach X.

Départ par chemin de fer.	Partenza nella strada ferrata.
(voyez p. 177.)	(vedi p. 177.)
Faites chercher un fiacre.	Fate cercare un fiacre.
Cocher, conduisez moi au chemin de fer.	Cocchiere conducetemi alla strada ferrata.
Le train pour X n'est-il pas encore parti?	Il traino per X non è ancora partito?
Non, je ne crois pas.	No, non lo credo.
Où est le bureau de bagages?	Dov' è l'ufficio degli effetti?
Là-bas, à gauche.	Laggiù a sinistra.
Faites inscrire ces colis pour X et apportez m'en tout à l'heure le reçu.	Fate inscrivere questi colli per X e recatemi subito la ricevuta.
C'est bien, monsieur.	Bene, signore.
Combien a-t-on de bagages libres?	Qual peso è permesso portare di diritto?
Cinquante livres.	Cinquanta libre.
J'ai donc deux cents livres de trop.	Ho dunque duecento libre di troppo.
Non, monsieur, ce sont deux cent vingt livres.	No, signore, sono duecento venti libre.
Deux billets de première classe pour X, s'il vous plaît.	Due biglietti di prima classe per X, se vi piace.
Voilà, monsieur.	Ecco, signore.
Combien ces billets?	Quanto avete pagato per questi biglietti?
Quarante francs.	Quaranta franchi.
Où est la salle d'attente de première classe?	Dov' è la sala d'aspettazione di prima classe?
Au bout de ce corridor.	Al fine di questo corridojo.
Est-ce là le train pour X?	E quello il traino per X?
Non; voilà le train pour X.	No; ecco il traino per X.

Has the train-bell rung yet?	Ist der Zug schon signalisirt?
Yes, it will be here directly.	Ja wohl, er muss sogleich ankommen.
Here comes the train; stand back a little.	Da kömmt der Zug, treten Sie etwas zurück.
Open the door of this carriage for me.	Oeffnen Sie mir diesen Wagen.
This carriage is full.	Dieser Wagen ist besetzt.

Of what one sees in travelling, and of the events that may happen on the road.	**Was man auf der Reise sieht, und was sich unterwegs ereignen kann.**
(see pp. 164, 172.)	(siehe S. 164 u. 172.)
How fortunate we are to have such fine weather.	Wie glücklich sind wir, so schönes Wetter zu haben.
I am afraid it will rain: it is too hot. The sun is scorching.	Ich fürchte, es wird regnen; es ist zu heiss. Die Sonne brennt.
How do you call the village situated on that hill?	Wie heisst das Dorf, welches auf jenem Hügel liegt?
It is a market-town; we shall go through it.	Es ist ein Marktflecken; wir werden durch denselben kommen.
I perceive a river at a distance. How do we cross it, for I see no bridge?	Ich bemerke in der Ferne einen Fluss. Wie werden wir ihn passiren? ich sehe keine Brücke.
The bridge is to the right; the wood prevents us from seeing it.	Die Brücke ist rechts, das Gebüsch verdeckt sie.
Is this road safe? Are there any robbers on this road?	Ist die Strasse sicher? Giebt es keine Räuber auf dieser Strasse?
It is very safe here; but when we have passed the bridge, we enter a thick wood	Hier ist sie ganz sicher; wenn wir aber die Brücke passirt haben, kommen wir in

Le train est-il déjà signalé?	Il traino è già segnalato?
Oui, il doit arriver dans un instant.	Si, dove arrivare all'istante.
Voilà le train; veuillez reculer un peu.	Ecco il traino; ritiratevi un poco.
Ouvrez moi cette voiture.	Apritemi questa vettura.
Cette voiture est complète.	Questa vettura è compiuta.

De ce qu'on voit en voyageant, et des accidents qui peuvent arriver en route.	**Delle cose che si vedono per viaggio, e di quel che può suocedere per istrada.**
(voyez p. 165 et 173.)	(vedi p. 165 e 173.)
Quel bonheur qu'il fasse si beau!	Quanto siamo felici di avere un tempo cosi bello.
Je crains qu'il ne pleuve; il fait trop chaud. Le soleil est brûlant.	Temo che piova; fa troppo caldo. Il sole è cocente.
Comment appelez-vous ce village situé sur cette colline?	Come si chiama quella terra posta su quella collina?
C'est un bourg; nous allons le traverser.	Egli è un borgo; lo traverseremo.
J'aperçois une rivière dans le lointain. Comment la traverserons-nous? je ne vois pas de pont.	Vedo in lontananza un fiume. Come mai lo varcheremo? non vi è ponte.
Le pont est à droite: le bois nous empêche de le voir.	Il ponte trovasi a mano destra: la macchia c'impedisce di vederlo.
Cette route est-elle sûre? Y a-t-il des voleurs sur cette route?	È sicura questa strada? Vi sono ladri per questa strada?
Ici elle est très-sûre; mais lorsqu'on a passé le pont, on entre dans un bois	Qui è sicurissima; ma passato il ponte si entra in un bosco foltissimo, che

which is not very safe at night, but at this time of day there is nothing to fear.	einen dicken Wald, der des Nachts nicht ganz sicher ist; um diese Tageszeit aber ist nichts zu fürchten.
To whom does that large country-house belong? The palace seems very fine.	Wem gehört das grosse Landhaus? Das Schloss scheint sehr schön zu sein.
It belongs to prince N.	Es gehört dem Prinzen N.
Postilion, stop; we wish to get down: a spoke of one of the wheels is broken; some of the harness is undone; a spring is also broken; one of the horses' shoes is come off.	Halt, Postillon; wir wollen aussteigen: es ist eine Speiche am Rade gebrochen; ein Zugriemen ist los gegangen; eine Feder ist zerbrochen; ein Hufeisen ist verloren.
The harness is mended. We can now get to the post-house without any danger.	Der Zugriemen ist wieder befestigt. Wir können nun ohne Gefahr bis zur nächsten Station gelangen.
It begins to get dark. Do not leave us in the middle of the road during the night: whip your horses, get on, and take care not to overturn us.	Es beginnt dunkel zu werden, lasst uns nicht bis in die tiefe Nacht auf der Strasse liegen: peitscht eure Pferde und macht voran, werft uns auch nicht um.
You need not be afraid.	Seien Sie ohne Sorgen, meine Herren.
But the road is very steep and hilly; it is full of stones; there are precipices. Keep away from that ditch: it is full of mud. You must put on the drag.	Aber die Strasse ist sehr steil und bergig; sie ist voller Steine und hat Abgründe. Weg von dem Graben, er ist voll Schlamm. Ihr müsst den Hemmschuh anlegen.
If I put on the drag, I must take it off again in two minutes; for at a few paces from this we shall get into a sandy road, where the wheels will sink up to the	Wenn ich den Hemmschuh anlege, muss ich ihn schon in zwei Minuten wieder los machen; denn einige Schritte von hier kommen wir in einen Sandweg, wo

touffu qui n'est pas bien sûr la nuit; mais à cette heure-ci il n'y a rien à craindre.	non è troppo sicuro di notte; ma a quest'ora, non v'è nulla da temere.
A qui appartient cette grande maison de campagne? Le château me semble bien beau.	Di chi è quella villa? Il castello mi pare bello assai.
Elle appartient au prince N.	È del Principe N.
Postillon, arrêtez. Nous voulons descendre: il y a un rais rompu à cette roue; un trait s'est défait; un ressort est cassé; un cheval est déferré.	Fermatevi, postiglione! vogliamo scendere: un razzo di una ruota si è rotto· una tirella si è staccata, una molla si è spezzata; un cavallo è sferrato.
Le trait est remis. Maintenant, nous pouvons arriver jusqu'au relais sans danger.	Ecco rimessa la tirella. Ora potremo arrivare fino alla posta senza pericolo.
Il commence à faire nuit; ne nous laissez pas au milieu du chemin pendant la nuit: fouettez, marchez, et prenez garde de verser.	Incomincia a far bujo; non ci lasciare di notte in sulla strada: tocca, cammina, e bada bene a non ribaltarci.
Messieurs, ne craignez rien.	Non abbiano paura, signori.
Mais le chemin est bien rapide et escarpé: il est plein de pierres; il y a des précipices. Tenez-vous loin de ce fossé, il est plein de fange. Il faut mettre le sabot.	Ma la strada è molto erta, è ripida; è sassosa; vi sono dei precipizj. State lontano da quel fosso: è pieno di fango. Conviene mettere la scarpa.
Si je mets le sabot, dans deux minutes il faudra l'ôter; car, à quatre pas d'ici, nous trouverons un chemin sablonneux, où les roues s'enfonceront pres-	Se metto la scarpa, bisognerà levarla via fra due minuti; perchè a quattro passi troveremo una strada sabbiosa, in cui le ruote si affondano quasi sino al

Of what one sees in travelling, and of the events that may happen on the road.	Was man auf der Reise sieht, und was sich unterwegs ereignen kann.
nave. There's no danger, and I shall go gently.	die Räder bis an die Axe einsinken. Es ist keine Gefahr da, ich werde langsam fahren.
We should do well to get out, I think.	Wir würden, glaube ich, wohl thun auszusteigen.
I advise you not, for it has been raining, and the road is slippery; in advancing one step, you lose two.	Ich rathe es Ihnen nicht, meine Herren, es hat geregnet und der Weg ist schlüpfrig, wenn Sie einen Schritt voran schreiten, kommen Sie zwei zurück.
Well, go very gently. Are we still far from the station?	Gut, so fahrt sehr langsam. Sind wir noch weit von der Station?
It is about half a league off.	Noch ungefähr eine halbe Stunde.
About a mile.	Etwa eine Meile.
For my part, I shall get out of the carriage; I wish to walk a little.	Ich für meinen Theil will aussteigen, ich will etwas zu Fusse gehen.
No, my friend; it is dark; you do not know the road; you might make a false step, fall, and meet with an accident; you might break an arm or a leg.	Nein, mein Freund; es ist dunkel; Sie kennen den Weg nicht, Sie möchten einen falschen Tritt thun, fallen und ein Unglück haben; Sie könnten einen Arm oder ein Bein brechen.
I shall ask these peasants, who are coming towards us, if the road by which they have come is bad.	Ich werde die Bauern fragen, welche da auf uns los kommen, ob der Weg, den sie zurückgelegt haben, schlecht ist.
It is unnecessary; here we are, thank God, at the inn safe and sound.	Das ist unnöthig; da sind wir, Gott sei Dank, gesund und wohl beim Gasthofe angekommen.

que jusqu'au moyeu. Il n'y a pas de danger; j'irai doucement.	mozzo. Non vi è pericolo; andrò adagio.
Nous ferions bien, je crois, de descendre de voiture.	Credo che faremmo benissimo, se scendessimo dalla carrozza.
Je ne vous le conseille pas, messieurs, parce qu'il a plu; le chemin est glissant; on avance un pas, et on en recule deux.	Non è cosa da farsi, signori, perchè avendo piovuto, si sdrucciola; e si fa un passo avanti ed un altro indietro.
Eh bien! allez doucement. Sommes-nous encore bien loin du relais?	Poich'è così, andate a bel bello. Siamo ancora molto lontani dalla posta?
A une demi-lieue environ.	Essa è a mezza lega incirca.
A un mille environ.	A un miglio incirca.
Moi, je veux descendre de voiture; je veux marcher un peu à pied.	Io voglio scendere dal legno; io voglio camminare un poco a piedi.
Non, mon cher ami, il fait sombre; vous ne connaissez pas le chemin; vous pourriez faire un faux pas, tomber, et vous faire du mal; vous pourriez vous casser un bras ou une jambe.	Oibò, amico caro; egli è bujo, e voi non siete pratico della strada; potreste mettere un piede in fallo, cadere e farvi male; rompervi un braccio, o una gamba.
Je vais demander à ces paysans qui viennent au-devant de nous, si le chemin par où ils ont passé est mauvais.	Voglio chiedere a quei contadini che vengono alla volta nostra, se per dove sono passati, è cattiva la strada.
C'est inutile; nous voilà, grâce à Dieu, arrivés sains et saufs à l'hôtel.	Egli è inutile; eccoci, grazie a Dio, giunti sani e salvi all' albergo.

Where travellers pass the night; questions; post-office.	**Die Reisenden im Nachtquartiere; Fragen; die Briefpost.**
(see p. 180.)	(siehe S. 180.)
Waiter, give us four rooms with four good beds directly.	Kellner, geben Sie uns gleich vier Zimmer und vier gute Betten.
I can only give you two double-bedded rooms. We have many strangers to-night, and all the rooms are occupied.	Meine Herren, ich kann Ihnen nur zwei Zimmer mit zwei Betten in jedem geben. Wir haben diesen Abend viele Fremde, und alle Zimmer sind besetzt.
At what hour is supper ready?	Um wie viel Uhr ist das Abendessen fertig?
At ten. Do you wish to sup alone, or at the table d'hôte?	Um zehn. Wünschen Sie allein zu speisen, oder an der table d'hôte?
We will sup at the table d'hôte, and shall thus hear some news.	Wir werden an der table d'hôte speisen, da hören wir einige Neuigkeiten.
How much do we pay?	Wie viel bezahlt man?
Four francs a head.	Vier Franken die Person.
That's very dear.	Das ist sehr theuer.
On the contrary, it is very cheap; for the table is very good.	Im Gegentheile, das ist sehr wohlfeil; denn der Tisch ist sehr gut.
Bring some warm water for washing and two bottles of good wine into our room, with a decanter of water: we are very thirsty.	Bringen Sie etwas warmes Wasser zum Waschen und zwei Flaschen guten Wein auf unser Zimmer nebst einer Carafine mit Wasser: wir sind sehr durstig.
How do you sell it by the bottle?	Was kostet die Flasche?
Thirty, forty, fifty sous, three francs, four francs, five francs, six francs, according to the quality.	Dreissig, vierzig, fünfzig Sous, drei Franken, vier Franken, fünf Franken, sechs Franken, je nach der Güte.

Les voyageurs à la couchée; questions; poste aux lettres.	I viaggiatori alla dormita; interrogazioni; posta delle lettere.
(voyez p. 181.)	(vedi p. 181.)
Garçon, donnez-nous tout de suite quatre chambres e quatre bons lits.	Cameriere, dateci subito quattro stanze con quattro buoni letti.
Messieurs, je ne puis vous donner que deux chambres, avec deux lits chacune. Nous avons ce soir beaucoup d'étrangers, et toutes les pièces sont occupées.	Signori, non posso dar loro se non due camere con due letti in ciascuna. Questa sera abbiamo molti forestieri e tutte le stanze sono occupate.
A quelle heure soupe-t-on?	A che ora si cena?
A dix heures. Voulez-vous souper seuls, messieurs, ou à la table d'hôte?	Alle dieci. Vogliono, signori, cenare soli, oppure a tavola rotonda?
Nous souperons à la table d'hôte; ainsi nous apprendrons quelques nouvelles.	Ceneremo a tavola rotonda; così sentiremo qualche nuova.
Combien paye-t-on?	Quanto si paga?
Quatre francs par tête.	Quattro franchi per testa.
C'est bien cher.	È carissimo.
Au contraire, c'est bien bon marché, parce que la table est excellente.	Anzi è a buonissimo prezzo, perchè la tavola è eccellente.
Faites chauffer de l'eau pour nous laver, et apportez dans notre chambre deux bouteilles de bon vin et une carafe d'eau: nous avons bien soif.	Fate scaldare dell' acqua da lavarci, e portate nella nostra stanza due bottiglie di buon vino ed una caraffa d'acqua: abbiamo gran sete.
Combien le vendez-vous la bouteille?	Quanto lo vendete la bottiglia?
Trente, quarante, cinquante sous, trois francs, quatre francs, cinq francs, six francs, selon la qualité.	Trenta, quaranta, cinquanta soldi, tre franchi, quattro franchi, cinque franchi, sei franchi, secondo la qualità.

Where travellers pass the night; questions; post-office.	Die Reisenden im Nachtquartiere; Fragen; Briefpost.
Anthony, listen: when they put the sheets on our beds, be there, to see that they are clean.	Anton, hören Sie: sein Sie gegenwärtig, wenn die Betttücher aufgelegt werden, um zu sehen, ob sie rein sind.
Do not be afraid, Gentlemen: in our house the same sheets are never given to two persons.	Seien Sie unbesorgt, meine Herren: in unserm Hause werden dieselben Betttücher nie zwei Personen gegeben.
Shall we go up stairs?	Sollen wir hinaufgehen?
Most willingly; we can rest a little while waiting for supper.	Sehr gern; wir können etwas ausruhen, während wir auf das Abendessen warten.
Waiter! light these Gentlemen.	Kellner! Leuchten Sie diesen Herren.
Where are our rooms?	Wo sind unsere Zimmer?
Here on the first floor towards the street.	Hier, im ersten Stocke, nach der Strasse zu.
Is the post-office far from this?	Ist das Post-Bureau weit von hier?
It is not very far, it is quite near, in the third street to the right.	Es ist nicht sehr weit, es ist ganz in der Nähe, in der dritten Strasse rechts.
There should be some letters at the post-office for us.	Es müssen einige Briefe für uns auf der Post sein.
Do you wish me to send somebody?	Befehlen Sie, dass ich Jemanden hinschicke?
I should like a porter to accompany our servant, who does not know the town.	Ich wünsche einen Lohnbedienten, der unsern Bedienten begleitet, da dieser die Stadt noch nicht kennt.
I will send him to you. Allow me to go first, gentlemen, to light you.	Ich werde Ihnen einen senden. Erlauben Sie, dass ich vorausgehe, um Ihnen zu leuchten.
Have any letters arrived for Mr N., poste restante?	Sind Briefe angekommen für Herrn N., poste restante?
Yes, but you must prove	Ja wohl; doch müssen Sie

Les voyageurs à la couchée; questions; poste aux lettres.	I viaggiatori alla dormita; interrogazioni; posta delle lettere.
Antoine, écoutez: soyez présent lorsqu'on mettra les draps de lit, afin de vous assurer s'ils sont blancs.	Antonio, sentite: quando metteranno le lenzuola ne'letti, vogliamo che siate voi presente, affinchè siate sicuro che sono nette e di bucato.
Messieurs, ne craignez rien: dans notre maison les draps ne servent jamais à deux personnes différentes.	Signori, stiano di buon animo: nella nostra osteria le lenzuola non servono mai a due diverse persone.
Messieurs, voulez-vous que nous montions?	Vogliamo ascendere, signori?
Très volontiers; nous nous reposerons un peu en attendant le souper.	Volentierissimo; così riposeremo un poco fin tanto che venga l'ora di cenare.
Garçon! éclairez ces messieurs.	Cameriere! fate lume a questi signori.
Où sont nos chambres?	Dove sono le nostre camere?
Ici au premier étage, sur la rue.	Qui al primo piano verso strada.
La poste aux lettres est-elle bien loin d'ici?	È molto lontana da qui la posta delle lettere?
Elle n'est pas bien loin; elle est tout près d'ici, dans la troisième rue à main droite.	Non è molto distante; è qui vicina, nella terza strada a man destra.
Il doit y avoir des lettres pour nous à la poste.	Vi debbono essere lettere in posta per noi.
Souhaitez-vous qu'on aille voir?	Comandano che si mandi qualcuno a vedere?
Je voudrais un commissionnaire pour y accompagner notre domestique qui ne connaît pas la ville.	Vorrei un qualche facchino, per insegnare la strada al nostro servo, che non è pratico della città.
Je vais vous l'envoyer. Permettez, messieurs, que je passe devant pour vous éclairer.	Subito glielo mando. Permettano ch'io vada innanzi per far lume a lor signori.
Y a-t-il des lettres poste restante pour Monsieur N.?	Vi sono lettere per il Signor N. posta restante?
Oui; mais il faut me prouver	Sì; ma bisogna provarmi la

your identity, before we can give them to you.	sich legitimiren, bevor wir Ihnen dieselben aushändigen.
Here is my passport.	Hier ist mein Pass.
You have altogether three francs postage to pay.	Sie haben im Ganzen drei Franken Porto zu entrichten.
Send letters and papers which come for me to Z, poste restante.	Senden Sie die für mich ankommenden Briefe und Zeitungen nach Z, poste restante.

On embarking, and of what happens at sea.

(see p. 164.)

Beim Einschiffen, und was auf dem Meere sich ereignet.

(siehe S. 164.)

Gentlemen, they are going to sail and are only waiting for you.	Meine Herren, man will unter Segel gehen und wartet nur auf Sie.
Come; we are ready: take these two portmanteaus.	Kommt; wir sind fertig: nehmt diese zwei Mantelsäcke.
Get into the boat, Gentlemen; take care not to hurt yourselves.	Steigen Sie ins Boot, meine Herren; nehmen Sie sich in Acht, dass Sie sich nicht beschädigen.
I think the sea is very rough. The vessel is a great way out; and, if a gale of wind come on, the boat might upset before we could reach her.	Die See scheint sehr hohl zu gehen. Das Schiff liegt ziemlich weit hinaus; und wenn ein Windstoss uns erreicht, könnte das Boot umwerfen, bevor wir das Schiff erreicht haben.
There is no danger.	Das hat keine Gefahr.
There is nothing to fear.	Da ist nichts zu fürchten.
That is nothing.	Das ist nichts.
Well, here we are at the ship; but not without a great deal of trouble; you were obliged to row hard.	So, nun sind wir am Schiffe; aber nicht ohne grosse Mühe: Ihr habt scharf rudern müssen.

votre identité avant que je puisse vous les délivrer.	di lei identità avanti che possa consegnarglicle.
Voici mon passeport.	Ecco il mio passaporto.
Cela fait trois francs de port.	Ciò fa tre franchi di porto.
Veuillez envoyer mes lettres et mes journaux à Z, poste restante.	Abbia la compiacenza di spedire le mie lettere e i miei giornali a Z, posta restante.

En s'embarquant et de ce qui arrive en mer. / Nell' imbarcarsi, e di quel che succede in mare.

(voyez p. 165.) / (vedi p. 165.)

Messieurs, on va mettre à la voile; on n'attend plus que vous.	Stiamo per far vela; non aspettiamo se non lor signori.
Allons; nous sommes prêts: prenez ces deux portemanteaux.	Veniamo, siamo pronti: pigliate queste due valigie.
Entrez dans la chaloupe, messieurs; prenez garde de vous blesser.	Entrino, signori, nella scialuppa; badino a non farsi male.
Il me semble que la mer est bien houleuse. Le vaisseau est bien avancé en mer; et s'il survenait une bouffée de vent, la chaloupe pourrait chavirer avant que nous puissions l'atteindre.	Mi pare che il mare sia agitato di molto. Il vascello si è già molto inoltrato in mare, e se mai avessimo una scionata, la scialuppa potrebbe capovolgersi, prima che ci fossimo arrivati.
Il n'y a aucun danger.	Non c'è pericolo.
Il n'y a rien à craindre.	Non vi è da temere.
Ce n'est rien que cela.	Ciò non è nulla.
Nous voici arrivés au vaisseau; mais ce n'a pas été sans beaucoup de peine; vous avez été obligé de bien ramer.	Eccoci giunti al vascello; ma avete durato gran fatica. avete dovuto remigar molto.

On embarking, and of what happens at sea.	Beim Einschiffen, und was auf dem Meere sich ereignet.
The wind increases. See that great wave which is coming to break against our vessel. I fear we shall have a storm: the sky is very dark towards the west.	Der Wind wird heftiger. Betrachten Sie diese grosse Woge, die an unserm Schiffe brechen wird. Ich fürchte, wir werden einen Sturm bekommen: der Himmel ist gegen Westen sehr dunkel.
So far the wind is favourable, and the ship sails well.	Bis jetzt ist der Wind günstig, und das Schiff segelt gut.
But the sea is very rough; the waves are very high; the rolling of the vessel makes me sick; I have got a headache.	Aber die See geht sehr hoch; die Wellen sind sehr aufgeregt; die Bewegung des Schiffes verursacht mir Uebelkeit; ich habe Kopfweh bekommen.
My head is very bad.	Ich habe heftiges Kopfweh.
The smell of the tar affects me.	Der Theergeruch ist mir unangenehm.
Smell some *eau de Cologne*, it will do you good.	Riechen Sie an kölnischem Wasser, das wird Ihnen gut thun.
I am very much inclined to be sick.	Ich bin sehr zum Erbrechen geneigt.
Drink some Hollands; it will strengthen your stomach, and you will feel relieved.	Trinken Sie etwas Genever; er wird Ihren Magen stärken, und Sie werden einige Linderung fühlen.
I am very weak; I must lie down in my hammock.	Ich bin sehr schwach; ich muss mich in meine Hängematte niederlegen.
Yes, lie down, that will do you good.	Ja, legen Sie sich, das wird Ihnen gut sein.
I am better again, the rest has refreshed me.	Es ist mir wieder wohl, die Ruhe hat mich erquickt.
The wind has fallen too, and the sea is smoother.	Der Wind hat sich auch gelegt, und die See sich besänftigt.
What bird is that?	Was ist dies für ein Vogel?

En s'embarquant et de ce qui arrive en mer.	Nell' imbarcarsi, e di quel che succede in mare.
Le vent augmente. Voyez cette grosse vague qui vient se briser contre notre navire. Je crains que nous n'ayons une tempête: le ciel est bien sombre du côté de l'ouest.	Il vento cresce. Mirate quell' onda spaventevole che viene ad infrangersi contro la nostra nave. Temo che avremo una burrasca: il cielo è molto fosco verso ponente.
Jusqu'à présent le vent nous est favorable, et notre vaisseau marche bien.	Fin ora abbiamo il vento in poppa, ed il nostro vascello veleggia bene.
Mais la mer est bien grosse; les vagues sont très agitées; le roulis me cause des nausées; j'ai mal à la tête.	Ma il mare è molto fiero; le onde sono burrascose; il moto del vascello mi rivolge lo stomaco; mi duole la testa.
J'ai un grand mal de tête.	Ho un gran dolor di capo.
L'odeur du goudron me fait mal.	La puzza del catrame mi fa male.
Respirez un peu d'eau de Cologne, cela vous fera du bien.	Fiuti un po' d'acqua di Cologna, che le farà bene.
J'ai une grande envie de vomir.	Ho gran voglia di recere.
Buvez une goutte de genièvre, cela vous fortifiera l'estomac, et vous éprouverez du soulagement.	Bea una goccia d'essenza di ginepro, che le sarà di sollievo forticandole lo stomaco.
Je suis bien faible; j'ai besoin de me coucher dans mon hamac.	Sono debole assai; voglio coricarmi sulla branda.
Oui, couchez-vous, cela vous fera du bien.	Sì, si corichi, che le farà bene.
Je me sens mieux, le repos m'a fait du bien.	Sto un poco meglio, il riposo mi ha fatto bene.
Le vent est aussi tombé, et la mer s'est calmée.	Il vento si è anche calmato, ed il mare è tranquillo.
Comment appelez-vous cet oiseau?	Come si chiama quest' uccello?

It is a sea-gull.	Das ist eine Möve.
I think we ought soon to see the coast now; we have been ten hours on the way already.	Ich dächte, wir müssten jetzt bald die Küste erblicken; wir sind bereits zehn Stunden unterwegs.
The coast has long been in sight.	Die Küste ist schon längst in Sicht.
Where then?	Wo denn?
Yonder, that misty bluish line.	Dort hinten, jener duftige, bläuliche Streifen.
Oh yes! I can distinguish the land quite plainly now with my telescope. How far are we still from it?	Ach ja, ich erkenne jetzt das Land ganz deutlich mit meinem Fernrohr. Wie weit sind wir wohl noch davon entfernt?
About ten miles.	Etwa zehn Meilen.
What boat is this coming to us?	Was ist dies für ein Kahn, der sich uns nähert?
That is the custom-house officers' boat.	Das ist das Schiff der Zollbeamten.

Landing. Visit from the Custom-house officers.	Die Landung. Besuch der Zollbeamten.
Well, here we are safe and sound; but not without having run some risk: what do you say to it, Captain?	So sind wir denn gesund und frisch angekommen; jedoch nicht ohne einige Gefahr: was meinen Sie dazu, Herr Capitain?
On the contrary, gentlemen, we have had a very good voyage. We have done in a day and a half what commonly takes three, four, or even five days.	Im Gegentheile, meine Herren, wir haben eine sehr gute Fahrt gehabt. Wir haben in anderthalb Tagen zurückgelegt, was gewöhnlich drei, vier und selbst fünf Tage erfordert.
You must have all your trunks, portmanteaus, parcels, and effects carried to the custom-house, to see if there is any thing con-	Meine Herren, Sie müssen Ihre Koffer, Mantelsäcke, Packete und Effekten auf das Zollamt bringen lassen, wo man untersuchen

C'est une mouette.	È un gabbiano.
Il me semble que nous devrions bientôt apercevoir la côte; voilà déjà dix heures que nous sommes en route.	Mi pare che dovremmo bentosto scorgere la spiaggia, perchè sono già dieci ore che siamo in viaggio.
Il y a longtemps que nous sommes en vue de la côte.	Ed è già un pezzo che vediamo la spiaggia.
Où est-elle donc?	Dov' è?
Là-bas, cette bande nébuleuse et bleuâtre.	Laggiù quella parte nuvolosa e turchiniccia.
Ah oui! Je distingue maintenant très-bien la terre au moyen de ma longue-vue. A quelle distance en sommes-nous encore?	Ah sì! Distinguo adesso molto bene la terra col mezzo del mio telescopio. Siamo ancora molto distanti?
A dix milles environ.	Dieci miglia incirca.
Qu'est-ce que cette barque qui s'approche de nous?	Che bastimento è quello che si avvicina a noi?
C'est le bateau de la douane.	È la barca della dogana.

Débarquement et visite douanière.	**Sbarco e visita dei doganieri.**
Nous voici enfin arrivés sains et saufs; mais cela n'a pas été sans courir quelques dangers: qu'en dites-vous, monsieur le capitaine?	Eccoci giunti finalmente sani e salvi; ma abbiamo però corso qualche pericolo: che ne dite, signor capitano?
Au contraire, Messieurs, nous avons fait un très bon voyage. Nous avons fait en un jour et demi ce qu'on fait ordinairement en trois, quatre et même en cinq jours.	Anzi, signori; abbiamo fatto buonissimo viaggio. Abbiamo in un giorno e mezzo fatto quel che al solito si fa in tre, quattro, ed in cinque giorni.
Messieurs, il faut transporter à la douane vos malles, vos portemanteaux, vos paquets, et tous vos effets avant de les porter à l'hôtel,	Signori, bisogna trasportare i loro bauli, i loro portamantelli, i loro fardelli e la loro roba tutta quanta alla dogana, per vedere se

traband in them, before they are taken to the inn.	wird, ob verbotene Waaren darin sind, bevor sie in den Gasthof gebracht werden.
Will it last long? The sea has fatigued me very much, and I should like to go to the inn to rest.	Wird das lange dauern? Die See hat mich sehr ermüdet und ich möchte lieber in den Gasthof gehen, um dort auszuruhen.
Give me the keys of the padlock and lock of your trunk, and you may then go where you please.	Geben Sie mir die Schlüssel zum Hängeschloss und zum Schloss Ihres Koffers, Sie können dann hingehen, wohin Sie wollen.
For my part, I shall follow my trunk; I shall be present when it is examined; because I do not wish my things to be turned upside down, and I shall have every thing put back into its place.	Ich werde meinem Koffer folgen; ich will dabei sein, wenn er untersucht wird, weil ich wünsche, dass meine Sachen nicht durcheinander geworfen werden und Jedes wieder auf seine Stelle gelegt wird.
You may do as you like.	Machen Sie es, wie Sie wollen.
A porter will carry my trunk and my things to the Custom-house, and I shall follow him.	Ein Träger wird meinen Koffer und meine Sachen auf das Zollamt bringen, und ich werde ihm folgen.
Have you any forbidden or taxable articles to declare?	Haben Sie verbotene oder steuerpflichtige Gegenstände zu declariren?
Not that I am aware of.	Meines Wissens nicht.
I have a few little presents for my family, but no merchandise.	Ich habe einige kleine Geschenke für meine Familie, aber keine Kaufmannswaaren.
I have only bought a few prints and books for my private use.	Ich habe nur einige Kupferstiche und Bücher zu meinem Privatgebrauche.

pour faire constater que vous n'avez pas de contrebande.	non vi è nulla di contrabbando, prima di portarla all' albergo.
L'opération sera-t-elle bien longue? La mer m'a bien fatigué, et je voudrais pouvoir aller me reposer à l'hôtel.	Sarà lunga la visita? Il mare mi ha affaticato molto, e vorrei andare a riposarmi all' albergo.
Donnez-moi les clefs du cadenas et de la serrure de votre malle, et vous serez libre d'aller où il vous plaira.	Mi dia le chiavi del lucchetto e della serratura del suo baule, e le sarà lecito l'andare dove vorrà.
Non, je veux suivre ma malle; je veux être présent à la visite, parceque je désire qu'elle soit faite sans mettre mes effets sens dessus-dessous, et que tout soit remis à sa place.	No, voglio seguire il mio baule; voglio essere presente alla visita, perchè desidero che venga fatta senza che sieno messi sossopra i miei panni, e che ogni cosa sia riposta a suo luogo.
Faites comme il vous plaira.	Faccia come le aggrada.
Un commissionnaire va transporter ma malle et mes effets à la douane, et je le suivrai.	Un commissionario trasporterà il mio baule e la mia roba alla dogana, ed io lo seguirò.
Avez-vous quelque chose à déclarer?	Avete dei generi soggetti alla dogana?
Rien que je sache.	No, per quanto io sappia.
Je n'ai que quelques petits cadeaux pour ma famille, mais point de marchandises.	Ho delle bagattelle per regalare alla mia famiglia, ma non ho mercanzie.
Je n'ai que quelques livres et gravures pour mon propre usage	Ho solamente alquanti libri e alcune stampe per uso mio proprio.

The breakfast.	Das Frühstück.
(see p. 180.)	(siehe S. 180.)
Mr. N. wishes to pay his respects to you.	Herr N. wünscht Ihnen seine Aufwartung zu machen.
Tell him to walk in.	Lassen Sie ihn eintreten.
Your most obedient servant, Sir; I received your note early this morning, and have hastened to come and take your commands.	Ihr ergebenster Diener, mein Herr; ich erhielt Ihre Benachrichtigung diesen Morgen früh, und habe mich beeilt, Ihre Befehle zu empfangen.
You might just have written me a line without taking so much trouble; but now you are here, we can talk over the business while at breakfast.	Sie hätten mir nur eine Zeile schreiben sollen, ohne sich weiter zu bemühen; da sie indess hier sind, wollen wir über unser Geschäft beim Frühstück plaudern.
Do not let me inconvenience you, I beg of you. I do not breakfast so early in general; but, for the sake of your company, I shall sit down with pleasure.	Lassen Sie sich nicht stören, ich bitte sehr. Ich frühstücke gewöhnlich nicht so zeitig, indess um das Vergnügen Ihrer Gesellschaft zu haben, werde ich mich sehr gern setzen.
We have partridges, a cold fowl, quails, fruit, chocolate, tea and coffee.	Wir haben Rebhühner, kaltes Geflügel, Wachteln, Früchte, Chokolade, Thee und Kaffe.
That is too much for breakfast; it would even be more than enough for dinner.	Das ist zu viel für ein Frühstück, es würde mehr als genug für ein Mittagsessen sein.
You can eat what you like. Peter, is breakfast ready?	Sie können geniessen, was Ihnen beliebt. Peter, ist das Frühstück fertig?
Yes, Sir.	Ja, mein Herr.
Let us go to breakfast. Sit down, sir, opposite me; we can talk at our ease.	Kommen Sie zu Tische. Setzen Sie sich mir gegenüber, mein Herr, wir können

Le déjeûner.	La colazione.
(voyez p. 181.)	(vedi p. 181.)
Monsieur N. désirerait avoir l'honneur de vous saluer.	Il signor N. desiderebbe riverirla.
Faîtes entrer.	Passi.
Votre très humble serviteur, monsieur; j'ai reçu votre billet ce matin de bonne heure, et je me suis empressé de venir recevoir vos ordres.	Servo umilissimo, signore; ho ricevuto il suo biglietto sta mane abbonora, e mi sono fatto premura di venire a ricevere i suoi comandi.
Il suffisait de me faire une ligne de réponse, sans vous déranger; mais puisque vous êtes ici, nous causerons de notre affaire en déjeûnant.	Bastava farmi una riga di risposta, senza incomodarsi; ma giacchè ella è qui, discorreremo un poco del nostro affare nel far colazione.
Ne vous dérangez pas, je vous prie. Je ne déjeûne ordinairement pas de si bonne heure; mais j'accepte avec plaisir pour jouir de votre compagnie.	Non s'incomodi, la prego. Ordinariamente io non fo colazione così per tempo, ma accetterò con piacere l'offerta che mi fa per farle compagnia.
Nous aurons des perdrix, de la volaille froide, des cailles, des fruits, du chocolat, du thé et du café.	Avremo delle pernici, dei polli freddi, delle quaglie, delle frutta, della cioccolata, del tè e del caffè.
C'est trop pour déjeûner; ce serait même plus qu'il ne faut pour dîner.	Questo è troppo per far colazione; anzi sarebbe più del dovere per desinare.
Vous mangerez ce que vous voudrez. Pierre, le déjeûner est-il servi?	Ella mangerà quello che vorrà. Pietro, è in tavola la colazione?
Oui, monsieur.	Sì, signore.
Allons nous mettre à table. Asseyez-vous, monsieur, vis-à-vis de moi; nous	Andiamo a metterci a tavola. Segga dirimpetto a me, potremo discorrere libera-

The breakfast.	Das Frühstück.
Peter, you have forgotten a knife and fork, and a napkin for that gentleman! We want tea-spoons too, and carving-knives and forks. Sir, let me give you a wing or leg of this chicken.	da ganz frei sprechen. Peter, Sie haben ein Messer und eine Gabel vergessen, und eine Serviette für den Herrn! Wir müssen auch Kaffelöffel haben, und Vorlegemesser und Gabeln. Soll ich Ihnen einen Flügel oder einen Schenkel von diesem Hähnchen geben, mein Herr?
If you will allow me, I will take a quail. It is excellent; it is neither too fat, nor too lean.	Wenn Sie es erlauben, esse ich eine Wachtel. Sie ist vortrefflich, sie ist weder zu fett, noch zu mager.
I killed it myself the day before yesterday, together with these partridges.	Ich habe sie vorgestern selbst geschossen, sammt diesen Rebhühnern.
You went out shooting then?	Sie waren also auf der Jagd?
Yes, with some friends of mine, on one of my estates two leagues from this.	Ja, mit einigen Freunden, auf einem meiner Güter, zwei Stunden von hier.
But you drink nothing. Take a glass of this Burgundy.	Aber Sie trinken nicht. Nehmen Sie ein Glas von diesem Burgunder.
It is excellent.	Er ist ausgezeichnet.
Will you not eat a slice of this ham?	Wollen Sie nicht eine Scheibe von diesem Schinken essen?
No, I thank you. I'll take some fruit, if you will allow me; a pear or a peach.	Nein, ich danke Ihnen. Wenn Sie es erlauben, esse ich von diesen Früchten; eine Birne oder Pfirsiche.
Take what you like, without ceremony.	Nehmen Sie, was Ihnen beliebt, ohne Umstände.
Before I eat my peach, I will take a little cheese, that I may drink another glass of your excellent wine.	Bevor ich diese Pfirsiche esse, werde ich etwas Käse nehmen, damit ich noch ein Glas ihres vortrefflichen Weines trinken kann.

pourrous causer librement. Pierre, vouz avez oublié une fourchette et un couteau, et une serviette pour monsieur; donnez-nous aussi des petites cuillères et des couverts pour servir. Monsieur, voulez-vous que je vous serve une aile ou une cuisse de ce poulet?	mente. Pietro, avete dimenticato una forchetta, un coltello, ed un tovagliolo pel signore; dateci ancora dei cucchiaj, e due posate per servire le vivande. Signore, vuol' ella che le serva un' ala o una coscia di questo pollastro?
Si vous me le permettez, je mangerai une caille. Elle est excellente, elle n'est ni trop grasse ni trop maigre.	S'ella mi permette, mangerò una quaglia. È buonissima; non è nè troppo grassa, nè troppo magra.
C'est moi qui l'ai tuée avant-hier, avec ces perdrix.	L'ho ammazzato io jeri l'altro, con quelle pernici.
Vous avez donc été à la chasse?	Dunque ella è stata a caccia?
Oui, avec quelques amis, dans une de mes terres, à deux lieues d'ici.	Sì, con alcuni miei amici, in un mio podere due leghe lontano.
Mais vous ne buvez pas. Versez-vous de ce vin de Bourgogne.	Ma ella non beve. Si versi di quel vino di Borgogna
Il est excellent.	Egli è buonissimo.
Vous mangerez bien une tranche de ce jambon?	Ella mangerà certo una fetta di quel presciutto.
Je vous remercie. Si vous me le permettez, je goûterai de ces fruits; une poire ou une pêche.	Mille grazie. Prenderò di quelle frutta, se me lo permette; una pera, oppure una pesca.
Servez-vous comme il vous plaira, sans cérémonie.	Ella si serva a suo piacere, senza ceremonie.
Je mangerai un peu de fromage, avant de manger ma pêche, pour boire encore un peu de ce vin qui est excellent.	Prima di mangiare questa pesca, mangerò un tantino di formaggio, a fine di bere ancora un poco di quest' ottimo vino.

It is good without being too strong; but taste this Bordeaux, which is at least six years old and of the first quality.	Er ist gut, ohne dass er zu stark wäre; aber versuchen Sie diesen Bordeaux, der mindestens sechs Jahre alt und von der ersten Qualität ist.
I ~~had~~ shall drink nothing more. I have eaten and drunk enough; I can taste it another time.	Ich werde nichts mehr trinken. Ich habe genug gegessen und getrunken; ich kann ihn zu einer andern Zeit kosten.
Very well. I will go and dress while you take a cup of coffee, and then we can go out directly.	Sehr wohl. Ich werde mich anziehen, während Sie eine Tasse Kaffe trinken, und dann wollen wir sogleich ausgehen.

Dinner.	Das Mittagsessen.
(see p. 180.)	(siehe S. 180.)
Anthony! desire them to serve dinner; tell the cook.	Anton! sagen Sie, dass das Mittagsessen angerichtet werde; benachrichtigen Sie den Koch.
John has already gone, and it will be served directly.	Johann ist schon hingegangen; es wird auf der Stelle aufgetragen werden.
Sir, dinner is on the table.	Herr, das Essen ist auf dem Tische.
This is Friday, and a fast-day; I do not know if you like it. We shall have fish.	Es ist Freitag, also Fasttag; ich weiss nicht, ob Sie den lieben. Wir werden Fisch bekommen.
I like fish very much, and always dine well when there is any.	Ich liebe den Fisch sehr, und es schmeckt mir stets sehr gut, wenn ich Fisch habe.
Madam, your most humble servant.	Ihr ergebenster Diener.
It is an age since we have seen you, I thought of	Wir haben uns in Ewigkeit nicht gesehen, ich wollte

Le dîner.	Il pranzo.
Oui; il est bon sans être trop fort. Mais goûtez un peu de ce vin de Bordeaux; il a au moins six ans, et il est de première qualité.	Sì, è buono senza essere troppo forte. Ma assaggi un poco questo vino di Bordeaux; ha almeno sei anni, ed è di prima qualità
Je ne veux pas boire davantage. J'ai assez mangé et assez bu; je le goûterai une autre fois.	Non voglio più bere. Ho mangiato e bevuto abbastanza. Lo assagerò un' altra volta.
Fort bien! j'irai m'habiller pendant que vous prendrez une tasse de café; et nous sortirons puis de suite.	Benissimo, io andrò a vestirmi mentre ella piglierà una tazza di caffè, e poi usciremo subito.

Le dîner.	**Il pranzo.**
(voyez p. 181.)	(vedi p. 181.)
Antoine! dites qu'on serve le dîner; avertissez le cuisinier.	Antonio! andate a dire di portare in tavola; e avvertite il cuoco.
Jean y est déjà allé; on va servir dans l'instant.	Giovanni vi è già andato, subito si porta in tavola.
Monsieur, le dîner est servi.	Signore, il pranzo è in tavola.
Aujourd'hui c'est vendredi, et l'on fait maigre; je ne sais pas si vous l'aimez. Nous aurons du poisson.	Oggi è venerdì, e si mangia di magro; non so se le piaccia. Avremo del pesce.
J'aime beaucoup le poisson, et quand j'ai du poisson, je dîne toujours très bien.	Il pesce mi piace assai; e quando vi è pesce, io pranzo sempre benissimo.
Madame, votre très-humble serviteur.	Mia signora, le fo umilissima riverenza.
Il y a un siècle qu'on ne vous a vu, je voulais en-	È un secolo che non la vediamo, voleva mandar a

sending to inquire after you.	schon schicken, mich nach Ihnen zu erkundigen.
I have been on a journey, and have had a slight attack of the gout, which has forced me to keep my room for a fortnight.	Ich habe eine Reise gemacht, und hatte einen leichten Anfall von Podagra, der mich zwang, das Zimmer vierzehn Tage lang zu hüten.
Gentlemen, let us sit down; we can talk while we are eating.	Meine Herren, lassen Sie uns Platz nehmen, wir können beim Essen plaudern.
Sir, shall I give you some soup?	Soll ich Ihnen Suppe vorlegen?
If you please, Madam, I like it very much.	Ich bitte; ich liebe sie sehr.
Give me your plate. Why did you not let us know you were ill; my husband would have gone and kept you company in the evening.	Geben Sie mir Ihren Teller. Wesshalb liessen Sie uns nicht wissen, dass Sie krank seien? mein Mann würde Ihnen sonst Abends Gesellschaft geleistet haben.
I was expecting to be able to go out every day. You have an excellent cook; nobody would think that this is a meagre soup.	Ich hoffte jeden Tag wieder ausgehen zu können. Sie haben einen vortrefflichen Koch; es würde Niemand glauben, dass dies eine Fastensuppe ist.
You do not generally take soup. Take some fish then, and help yourself as you like.	Sie essen Ihrer Gewohnheit gemäss keine Suppe. Essen Sie dafür etwas Fisch und bedienen Sie sich nach Belieben.
I think that soup weakens the stomach, and therefore I never eat it.	Ich glaube, dass Suppe den Magen schwächt, und esse sie deshalb nie.
Help yourself to some fish.	Nehmen Sie sich etwas Fisch.
Is it sea or fresh-water fish?	Ist das See- oder Flussfisch?

Le dîner.	Il pranzo.
voyer savoir de vos nouvelles.	intendere nuove di vossignoria.
J'ai fait un voyage, et à mon retour j'ai eu un léger accès de goutte, qui m'a obligé de garder la chambre pendant quinze jours.	Ho fatto un viaggio; e appena tornata, ho avuto un leggiero accesso di podagra, che mi ha obbligato a star in camera quindici giorni.
Messieurs, mettons-nous à table; nous causerons en dînant.	Signori, mettiamoci a tavola; discorreremo nel desinare.
Monsieur, vous servirai-je du potage?	Vuole della minestra?
Oui, madame, s'il vout plaît; je l'aime beaucoup.	Si, signora, se le aggrada; mi piace moltissimo.
Tendez votre assiette. Pourquoi ne nous avez-vous pas fait dire que vous étiez malade? mon mari aurait été venu vous tenir compagnie le soir.	Porga il tondo. Perchè non ci ha fatto sapere ch'ella era incomodata? mio marito sarebbe venuto a farle un po' di compagnia la sera.
J'espérais tous les jours pouvoir sortir. Vous avez un excellent cuisinier; on ne dirait pas que c'est un potage au maigre.	Ogni giorno sperava di poter uscire. Ella ha un buonissimo cuoco; questa minestra non pare di magro.
Monsieur, vous ne mangez pas de soupe à votre ordinaire. Eh bien! mangez du poisson. Servez-vous comme il vous plaira.	Signore, ella non mangia zuppa secondo il suo solito. Poich' è così, mangi del pesce. Si serva pure liberamente.
Je crois que la soupe affaiblit l'estomac, et pour cette raison je n'en mange jamais.	Credo che la zuppa indebolisca lo stomacho, e perciò non ne mangio mai.
Servez-vous du poisson.	Si serva del pesce.
Est ce du poisson de mer ou d'eau douce?	È pesce di mare, oppure d'acqua dolce?

Dinner.	Das Mittagsessen.
There are both, of both kinds.	Es ist von dem einen wie von dem andern da, von beiden Sorten.
This is pike, this is tench, this is carp, this is trout, this is perch, this is eel.	Dies ist Hecht, dies Schleihe, dies Karpfen, dies Forelle, dies Barsch und dies ist Aal.
The first course consists entirely of fresh-water fish.	Der erste Gang besteht lediglich aus Flussfischen.
This fish is excellent, and very well dressed.	Dieser Fisch ist vortrefflich und sehr gut zubereitet.
Yes; my cook seasons all his dishes very nicely: he understands cookery very well.	Ja wohl, mein Koch bereitet alle Gerichte aufs Beste: er versteht das Kochen sehr gut.
Will you have any potatoes?	Wollen Sie Kartoffeln?
If you please.	Wenn es Ihnen gefällig ist.
Give that gentleman something to drink.	Geben Sie diesem Herrn zu trinken.
This wine is very good.	Dieser Wein ist sehr gut.
It is old wine; I have had it more than five years in my cellar.	Es ist ein alter Wein; ich habe ihn schon über fünf Jahre im Keller.
Do you like turbot, Sir? Shall I help you to some?	Befehlen Sie Steinbutte, mein Herr? Soll ich Ihnen davon vorlegen?
No; I thank you. What fish is that in the dish near you?	Nein; ich danke Ihnen. Was ist das für Fisch auf der Schüssel neben Ihnen?
Thas is salmon.	Das ist Salm.
These are whitings.	Das sind Weissfische.
I will thank you for a little of that skate.	Ich will um etwas Roche bitten.
There is some with some liver. The liver of this fish is very delicate.	Da ist etwas, mit etwas Leber. Die Leber dieses Fisches ist sehr wohlschmeckend.
Give us Madeira.	Geben Sie uns Madera.

Le dîner.	Il pranzo.
Il y en a de l'un et de l'autre. Il y en a des deux espèces.	Ven' ha dell' uno, e dell' altro. Cen' è d'ambedue le qualità.
C'est du brochet, c'est de la tanche, c'est de la carpe, c'est de la truite, c'est de la perche, c'est de l'anguille.	È del luccio, è della tinca, è del carpio, è della trota, è del pesce persico, è anguilla.
Le premier service est entièrement composé de poissons d'eau douce.	Il primo messo è tutto di pesci d'acqua dolce.
Ce poisson est parfait, et il est très bien apprêté.	Questo pesce è ottimo, ed è benissimo acconciato.
Oui; mon cuisinier assaisonne très bien tous les plats; il sait très bien faire la cuisine.	Sì, il mio cuoco condisce ottimamente tutte le vivande: sa cucinare a maraviglia bene.
Voulez-vous des pommes de terre?	Vuole delle patate?
Très volontiers.	Molto volentieri.
Donnez à boire à monsieur.	Date da bere al signore.
Il est bien bon, ce vin.	È prezioso questo vino.
C'est du vin vieux; il y a plus de cinq ans qu'il est dans ma cave.	È vin vecchio; sono più di cinque anni ch'è in cantina.
Aimez-vous le turbot, Monsieur? voulez-vous que je vous en serve?	Le piace il rombo? vuole che gliene serva?
Je vous remercie. Quel est le poisson qui est dans ce plat près de vous?	Grazie. Che pesce è quello, ch'è in codesto piatto vicino a lei?
C'est du saumon.	È salamone.
Ce sont des merlans.	Sono naselli.
Je vous demanderai un peu de raie.	Favorisca di darmi un po' di razza.
En voilà avec du foie. Le foie de ce poisson est très délicat.	Eccone con un po' di fegato. Il fegato di questo pesce è molto delicato.
Donnez-nous du vin de Madère.	Dateci del vino di Madera.

Dinner. — Tea.	Das Mittagsessen. — Der Thee.
This wine is excellent.	Dieser Wein ist ausgezeichnet.
There are few houses where you can get it so good.	Sie werden ihn in wenig Häusern so gut trinken.
I have always liked to have a good cellar.	Ich habe immer etwas auf einen guten Keller gehalten.
Taste this Champagne; it is not bad.	Versuchen Sie von diesem Champagner; er ist nicht schlecht.
It is excellent; I have not drunk any so good for a long time.	Er ist vortrefflich; ich habe seit langer Zeit keinen so angenehmen getrunken.
Will you take any artichokes, or spinage, or cauliflower?	Wollen Sie nicht spanische Artischocken, oder Spinat, oder Blumenkohl nehmen?
For my part, I have quite done.	Ich für meinen Theil habe zur Genüge.
I will take some cheese and a bunch of grapes.	Ich will etwas Käse und eine Weintraube essen.
Eat some dessert; take what you like: there are strawberries, cherries, aples, pears, plums, wallnuts, figs, peaches, nuts, filberts, roasted and boiled chesnuts, sweetmeats, pastry of different sorts.	Essen Sie etwas Dessert, nehmen Sie, was Ihnen gefällig ist: hier sind Stachelbeeren, Kirschen, Aepfel, Birnen, Pflaumen, Wallnüsse, Feigen, Pfirsichen, Haselnüsse, Lampertsnüsse, gebratene und gekochte Kastanien, Süssigkeiten und verschiedenartiges Backwerk.

Tea.	Der Thee.
(see p. 180.)	(siehe S. 180.)
Waiter! bring tea-cups, bread, butter, milk, sugar and tea-spoons.	Kellner, bringen Sie Tassen, Brod, Butter, Milch, Zucker und Theelöffel.

Ce vin est exquis.	Questo vino è ottimo.
Il y a peu de maisons où l'on en boit d'aussi bon.	Se ne bee di così buono in pochissime case.
J'ai toujours aimé à avoir une cave bien garnie.	Mi è sempre piaciuto avere la cantina ben fornita.
Goûtez de ce Champagne, il n'est pas mauvais.	Assaggi di questo Sciampagna, che non è cattivo.
Il est exellent; il y a longtemps que je n'en ai bu d'aussi agréable.	È eccellente; egli è un gran pezzo che non ne ho bevuto di sì piacevole
Voulez-vous des cardons, des épinards, des chouxfleurs?	Vogliono de cardi, Signori, degli spinaci, dei cavoli fiori?
Pour ma part, j'ai suffisamment mangé.	Quanto a me, io ho mangiato abbastanza.
Je mangerai un peu de fromage et une grappe de raisin.	Ed io mangerò un poco di cacio, ed un grappolo d'uva.
Mangez du dessert, choisissez suivant votre goût: voilà des groseilles à maquereau, des cerises, des pommes, des poires, des prunes, des noix, des figues, des pêches, des noisettes, des avelines, des marrons rôtis, des marrons bouillis, des confitures, et des pâtisseries de différentes sortes.	Mangino delle frutta, scelgano a loro piacimento: ecco dell' uva spina, ciriege, pomi, pere, susine, noci, fichi, pesche, nocciuole, avellane, bruciate, succiole, dolci, e paste di varie sorti.

Le thé. / Il tè.

(voyez p. 181.) / (vedi p. 181.)

Garçon! apportez des tasses, du pain, du beurre, du lait, du sucre et des petites cuillères.	Cameriere! portateci delle tazze, del pane, del burro, del latte, dello zucchero, e dei cucchiaj.

Tea.	Der Thee.
Here, Sir, is every thing you have asked for.	Hier, mein Herr, ist Alles, was Sie verlangt haben.
Put them all on the table, and heat some water to make tea.	Setzen Sie Alles auf den Tisch, und bereiten Sie heisses Wasser zum Thee.
The water is boiling, Sir; I will bring you the kettle.	Das Wasser kocht; ich werde Ihnen den Kessel bringen.
Do not forget to bring us knives, napkins, and sugar.	Vergessen Sie nicht, Messer, Servietten und Zucker zu bringen.
How do you like this tea, Sir? It is not perhaps strong enough for you.	Wie finden Sie den Thee? Er ist vielleicht nicht stark genug für Sie.
It is excellent; but it is a little to strong for me. I do not like it so strong; I shall add some hot water to it.	Er ist vortrefflich, aber er ist etwas zu stark für mich; ich liebe ihn nicht so stark; ich will etwas heisses Wasser zugiessen.
As for me, weak tea does not suit me; it weakens my stomach.	Was mich betrifft, mir bekömmt der schwache Thee nicht; er schwächt mir den Magen.
This tea is excellent; where did you buy it?	Dieser Thee ist vortrefflich; wo haben Sie ihn gekauft?
I bought it in London, in N. street, at N's; I always have a good supply of it, when I travel.	Ich habe ihn in London gekauft, bei N. in der N.-Strasse; ich habe auf Reisen immer einen guten Vorrath davon.
I will thank you for another cup of tea.	Dürfte ich noch um eine Tasse Thee bitten?
With pleasure: take some toast, the butter is excellent and quite fresh.	Mit Vergnügen: nehmen Sie etwas geröstetes Brod, die Butter ist vortrefflich und ganz frisch.
Most willingly; we should do well to eat a couple of fresh eggs each.	Sehr gern! wir würden wohl thun, Jeder ein Paar frische Eier zu essen.

Le thé.	Il tè.
Voilà, monsieur, tout ce que vous avez demandé.	Ecco, signore, quanto mi ha commandato di recarle.
Placez tout cela sur la table, et faites chauffer de l'eau pour faire le thé.	Riponete ogni cosa sulla tavola, e fate bollire dell' acqua da fare il tè.
Il y a de l'eau bouillante, monsieur; je vais vous apporter la bouilloire.	C'è dell' acqua bollente, signore; ora le porterò la cocoma.
N'oubliez pas de nous apporter des couteaux, des serviettes, et du sucre.	Non dimenticate di recarci dei coltelli, delle salviette, e dello zucchero.
Comment trouvez-vous ce thé, monsieur? il n'est peut-être pas assez fort pour vous.	Che gliene pare? forse questo tè non è carico abbastanza per lei.
Il est excellent, mais il est un peu trop fort pour moi. Je ne l'aime pas si fort; j'y ajouterai un peu d'eau bouillante.	È buonissimo, ma è un po' troppo carico per me: a me non piace tanto carico; ci voglio mettere un poco d'acqua bollente.
Quant à moi, le thé faible ne me convient pas; il m'affaiblit l'estomac.	Quanto a me non mi conferisce il tè lungo; mi sfascia lo stomaco.
Ce thé est parfait. Où l'avez-vous acheté?	È ottimo questo tè Dove l'ha comprato?
Je l'ai acheté à Londres dans la rue N., chez N.; j'en emporte toujours une bonne provision en voyage.	L'ho comprato in Londra, via N., da N.; quando viaggio, ne ho sempre buona provvista.
Je vous demanderai une autre tasse de thé.	Favorisca di darmi un' altra tazza di tè.
Avec plaisir; prenez une rôtie; le beurre est excellent et tout frais.	Con piacere; prenda una fetta di pane abbrustolata; il burro è buonissimo, e ben fresco.
Très volontiers. Nous ferions bien de manger une couple d'oeufs frais chacun.	Volentierissimo. Faremmo bene a bere un pajo d'uova fresche.

You are right; that is an excellent thought.	Sie haben Recht; das ist ein vortrefflicher Gedanke.
Waiter! bring us some fresh eggs.	Kellner! bringen Sie uns einige frische Eier.
For my part, I eat a couple every day for breakfast; it is very wholesome.	Ich für meine Person esse täglich zum Frühstück ein Paar; das ist sehr gesund.
For my part, I like a change; sometimes I take chocolate, sometimes coffee with milk, and when I have a good appetite, I eat meat.	Was mich betrifft, so liebe ich die Abwechselung; zuweilen trinke ich Chocolade, zuweilen Kaffe mit Milch, und wenn ich guten Appetit habe, nehme ich ein Gabelfrühstück.
Gentlemen, here are the eggs.	Meine Herren, hier sind Eier.
They are not fresh. Quick; take them away.	Sie sind nicht frisch. Schnell weg damit.

Supper. / Das Abendessen.

(see p. 180.) / (siehe S. 180.)

Gentlemen, supper is ready.	Meine Herren, das Abendessen ist aufgetragen.
Let us make haste, as it is late. We must get up very early to-morrow morning.	Lassen Sie uns eilen, weil es schon spät ist. Wir müssen morgen sehr früh aufstehen.
I have no appetite; I could willingly go to bed without any supper.	Ich habe keinen Appetit, ich könnte zu Bette gehen, ohne gegessen zu haben.
Your appetite will improve as you eat. Come, come, there is some agreeable society, you will be amused.	Der Appetit wird sich beim Essen einstellen. Kommen Sie nur, hier ist gute Gesellschaft. Sie werden sich unterhalten.
Good evening, Gentlemen. Oh! Lord A., are you here! What has brought you into this country?	Guten Abend, meine Herren. O, Lord A., Sie sind hier! Was hat Sie in dieses Land geführt?
I have just come from Italy	Ich komme gerade aus Ita-

Vous avez raison; c'est une excellente idée.	Ella ha ragione; questa è una buonissima idea.
Garçon! apportez-nous des oeufs frais à la coque.	Cameriere! recateci dell' uova fresche da bere.
Moi, j'en mange tous les jours une couple à mon déjeûner; cela est très sain.	Io ne bevo un pajo ogni giorno a colazione; è cibo molto sano.
Moi, j'aime à varier; tantôt je prends du chocolat, tantôt du café au lait; et quelquefois, quand j'ai bon appétit, je déjeûne à la fourchette.	Ed a me piace il variare; ora prendo una chicchera di cioccolata, ora una tazza di caffè col latte; e qualche volta mangio della carne, quando ho buon appetito.
Messieurs, voici les oeufs.	Ecco le uova, Signori.
Ces oeufs ne sont pas frais; emportez-les, vite.	Queste uova non sono fresche. Animo, portatele via.

Le souper.	La cena.
(voyez p. 181.)	(vedi p. 181.)
Messieurs, le souper est servi.	Signori, la cena è in tavola.
Allons vite, il est tard, et nous devons nous lever demain matin de bonne heure.	Andiamo presto, per chè è tardi. Dobbiamo alzarci a buon' ora domattina.
Je n'ai pas d'appétit; j'irais presque me coucher sans souper.	Io non ho appetito; andrei quasi a letto senza cena.
L'appétit viendra en mangeant. Venez, venez, il y a bonne compagnie, vous vous divertirez.	L'appetito verrà mangiando. Venga, venga, c'è buona compagnia, ella si divertirà.
Bon soir, messieurs. Oh! lord A., vous ici! Quel heureux hasard vous a conduit dans ce pays?	Buona sera, signori. Oh! lord A., ella qui! Che buon vento l'ha condotto in questo paese?
Je reviens d'Italie avec ma	Torno d'Italia con mia mo-

Supper.	Das Abendessen.
with my wife and the Marquis.	lien mit meiner Frau und dem Herrn Marquis.
Lady A., I have the honour to present my respects to you. How did you enjoy yourself in Italy? Did you like the country?	Gnädige Frau, ich habe die Ehre, Ihnen mein gehorsamstes Compliment zu machen. Haben Sie sich in Italien amüsirt? Gefiel Ihnen das Land?
Yes, extremely. We were there three months without being dull for a single moment. I could have stayed there a year.	Ja, mein Herr, ausserordentlich. Wir waren drei Monate dort, ohne nur einen Augenblick Langeweile zu haben. Ich hätte ein Jahr dort wohnen können.
Let us sit down; the supper is getting cold. We can talk at supper.	Lassen Sie uns Platz nehmen; das Essen wird kalt. Wir können beim Essen plaudern.
Sit here beside my wife. And you, Sir, here between the lady and me.	Setzen Sie sich neben meine Frau. Und Sie, hier zwischen die gnädige Frau und mich.
I shall be very well placed here opposite the Countess.	Ich werde hier sehr gut sitzen, der Frau Gräfin gegenüber.
Will you allow me to help you to some vermicelli.	Erlauben Sie, dass ich mir die Ehre gebe, Ihnen von diesen Nudeln vorzulegen.
No, thank you. I ate it so good in Italy, that I do not choose to run the risk of eating it bad in France.	Ich danke recht sehr, mein Herr. Ich habe sie in Italien so gut gegessen, dass ich mich in Frankreich nicht der Gefahr aussetzen mag, sie schlecht zu essen.
Yes, that is true, vermicelli (farinaceous food) is excellent in Italy.	Ja, das ist wahr; die Mehlspeisen sind vortrefflich in Italien.
I will thank you for a little of that fried fish.	Dürfte ich mir etwas von den Backfischen ausbitten?
It is excellent.	Sie sind vortrefflich.

Le souper.	La cena.
femme et avec monsieur le marquis.	glie, e col signor mai chese.
Madame, j'ai l'honneur de vous présenter mes respects. Vous êtes vous amusée en Italie? Ce pays vous a-t-il plu?	Signora, ho l'onore di riverirla. Come si è divertita in Italia? L'è piaciuto quel paese?
Oui, monsieur, infiniment. Nous y avons passé trois mois sans nous ennuyer un seul instant. J'aurais voulu y demeurer un an.	Sì, signore, moltissimo. Vi abbiamo passato tre mesi senza mai tediarci un sol momento. Ci avrei voluto stare un anno.
Mettons-nous à table; le souper se refroidit. Nous parlerons en soupant.	Mettiamoci a tavola; la cena vien fredda. Discorreremo nel cenare.
Monsieur, ici, ici à côté de mon épouse. Et vous, monsieur, ici, entre madame et moi.	Signore, qui, qui, accanto a mia moglie. E lei, signore, qui, fra la signora e me.
Je serai très bien ici, vis-à-vis de madame la comtesse.	Io starò benissimo qui, in faccia alla signora contessa.
Voulez-vous que j'aie l'honneur de vous servir du vermicelle.	Vuole che abbia l'onore di servirle de' vermicelli.
Non, monsieur, je vous remercie. J'en ai mangé de si bon en Italie, que je ne veux pas risquer d'en manger de mauvais en France.	No, signore, la ringrazio Ne ho mangiato de' così buoni in Italia, che non voglio andar a rischio di mangiarne de' cattivi in Francia.
Oui, c'est vrai; les pâtes sont excellentes en Italie.	Sì, è vero; le paste sono buonissime in Italia.
Je vous demanderai un peu de cette friture.	Favorisca di darmi un po' di quel fritto.
Elle est excellente.	Egli è stupendo.

Supper.	Das Abendessen.
Give me something to drink.	Geben Sie mir zu trinken.
What wine do you choose?	Welchen Wein befehlen Sie?
Give us a bottle of Burgundy. My neighbour and I will easily finish it; it will not be too much. Give me a plate. Madam, will you have some of this ragout?	Geben Sie uns eine Flasche Burgunder. Mein Nachbar und ich werden leicht damit fertig werden; es wird nicht zu viel sein. Geben Sie mir einen Teller. Befehlen Sie von diesem Ragout, Madame?
Will you have some sauce?	Wünschen Sie etwas Sauce?
But very little, Sir; you are very kind. This ragout is very good.	Nur sehr wenig, mein Herr, Sie sind sehr gütig. Dies Ragout ist sehr gut.
Shall I help you to some of this endive? It is very good.	Soll ich Ihnen von diesen Endivien etwas zukommen lassen? Sie sind sehr gut.
Not any, I thank you. What is there in that other dish near you?	Ich danke. Was enthält die andere Schüssel neben Ihnen?
They are haricots. Will you have some?	Es sind weisse Bohnen. Wünschen Sie davon?
No, I thank you. I will eat a mutton-cutlet.	Nein, ich danke Ihnen. Ich will ein Hammelcotelett essen.
Will you take a pigeon or a quail?	Wünschen Sie eine Taube oder eine Wachtel?
Neither, thank you. Give me some of that partridge, if you please.	Ich danke für beide. Haben Sie aber die Güte, mir etwas von dem Feldhuhn zu geben.
Taste this pie, Sir.	Kosten Sie von dieser Pastete.
With pleasure. Some more crust, if you please.	Mit Vergnügen. Etwas mehr Kruste, wenn ich bitten darf.
Who will take some hare? Here is some of the back.	Wer befiehlt Hasen? Hier ist vom Rückenstücke.
What is there in that dish at the other end of the table?	Was ist das in der Schüssel am andern Ende der Tafel?

Le souper.	La cena.
Donnez-moi à boire.	Datemi da bere.
Quel vin demandez-vous?	Che vino comanda?
Donnez-nous une bouteille de Bourgogne. Mon voisin et moi nous en viendrons bien à bout; ce ne sera pas trop. Donnez-moi une assiette. Madame, voulez-vous de ce ragoût?	Dateci una bottiglia di vino di Borgogna. Io ed il mio vicino la beremo sicuro; non sarà troppo. Datemi un tondo. Vuole di quest' intingolo, signora?
Voulez-vous de la sauce?	Vuole dell' umido?
Tant soit peu, monsieur; vous êtes bien honnête. Il est fort bon, ce ragoût.	Un tantino, signore; ella è molto cortese. Egli è ottimo quest' intingolo.
Vous servirai-je de la chicorée? Elle est fort bonne.	Posso servirle un poco di questa indivia? È buonissima.
Je vous remercie. Qu'est-ce qu'il y a dans cet autre plat, près de vous?	Mille grazie. Che cosa c'è in codesto altro piatto vicino a lei?
Ce sont des haricots. En voulez-vous?	Sono fagiuoli. Ne vuol ella?
Non, monsieur, je vous remercie. Je mangerai une côtelette de mouton.	No, signore; la ringrazio. Voglio mangiare una costerella di castrato.
Voulez-vous, monsieur, un pigeonneau ou une caille?	Vuole un piccioncino, oppure una quaglia?
Je vous remercie. Donnez-moi, s'il vous plaît, un peu de cette perdrix.	Grazie. Favorisca di darmi un poco di codesta pernice.
Goûtez de ce pâté, monsieur.	Assaggi di questo pasticcio.
Avec plaisir. Encore un peu de croûte, s'il vous plaît.	Con piacere. Ancora un po' di crosta, la prego.
Qui est-ce qui demande du lièvre? Voici du râble.	Chi dimanda del lepre? Ecco del lombo.
Qu'est-ce qu'il y a dans ce plat à l'autre bout de la table?	Che cosa c'è in quel piatto all' altro capo della mensa?

Supper.	Das Abendessen.
It must be roast beef.	Es muss Ochsenbraten sein.
Will you take some spinage?	Wünschen Sie etwas Spinat?
I have no more appetite.	Ich habe keinen Appetit mehr.
Waiter, give me oil, vinegar, salt, and pepper to dress this salad.	Kellner, geben Sie mir Oel, Essig, Salz und Pfeffer, um diesen Salat anzumachen.
You must bring us also two bottles of Bordeaux, and a bottle of sparkling Champagne.	Bringen Sie uns auch zwei Flaschen Bordeaux, und eine Flasche moussirenden Champagner.
Pray, Sir, what is there in that flask covered with straw before you?	Was ist in der mit Stroh umflochtenen Flasche vor Ihnen?
It is a liqueur; it is maraschino.	Es ist Liqueur; es ist Maraschino.
Excuse me for tasting it before you.	Entschuldigen Sie, dass ich davon vor Ihnen koste.
Never mind that.	Lassen Sie sich nicht stören.
Waiter, go and fetch a corkcrew, and draw this bottle of Champagne.	Kellner, holen Sie einen Pfropfenzieher und öffnen Sie diese Flasche Champagner.
Drink it quick, for it is very much up.	Trinken Sie schnell, er schäumt sehr.
Take it, I beg you. I have just been drinking a glass of Bordeaux, it is excellent.	Ich bitte, nehmen Sie. Ich habe eben ein Glas Bordeaux getrunken; er ist vortrefflich.
Quick, quick, pass it to your neighbour on your right.	Schnell, schnell, geben Sie es Ihrem Nachbar zur Rechten.
John, place that dish near me, that I may carve the fowl.	Johann, setzen Sie jene Schüssel vor mich, damit ich das Huhn zerlegen kann.
It looks well; it is very tender; but it is a little too fat.	Es sieht gut aus; es ist sehr zart; es ist aber etwas zu fett.

Le souper.	La cena.
C'est sans doute du boeuf rôti.	Sarà bue arrosto.
Souhaitez-vous des épinards?	Vuole un poco di spinaci?
Je n'ai plus faim.	Non ho più fame.
Garçon, donnez-moi l'huile, le vinaigre, le sel, et le poivre pour assaisonner cette salade.	Cameriere, datemi l'olio, l'aceto, il sale, e il pepe, per condire l'insalata.
Vous nous donnerez aussi deux bouteilles de Bordeaux et une bouteille de Champagne mousseux.	Ci darete anco due bottiglie di vino di Bordò, ed una bottiglia di vino di Sciampagna spumeggiante.
Qu'y a-t-il dans cette bouteille empaillée qui est devant vous, monsieur?	Che cosa c'è in codesto fiasco innanzi a lei, signore?
C'est de la liqueur; c'est du marasquin.	È rosolio; è maraschino.
Excusez si je le goûte avant vous.	Scusi se lo assaggio prima di lei.
Faites toujours.	Faccia pure.
Garçon, allez chercher un tire-bouchon, et débouchez cette bouteille de Champagne.	Cameriere, andate a prendere un tiraturacciolo, e sturate questa bottiglia di vino di Sciampagna.
Buvez vite, il est bien pétillant.	Signore, lo beva subito; egli è zampillante assai.
Pour vous, madame. Je viens de boire un verre de Bordeaux; il est excellent.	Per se stessa, signora. Io ho bevuto ora un bicchiere di Bordò; ch' è delizioso.
Vite, vite, passez-le à votre voisin de droite.	Presto, presto, lo passi al suo vicino a destra.
Jean, approchez-moi ce plat, que je découpe cette poularde.	Giovanni, accostatemi quel piatto, ch' io trinci quella pollastra.
Elle a bonne mine: elle est bien tendre; mais elle est un peu trop grasse.	Ella ha bel colore: è molto tenera; ma è un po' troppo grassa.

Supper.	Das Abendessen.
Do you prefer a leg or a wing?	Ziehen Sie einen Flügel oder einen Schenkel vor?
It is the same to me.	Es ist mir ganz gleich.
Give me a part of the wing.	Geben Sie mir ein kleines Stückchen vom Flügel.
And you, Sir, what will you take?	Und Sie, mein Herr, was wünschen Sie?
Give me half of the back. I will squeeze a little lemon-juice on it. Give me some wine and some bread.	Geben Sie mir die Hälfte vom Hintertheile. Ich will etwas Citronensaft darauf träufeln. Geben Sie mir etwas Wein und etwas Brod.
Take some salad; it is very good, and the oil is excellent.	Nehmen Sie etwas Salat; er ist sehr gut, und das Oel ist vortrefflich.
No, thank you, I never eat it. I would rather have the half of a pigeon.	Ich danke Ihnen; ich esse nie davon. Geben Sie mir lieber eine halbe Taube.
I will give you a whole one, hold your plate; you can eat it all.	Ich werde Ihnen eine ganze geben; reichen Sie mir Ihren Teller; Sie werden sie schon verzehren.
What will you eat, Sir?	Was essen Sie, Herr N.?
You are very kind, nothing at present.	Sie sind sehr gütig; für den Augenblick danke ich für Alles.
John, snuff the candles, and give me the oil. What is that you are bringing?	Johann, putzen Sie die Lichter, und geben Sie mir das Oel. Was bringen Sie da?
A pike, which was swimming in the river five hours ago.	Einen Hecht, der vor fünf Stunden noch im Flusse schwamm.
It is not badly dressed.	Er ist nicht übel zubereitet.
It is very fresh.	Er ist ganz frisch.
You like fish, Sir?	Lieben Sie Fisch, Herr N.?
Yes, very much.	Ja wohl, sehr.

Le souper.	La cena.
Madame, aimez-vous mieux l'aile ou la cuisse?	Signora, le piace più l'ala o la coscia?
Cela m'est égal.	Per me è lo stesso.
Donnez-moi un petit morceau de l'aile.	Mi dia un tantino dell' ala.
Et vous, monsieur, que souhaitez-vous?	Ed ella, signore, che brama?
Donnez-moi la moitié du croupion. Je l'arroserai avec un peu de jus de citron. Donnez-moi à boire et du pain.	Favorisca di darmi la metà del groppone. Lo bagnerò con sugo di limone. Datemi da bere e del pane.
Monsieur, prenez de la salade; elle est bien bonne, et l'huile est excellente.	Signore, pigli dell' insalata; è molto buona, e l'olio è delicato.
Non, madame, je vous remercie; je n'en mange jamais. Donnez-moi plutôt la moitié d'un pigeon.	No, signora, la ringrazio; non ne mangio mai. Mi dia piuttosto la metà d'un piccione.
Je vous en donnerai un entier; tendez votre assiette; vous le mangerez bien.	Gliene darò un intero; porga il tondo; ella lo mangerà bene.
Monsieur, que mangerez-vous?	Signore, che cosa vuol mangiare?
Vous êtes bien bonne, madame; rien pour le moment.	Ella è molto cortese, signora; niente per adesso.
Jean, mouchez les chandelles, et donnez-moi l'huilier. Qu'est-ce que vous apportez?	Giovanni, smoccolate le candele, e date quà l'utello. Che cosa portate?
Un brochet qui nageait encore dans la rivière il y a cinq heures.	Un luccio, che guizzava cinque ore fa nel fiume.
Il n'est pas mal assaisonné.	Non è mal condito.
Il est bien frais.	Egli è molto fresco.
Monsieur, vous aimez le poisson?	Signore, le piace il pesce?
Oui, madame, beaucoup	Sì, signora, moltissimo.

Supper.	Das Abendessen.
Allow me to have the honour of helping you.	Erlauben Sie, dass ich mir die Ehre gebe, Ihnen vorzulegen.
And you, Mr. N., will you taste it?	Und Sie, Herr N., wollen Sie auch davon versuchen?
No, I thank you; I have eaten enough; I have no more appetite.	Nein, ich danke, ich habe genug gegessen; ich habe keinen Hunger mehr.
Will nobody eat anything more?	Befiehlt Niemand mehr zu essen?
Take away, and give us the dessert.	Nehmen Sie ab, und geben Sie uns das Dessert.
What! grapes already? They cannot be ripe. They are quite green.	Wie! schon Trauben? Sie können noch nicht reif sein. Sie sind noch ganz grün.
Mrs. N., taste this apricot-jam; it is very good.	Versuchen Sie diese eingemachten Aprikosen, Frau N., sie sind sehr gut.
No; I will eat a peach, if they are ripe.	Nein; ich werde eine Pfirsiche essen, wenn sie reif sind.
They are excellent; they are sweet and juicy.	Sie sind ausgezeichnet; sie sind weich und saftig.
Will you have nothing more, gentlemen?	Befehlen Sie nichts mehr, meine Herren?
Have you made a good supper?	Haben Sie gut zu Nacht gegessen?
Yes, yes; we are perfectly satisfied.	Ja, ja; wir sind vollkommen befriedigt.
You came rather late, gentlemen. I beg you to excuse me; if I had had a little more time, I should have served you better.	Sie sind etwas spät gekommen, meine Herren. Ich bitte Sie, mich zu entschuldigen; wenn ich etwas mehr Zeit gehabt hätte, würde ich Sie besser bedient haben.
You have served us very well.	Sie haben uns sehr gut bedient.
Gentlemen, I wish you a very good night.	Meine Herren, ich wünsche Ihnen eine gute Nacht.
Good night, landlord.	Gute Nacht, Herr Wirth.

Le souper.	La cena.
Permettez que j'aie l'honneur de vous servir.	Permetta che abbia l'onore di servirla.
Et vous, monsieur, en voulez-vous goûter?	Ed ella, signore, ne vuol gustare?
Je vous remercie; j'ai mangé suffisamment; je n'ai plus faim.	No, mille grazie; ho mangiato abbastanza; non ho più fame.
Personne ne mange plus?	Nessuno mangia più?
Desservez, et donnez-nous le dessert.	Levate i piatti, e dateci le frutta.
Comment! déjà du raisin? Il ne doit pas être mûr. Il est encore tout vert.	Come! già dell' uva? Non dev' essere matura. È ancora verde.
Goûtez, madame, de cette marmelade d'abricots; elle est très bonne.	Gusti, signora, di queste conserve d'albicocche; sono buonissime.
Non; je mangerai une pêche, si elles sont mûres.	No; mangerò una pesca, se sono mature.
Elles sont exquises; elles sont douces et juteuses.	Sono squisite; sono dolci, ed hanno molto sugo.
Ne voulez-vous plus rien, messieurs?	Non comandano più niente, signori?
Avez-vous bien soupé?	Hanno cenato bene?
Oui, oui; nous sommes pleinement satisfaits.	Sì, sì; siamo pienamente soddisfatti.
Vous êtes arrivés un peu tard, messieurs. Je vous prie de m'excuser; si j'avais eu un peu plus de temps, je vous aurais mieux servi.	Essi sono arrivati un poco tardi. Compatiranno, se la scarsità del tempo non mi ha permesso di servirle meglio.
Vous nous avez très bien servi.	Ci avete servito benissimo.
Messieurs, je vous souhaite une bonne nuit.	Felicissima notte a loro signori.
Bon soir, monsieur notre hôte.	Buona sera, signor oste.

Let us play a game at piquet, that we may not go to bed with a full stomach.	Lassen Sie uns eine Partie Piquet machen, um nicht mit vollem Magen zu Bette zu gehen.
Waiter, bring cards.	Kellner, bringen Sie Karten.
For my part, I shall go to bed. I wish you much pleasure.	Was mich betrifft, so werde ich zu Bette gehen. Ich wünsche viel Vergnügen.
I wish you good night. I hope you will sleep well.	Ich wünsche Ihnen gute Nacht. Ich hoffe, Sie werden gut schlafen.
We shall see you again to-morrow before we set off.	Wir werden Sie morgen früh vor der Abreise wieder sehen.

The master, before getting up.	**Der Herr vor dem Aufstehen.**
(see p. 180.)	(siehe S. 180.)
Peter, what o'clock is it?	Peter, wie viel Uhr ist es?
It is past eight, Sir.	Es ist acht vorbei, Herr.
What! eight? why do you come to my room so late?	Wie! acht? Warum kommen Sie so spät in mein Zimmer?
You told me last night not to come before nine.	Sie sagten mir gestern Abend, ich solle nicht vor neun Uhr kommen.
Yes, it is true; now I recollect. It was very late when I went to bed.	Ja, das ist wahr, jetzt erinnere ich mich. Es war sehr spät, als ich zu Bette ging.
Will you get up now, Sir?	Wollen Sie jetzt aufstehen, Herr?
Yes; draw back the curtains, make a fire, and warm some water for me to wash with.	Ja, ziehen Sie die Vorhänge zurück, machen Sie Feuer und wärmen Sie Wasser zum Waschen.
Will you shave to-day, Sir?	Wollen Sie sich heute rasiren, Herr?
No, I shaved yesterday, and	Nein, ich habe mich gestern

Le maître avant de se lever.	Il padrone prima di levarsi.
Jouons une partie de piquet, pour ne pas nous coucher l'estomac plein.	Giuochiamo una partita di picchetto, per non metterci in letto collo stomaco pieno.
Garçon, donnez-nous un jeu de cartes.	Cameriere, portateci un mazzo di carte.
Pour moi, je vais me coucher. Je vous souhaite bien du plaisir.	Io per me, me ne vo a dormire. Stiano allegri.
Je vous souhaite une bonne nuit. Reposez-vous bien.	Vi auguro una buona notte. Riposate bene.
Nous vous reverrons demain avant de partir.	Ci vedremo dimani prima di partire.

Le maître avant de se lever.	Il padrone prima di levarsi.
(voyez p. 181.)	(vedi p. 181.)
Pierre, quelle heure est-il?	Pietro, che ora è?
Monsieur, il est huit heures passé.	Sono le otto passate, Signore.
Comment, huit heures! pourquoi entrez-vous si tard dans ma chambre?	Come, le otto! perchè siete entrato così tardi nella mia stanza?
Vous m'avez dit, hier au soir, de ne pas entrer avant neuf heures.	Ella mi disse, jeri sera, di non entrare prima delle nove.
Oui, c'est vrai, à présent je m'en souviens. Il était bien tard quand je me suis couché.	Sì, è vero; ora mene ricordo. Quando mi sono coricato, era molto tardi.
Monsieur, allez-vous vous lever à présent?	Signore, vuol' ella levarsi adesso?
Oui; tirez les rideaux, faites du feu, et faites chauffer de l'eau pour me laver.	Sì; tirate le cortine, fate del fuoco e fate scaldare dell' acqua da lavarmi.
Monsieur se fait-il la barbe aujourd'hui?	Si fa la barba oggi?
Non; je me suis rasé hier,	No, mela sono fatta jeri, e

The master, before getting up.	Der Herr vor dem Aufstehen.
shall not shave again till to-morrow. You know I generally shave only every other day.	rasirt, und werde mich morgen erst wieder rasiren. Sie wissen, dass ich mich gewöhnlich einen Tag um den andern rasire.
What coat will you put on to-day?	Welchen Rock wollen Sie heute anziehen?
The one I had on the day before yesterday; but you must brush it well.	Den, welchen ich vorgestern anhatte; Sie müssen ihn ordentlich ausbürsten.
Will you have boots or shoes?	Wollen Sie Stiefel oder Schuhe?
What kind of weather is it?	Wie ist das Wetter?
Bad weather, Sir; it rains.	Es ist schlechtes Wetter, Herr; es regnet.
Then give me my boots, as the streets must be dirty.	Dann geben Sie mir meine Stiefel, da die Strassen schmutzig sein werden.
Will you have your dressing gown?	Wollen Sie Ihren Schlafrock?
Yes, give it me, and my drawers and stockings.	Ja, geben Sie ihn her, und auch meine Unterhosen und Strümpfe.
What stockings would you like? silk or cotton?	Was für Strümpfe befehlen Sie? seidene oder baumwollene?
You must give me cotton-stockings to wear with my boots, and kerseymere trowsers.	Sie müssen mir baumwollene Strümpfe geben, um sie in den Stiefeln zu tragen, und Kasimirhosen.
Will you have a clean shirt?	Wollen Sie ein reines Hemd?
Certainly, and a clean neck-cloth too.	Gewiss, und auch ein reines Halstuch.
Where are my slippers?	Wo sind meine Pantoffeln?
They are near your bed.	Sie stehen bei ihrem Bette.
Now I think of it, did you take the letter I gave you to Mrs. N. yesterday evening?	Da fällt mir ein: haben Sie den Brief, den ich Ihnen gestern Abend gab, zu Frau N. gebracht?

Le maître avant de se lever.	Il padrone prima di levarsi.
et je ne me raserai que demain. Vous savez que je ne me rase ordinairement que tous les deux jours.	non mela farò che dimani. Sapete che solitamente non mi fo la barba se non un giorno sì e l'altro no.
Quel habit mettrez-vous aujourd'hui?	Che abito metterà oggi?
Celui que j'avais avant-hier; mais il faut bien le brosser.	Quello che aveva jeri l'altro; ma bisogna spazzolarlo bene.
Mettrez-vous des bottes ou des souliers?	Si mette gli stivali o le scarpe?
Quel temps fait-il?	Che tempo fa?
Il fait mauvais temps, monsieur; il pleut.	Fa cattivo tempo, signore; piove.
Alors donnez-moi mes bottes; les rues doivent être sales.	Allora datemi gli stivali, perchè saranno sporche le strade.
Voulez-vous votre robe de chambre?	Vuole la veste da camera?
Oui, donnez-la moi, et donnez-moi aussi mes caleçons et mes bas.	Sì, datemela, e datemi ancora le mutande, e le calze.
Quels bas souhaitez-vous? voulez-vous des bas de soie ou des bas de coton?	Che calze desidera avere? vuole delle calzette di seta oppure delle calze di cotone?
Donnez-moi des bas de coton pour mettre dans mes bottes, et un pantalon de casimir.	Mi darete delle calze di bambagia per mettere cogli stivali, ed un pajo di pantaloni di casimiro.
Voulez-vous une chemise blanche?	Vuol' ella una camicia di bucato?
Oui, sans doute; et vous me donnerez aussi une cravate blanche.	Sì, certo; e mi darete anche una cravatta netta.
Où sont mes pantoufles?	Dove sono le mie pianelle?
Elles sont près de votre lit.	Sono vicine al letto.
A propos! avez-vous porté à madame N. la lettre que je vous ai donnée hier au soir?	Ora che mi ricordo! avete portato alla signora N. quella lettera che vi diedi jeri sera?

With a washerwoman.	Mit einer Wäscherin.
Yes, Sir.	Ja wohl.
To whom did you give it?	Wem gaben Sie ihn?
To her maid, who told me to come for an answer before twelve.	Ihrer Kammerjungfer, die mir sagte, ich möge vor zwölf die Antwort abholen.
Very good.	Das ist ganz gut.
Has the washerwoman brought my linen?	Hat die Wäscherin meine Wäsche gebracht?
No, Sir, not yet; but she will bring it to-day.	Nein, Herr, noch nicht, sie wird sie aber heute bringen.

With a washerwoman.	Mit einer Wäscherin.
Washing-Bill	*Waschzettel.*
Shirts.	Mannshemden.
Shifts.	Frauenhemden.
Night-shirts or shifts.	Nachthemden.
Collars.	Kragen.
Cravats.	Halsbinden.
Waistcoats.	Westen.
Flannel-waistcoats.	Flanell-Unterwesten.
Stockings.	Strümpfe.
Silk stockings.	Seidene Strümpfe.
Socks.	Socken.
Pockethandkerchiefs.	Taschentücher.
Silk-pockethandkerchiefs.	Seidene Schnupftücher
Drawers.	Unterhosen.
Trowsers.	Hosen.
Dressing gown.	Morgenrock.
Gloves.	Handschuhe.
Caps.	Hauben.
Night-caps.	Nachtmützen.
Gown.	Rock.
Petticoat.	Unterrock.
Flannel-petticoats.	Wollene Unterröcke.
Towels.	Handtücher.
Cuffs.	Manschetten.

Pour parler à la blanchisseuse.	Per parlare colla lavandaja.
Oui, monsieur.	Sì, signore.
A qui l'avez-vous remise?	A chi l'avete consegnata?
A sa femme de chambre qui m'a dit de venir chercher la réponse avant midi.	Alla di lei cameriera, la quale mi ha detto di andare per la risposta prima di mezzo giorno.
C'est très bien.	Non occorr' altro.
La blanchisseuse a-t-elle apporté mon linge?	Ha portato la lavandaja la mia biancheria?
Non, monsieur, pas encore; mais elle doit l'apporter aujourd'hui.	No, signore, non ancora; ella deve portarla oggi.

Pour parler à la blanchisseusé.	Per parlare colla lavandaja.
Note de linge à blanchir.	*Nota de' pannilini da imbianchire.*
Chemises d'homme.	Camicie da uomo.
Chemises de femme.	Camicie da donna.
Chemises de nuit.	Camicie da notte.
Cols.	Collari, collarini.
Cravates.	Cravatte.
Gilets.	Camiciole, corpetti.
Gilets de flanelle.	Sottocorpetti di flanella.
Bas.	Calzette.
Bas de soie.	Calzette di seta.
Chaussettes.	Scappini.
Mouchoirs de poche.	Fazzoletti da naso.
Foulards.	Fazzoletti da naso di seta.
Caleçons.	Mutande.
Pantalons.	Pantaloni.
Peignoir.	Accapatojo.
Gants.	Guanti.
Bonnets.	Berrette.
Bonnets de nuit.	Berrette da notte.
Robe	Gonnella.
Jupon.	Sottana, sottoveste
Jupons de laine.	Sottane di lana.
Essuie-mains.	Asciugamani.
Manchettes.	Manichini.

With a washerwoman.	Mit einer Wäscherin.
Sleeves.	Aermel.
Clothes-bag.	Reisesack.
Stays.	Schnürleiber.
Shawl.	Shawl.
Aprons.	Schürzen.
Veil.	Schleier.
Laces.	Spitzen.

Are you the laundress of the house?	Sind Sie die Wäscherin des Hauses?
Please to return this linen on Thursday evening without fail at 7 o'clock punctually, as I start immediately after.	Bringen Sie mir diese Wäsche jedenfalls am Donnerstag Abend um 7 Uhr pünktlich zurück, weil ich gleich darauf abreise.
Shall I count the things over to you?	Soll ich Ihnen die Wäsche vorzählen?
You must also get my stockings mended.	Sie müssen auch meine Strümpfe stopfen.
Well, you have come at last! You were to have brought me my linen three days ago.	So, da kommen Sie endlich! Sie hätten mir meine Wäsche schon vor drei Tagen bringen sollen.
You are never punctual, and have always very bad excuses to give. Let me see if my linen is white.	Sie sind nie pünktlich und haben stets sehr schlechte Entschuldigungen. Lassen Sie mich sehen, ob meine Wäsche weiss ist.
Look at it, it is very white, and well ironed.	Betrachten Sie sie, sie ist sehr weiss und gut gebügelt.
No; the shirts are too blue, and are not well enough ironed. They should be as white as snow, and the plaits much finer.	Nein; die Hemden sind zu blau und nicht gut genug gebügelt. Sie sollten so weiss wie Schnee sein, und viel zierlicher gefältelt.
I beg you not to boil my linen too much, and especially not to leave it too	Ich bitte Sie, meine Wäsche nicht zu sehr zu brühen, und besonders sie nicht

Pour parler à la blanchisseuse.	Per parlare colla lavandaja.
Manches.	Manichi.
Sac de nuit.	Sacco per abiti.
Corsets.	Busti.
Châle.	Sciallo.
Tabliers.	Grembiali.
Voile.	Velo.
Dentelles.	Merletti.

Etes-vous la blanchisseuse de la maison?	Siete voi la lavandaja di casa?
Rapportez-moi ce linge en tout cas pour jeudi soir à 7 heures précises, parce que je pars aussitôt après.	Siate puntuale nel riportarmi la biancheria giovedì sera alle ore 7, poichè parto subito dopo.
Faut-il vous le compter?	Debbo contarvi la biancheria?
Il faudra aussi raccommoder mes bas.	Bisognerà anche racconciarmi le calzette.
Voilà enfin que vous arrivez! Vous deviez m'apporter mon linge il y a trois jours.	Finalmente siete venuta! Dovevate recarmi la mia biancheria tre giorni fa.
Vous n'êtes jamais exacte; et vous avez toujours de très mauvaises excuses. Voyons, si mon linge est blanc.	Voi non siete mai puntuale e sempre allegate delle pessime scuse. Vediamo, se sono bianchi i miei pannilini.
Voyez, monsieur, votre linge est très blanc et bien repassé.	Osservi, signore, tutta la sua biancheria è bianchissima, e bene stirata.
Non; mes chemises sont trop bleues, et elles ne sont pas assez bien repassées. Je les veux d'un blanc de neige, et plus soigneusement plissées.	No; le camice sono troppo turchine, e non sono stirate bene abbastanza. Voglio che sieno (bianche) come la neve, e le pieghe più minute.
Je vous prie de ne pas faire trop bouillir mon linge, surtout de ne pas le lais-	Vi prego di non far bollire lungamente i miei pannilini, principalmente di non

The shoemaker.	Der Schuhmacher.
long wet, before it is ironed, as that ruins it; and to be more punctual in bringing it home.	zu lange feucht stehen zu lassen, bevor sie gebügelt wird, denn das verdirbt sie; dann aber wollen Sie auch pünktlicher in der Ablieferung sein.
I will do all I can, Sir, to make you satisfied with me. Do you give out your dirty linen to-day?	Ich werde thun, was ich kann, um Sie zufrieden zu stellen. Geben Sie heute Ihre schmutzige Wäsche heraus?
No, come and fetch it to-morrow, and at the same time bring your bill, and I will pay it.	Nein, kommen Sie morgen und suchen Sie sie aus, und bringen Sie zugleich Ihre Rechnung mit; ich werde sie bezahlen.

The shoemaker. / Der Schuhmacher.

See who is there; I think somebody is knocking.	Sehen Sie, wer da ist; ich glaube, es klopft Jemand.
It is your shoemaker.	Es ist Ihr Schuhmacher.
Let him come in.	Lassen Sie ihn hereinkommen.
Sir, I am come to receive your orders.	Mein Herr, ich bin gekommen, Ihre Befehle zu holen.
I have neither shoes, nor boots left. You must take my measure, for the last boots you made me were too tight and hurt me.	Ich habe weder Schuhe noch Stiefel mehr. Sie müssen mir Maass nehmen, denn die letzten Stiefel, die Sie mir gemacht haben, waren zu eng und drückten mich.
Very well, Sir, I shall make them easier.	Sehr wohl, mein Herr, ich werde sie weiter machen.
You must take my measure, and make me four pair of pumps, and two pair	Nehmen Sie mir Maass und machen Sie mir vier Paar Tanzschuhe und zwei Paar

ser trop long-temps mouillé avant de le repasser, parce que cela l'abime; et puis d'être plus exacte à me le rapporter.	lasciarli troppo a lungo bagnati, prima di stirarli, perchè si guastano; e di essere più puntuale a portarmeli.
Je ferai, monsieur, tous mes efforts pour que vous soyez content de moi. Donnez-vous votre linge sale aujourd'hui?	Farò ogni sforza affinchè vossignoria sia contenta di me. Vuol' ella darmi oggi i panni sporchi?
Non, venez le chercher demain, vous apporterez en même-temps votre mémoire, et je vous paierai.	No, verrete a prenderli dimani, recherete con voi il conto, e vi pagherò.

Le cordonnier.	Il calzolajo.
Voyez qui est-là; il me semble qu'on frappe.	Vedete chi è; mi pare che picchiano.
Monsieur, c'est votre cordonnier.	Signore, è il suo calzolajo.
Faites-le entrer.	Fatelo entrare.
Monsieur, je viens recevoir vos ordres.	Signore, sono venuto per ricevere i suoi comandi.
Je n'ai plus de souliers ni de bottes. Il faut me prendre mesure, parce que les dernières bottes que vous m'avez faites étaient trop étroites, et me blessaient.	Non ho più nè scarpe, nè stivali. Bisogna che mi prendiate la misura, perchè gli ultimi stivali, che mi avete fatti, erano troppo stretti, e mi facevano male.
Bien volontiers, monsieur; je les ferai un peu plus larges.	Molto volentieri, signore; li farò un poco più larghi.
Vous allez me prendre mesure, et vous me ferez quatre paires d'escarpins,	Prendetemi la misura, e mi farete quattro paja di scarpini, e due paja di scarpe.

The Shoemaker	Der Schuhmacher.
of shoes. I wish the sole of the shoes to be rather thick, the upper-leather fine and of good quality, and take care the seam does not show.	andere Schuhe. Ich wünsche die Sohlen der letzteren etwas dick, das Oberleder fein und von guter Qualität; tragen Sie auch Sorge, dass man die Naht nicht sieht.
Do you wish the pumps to be pointed?	Wünschen Sie die Tanzschuhe spitz?
On the contrary, both pumps and shoes must be square.	Im Gegentheile, sowohl die Tanz- als die andern Schuhe müssen stumpf sein.
And how do you wish the boots to be made?	Und wie wollen Sie die Stiefel gemacht haben?
In the fashion, not with high heels.	Nach der Mode, nicht mit hohen Absätzen.
The last time I took your measure, you told me you wished me to make you a pair of half-boots.	Als ich Ihnen zuletzt das Maass nahm, sagten Sie mir, Sie wünschten ein Paar Halbstiefel.
It is true; I had quite forgotten it. You may make me two pair of half-boots to wear with my pantaloons; but take care they are not too tight upon the instep; let the boots especially be rather easy in that part.	Das ist wahr, ich hatte es ganz vergessen. Machen Sie mir zwei Paar Halbstiefel, um sie zu meinen Pantalons zu tragen; aber sorgen Sie dafür, dass sie nicht zu eng auf dem Fusse sind; halten Sie sie lieber etwas weit an dieser Stelle.
If you wish your boots to fit exactly and not to hurt you, you should have a last of your own:	Wenn Sie wünschen, dass Ihre Stiefel genau passen und nicht drücken, so sollten Sie sich ein Stiefelholz anschaffen.
My boots and shoes must be neither wide nor tight, neither too long nor too short. I wish them to be	Meine Stiefel und Schuhe müssen weder weit noch enge, weder zu lang noch zu kurz sein. Ich wünsche,

et deux paires de souliers. Je veux que la semelle des souliers soit un peu épaisse, l'empeigne fine et de bonne qualité, et que l'on n'aperçoive pas la trépointe.	Voglio che la suola delle scarpe sia un poco grossa, il tomajo sottile, e di buona qualità, e che non si veda la contina.
Désirez-vous que les escarpins soient pointus?	Li vuole appuntati gli scarpini?
Au contraire, je veux que les escarpins, aussi bien que les souliers, soient carrés.	Anzi voglio che gli scarpini, come pure le scarpe, sieno spuntati.
Et les bottes, comment monsieur les désire-t-il?	E gli stivali, come li desidera, signore?
A la mode, les talons bas.	Alla moda, non coi tacchi alti.
La dernière fois que je vous ai pris mesure, vous m'avez dit que vous désiriez une paire de bottines.	L'ultima volta quando le presi misura, ella mi disse che bramava, che le facessi un pajo di stivaletti.
Oui, c'est vrai; je l'avais oublié. Vous me ferez deux paires de bottines, pour porter avec mes pantalons; mais ayez soin qu'elles ne soient pas étroites sur le coude-pied, surtout les bottes; je les veux un peu aisées à cet endroit.	Sì, è vero; l'aveva dimenticato. Mi farete due paja di stivaletti per portare coi pantaloni; ma abbiate cura che non sieno troppo stretti sul collo del piede, principalmente gli stivali, li voglio un poco larghi in quella parte.
Si vous voulez être bien chaussé, monsieur, et que la chaussure ne vous blesse pas, il faut que vous ayez un embouchoir.	S'ella vuol' essere calzata bene, e che non le faccia male la calzatura, è necessario ch'ella abbia una forma.
Je veux que mes chaussures soient ni trop larges, ni trop étroites, ni trop longues, ni trop courtes. Je	Voglio che i miei calzamenti sieno nè troppo larghi, nè troppo stretti, nè troppo lunghi, nè troppo corti

quite easy, so that I may not get corns.	dass sie mir ganz bequem sitzen, damit ich keine Hühneraugen bekomme.
I shall serve you, Sir, as you wish, and hope you will be satisfied.	Ich werde Sie nach Wunsch bedienen, mein Herr, und hoffe, Sie werden mit mir zufrieden sein.

The tailor.	**Der Schneider.**
Who is knocking?	Wer klopft?
See who it is. Open the door.	Sehen Sie, wer da ist. Oeffnen Sie die Thür.
It is your tailor.	Es ist Ihr Schneider.
Let him in.	Lassen Sie ihn herein kommen.
Good morning to you; you have kept me waiting long enough.	Guten Morgen; Sie haben lange auf sich warten lassen.
I beg a thousand pardons; but your clothes were not finished.	Ich bitte tausendmal um Verzeihung; aber ihre Kleidungsstücke waren noch nicht fertig.
Well: I will first try on my nankeen pantaloons, and afterwards my trowsers and coat. But where are my waistcoats?	Lassen Sie sehen: ich will zuerst meine Nankinghosen anprobiren, dann meine anderen Hosen und meinen Rock. Aber wo sind meine Westen?
They are not yet finished. You shall have them to-morrow without fail.	Sie sind noch nicht fertig. Morgen werden Sie sie aber unfehlbar bekommen.
These pantaloons are too tight and too short.	Diese Hosen sind zu eng und zu kurz.
They are not worn now so wide and so long, as they were a fortnight ago.	Sie werden jetzt nicht mehr so weit und lang getragen, wie vor vierzehn Tagen.
Is the fashion changed already?	Die Mode hat also schon gewechselt?

Le tailleur.	Il sarto.
veux être chaussé à mon aise, pour ne pas avoir de cors.	Voglio essere calzato comodamente. Non voglio calli.
Je vous servirai comme vous le désirez, monsieur, et j'espère que vous serez content.	La servirò come comanda, signore, e spero che ella sarà contenta.

Le tailleur.	**Il sarto.**
Qui est-là?	Chi è là?
Voyez qui c'est. Ouvrez la porte.	Vedete chi è. Aprite la porta.
C'est votre tailleur.	È il sarto.
Faites-le entrer.	Fatelo entrare.
Bon jour, vous vous êtes fait bien attendre.	Buon giorno, vi siete fatto molto aspettare.
Je vous demande mille pardons; mais vos habits n'étaient pas finis.	Le chiedo mille perdoni; ma non erano forniti i suoi vestiti.
Voyons: je vais d'abord essayer mon pantalon de nankin; après j'essayerai mon autre pantalon et mon habit. Et mes gilets, où sont-ils?	Vediamo: voglio provare prima di tutto i pantaloni di nanchina, poi proverò gli altri pantaloni ed il vestito. Dove sono i miei farsetti?
Ils ne sont pas encore achevés. Vous les aurez demain sans faute.	Non sono terminati ancora. Glieli porterò dimani senza fallo.
Ce pantalon est trop étroit et trop court.	Questi pantaloni sono troppo stretti e troppo corti.
On ne les porte plus ni si larges ni si longs comme il y a quinze jours.	Non si portano più, signore, nè così larghi, nè così lunghi, come si portavano quindici giorni fa.
Est-ce que la mode en est déjà changée?	Come! è già cambiata la moda?

The tailor.	Der Schneider.
It changes every week, Sir.	Ja, mein Herr, sie wechselt jede Woche.
Let me now try on the trowsers and the coat.	Lassen Sie mich jetzt die Hosen und den Rock anprobiren.
Your coat is fashionable, both for the material and the colour, and it is very well made.	Ihr Rock ist geschmackvoll, sowohl das Zeug, als die Farbe, und er ist sehr gut gemacht.
Whe shall see. Look, it does not fit at the waist; the lining does not lie smooth, the sleeves are too tight and the pocket-hole is not wide enough.	Das wird sich zeigen. Sehen Sie, er schliesst nicht in der Taille; das Futter ist nicht genug angezogen; die Aermel sind zu eng, und der Taschenschlitz ist nicht gross genug.
Those are slight defects, which can be easily remedied. But the trowsers fit you very well.	Das sind Kleinigkeiten, die leicht geändert werden können. Aber die Hosen sitzen Ihnen sehr gut.
On the contrary, they fit very badly. They are not high enough round the waist: they are tight between the legs, and too wide at the knees.	Im Gegentheile, sie sitzen schlecht. Sie gehen nicht hoch genug hinauf; sie sind zu eng zwischen den Beinen und an den Knien zu weit.
I can remedy that, Sir; I will take them away with me, and bring you back everything to-morrow with your waistcoats.	Dem kann leicht abgeholfen werden, mein Herr; ich werde sie wieder mitnehmen, und Morgen Alles mit Ihren Westen zurückbringen.
Very well; but mind you do not fail. At the same time you may bring me your bill.	Ganz wohl; halten Sie aber Wort. Bringen Sie mir zugleich auch die Rechnung mit.

Le tailleur.	Il sarto.
Monsieur, elle change toutes les semaines.	Signore, ella cambia tutte le settimane.
Essayons maintenant le pantalon et l'habit.	Ora proviamo i pantaloni ed il vestito.
Votre habit est de bon goût, autant pour l'étoffe que pour la couleur, et il est très bien fait.	Il suo abito è di buon gusto, tanto per la stoffa quanto pel colore, ed è fatto a maraviglia bene.
Nous verrons. Mais voyez, il n'est pas juste à la taille; la doublure n'est pas assez tendue, les manches sont trop étroites, et l'ouverture des poches n'est pas assez large.	Ora lo vedremo. Osservate, non è giusto alla vita; la fodera non è ben tirata; le maniche sono troppo strette, e le tasche non sono larghe abbastanza nell' entrata.
Ce sont des bagatelles faciles à corriger. Mais le pantalon vous va très bien.	Questi piccoli difetti si possono correggere facilmente. Ma i pantaloni le stanno benissimo.
Au contraire, il me va bien mal. Il n'est pas assez haut de la ceinture; il est étroit entre les jambes, et trop large sur le genou.	Anzi, mi vanno malamente. La cintura non è alta abbastanza; sono stretti di cavallo, e troppo larghi sul ginocchio.
Je puis y remédier facilement, monsieur; je m'en vais les emporter, et je vous rapporterai le tout demain avec vos gilets.	Posso rimediarci facilmente, Signore; li porterò a casa, e le recherò ogni cosa dimani insieme coi farsetti.
C'est bon; mais n'y manquez pas. Vous m'apporterez en même temps le mémoire.	Benissimo; ma non mancate Al tempo stesso mi recherete il conto.

With a woollen-draper.	Mit einem Tuchhändler.
(see p. 200.)	(siehe S. 200.)
I want a coat.	Ich habe einen Rock nöthig.
Of what material will you have it made, Sir?	Von welchem Stoffe wollen Sie ihn, mein Herr?
Of cloth; but I must have a cloth of good quality and durable colour.	Von Tuch: ich muss aber ein Tuch von guter Qualität und einer dauerhaften Farbe haben.
I have German, French, and Belgian cloths of all colours.	Ich habe deutsches, französisches und belgisches Tuch von allen Farben.
Let me see a fine cloth.	Zeigen Sie mir ein feines Tuch.
What colour do you wish? Shall I show you a mixed colour?	Von welcher Farbe wünschen Sie es? Soll ich Ihnen melirtes Tuch zeigen?
No; I prefer blue; it is always fashionable.	Nein, ich ziehe blaues vor; es ist stets modisch.
Here are two pieces; they are both dyed in the wool. I will spread them out.	Hier sind zwei Stücke; sie sind beide in der Wolle gefärbt. Ich will sie Ihnen beide auflegen.
This cloth does not seem to me soft and substantial enough: it is not well finished.	Dieses Tuch scheint mir weder zart noch kernhaft genug; es ist nicht gut geschoren.
You are mistaken, Sir. But look at this other piece, perhaps it will suit you better.	Sie irren sich, mein Herr. Betrachten Sie indess dieses Stück, vielleicht steht es Ihnen mehr an.
It is a superfine cloth, very smooth, and of a very durable colour. Look at the selvage of this cloth.	Es ist ein sehr feines Tuch, sehr zart und von einer dauerhaften Farbe. Betrachten Sie das Sahlband.
How much an ell is it?	Was kostet die Elle?

Chez un marchand de drap.	**Da un mercante di panno.**
(voyez p. 201.)	(vedi p. 201.)
Monsieur, j'ai besoin de me faire faire un habit.	Signore, vorrei farmi fare un vestito.
De quelle étoffe le voulez-vous, monsieur?	Di che robba lo vuole, Signore?
De drap; mais je veux un drap de bonne qualité, et d'une couleur solide.	Di panno; ma voglio un panno di buona qualità, e di colore stabile.
J'ai des draps d'Allemagne, de France et de Belgique de toutes les couleurs.	Io ho de' panni d'Allemagna, di Francia, di Belgica, di ogni colore.
Faites-moi voir un drap fin.	Fatemi vedere un panno fino.
Quelle couleur souhaitez-vous? Voulez-vous que je vous fasse voir une couleur mélangée?	Che colore comanda? Vuol' ella che le faccia vedere un colore mischio?
Non; j'aime mieux le bleu, il est toujours à la mode.	No; preferisco il colore turchino; è sempre alla moda.
En voici deux pièces: elles sont toutes les deux teintes en laine. Je vais vous les déployer toutes les deux.	Eccone due pezze; sono tutte le due tinte in lana. Le spiegherò ambedue.
Ce drap ne me semble ni assez doux ni assez solide: il n'est pas bien tondu.	Questo panno non mi pare ne abbastanza morbido ne abbastanza pastoso: non è cimato bene.
C'est une erreur, monsieur. Mais voyez cette autre pièce, peut-être vous conviendra-t-elle davantage.	Ella s'inganna, signor mio. Ma veda quell' altra pezza; forse sarà più di suo genio.
C'est un drap superfin, bien tondu, et la couleur en est très-solide Voyez la lisière de ce drap	È un panno sopraffino, ben cimato, di colore inalterabile. Guardi la cimosa di questo panno.
Combien le vendez-vous l'aune?	Quanto lo vendete l'auna?

With a woollen-draper.	Mit einem Tuchhändler.
Thirty francs.	Dreissig Franken.
That is a dreadful price; it is exorbitant.	Sie erschrecken mich; das ist ja ein übermässiger Preis.
Sir, it is the lowest price. Believe me, I never overcharge; my profits are regular.	Es ist der äusserste Preis, mein Herr. Sein Sie überzeugt, dass wir nie aufschlagen; unser Gewinn ist fest bestimmt.
Give me an ell and three quarters; that will be enough to make me a coat.	Geben Sie mir zwei Ellen weniger ein Viertel; das wird zu einem Rocke für mich hinreichen.
Here it is, Sir. Shall I have it shrunk (steamed, hot-pressed) for you?	Hier sind sie, mein Herr. Soll ich Ihr Tuch dekatiren lassen?
Yes, do so.	Ja, thun Sie das.
Is there any thing else that you want?	Bedürfen Sie sonst noch etwas?
Not at present. I shall come again in two or three days; for I want a pair of trowsers, and four waistcoats.	Für den Augenblick nichts. Ich werde in zwei oder drei Tagen wiederkommen; denn ich brauche ein Paar Hosen, und vier Westen.
Do you not want some calico to line the back and sleeves of your coat, and for the pockets?	Brauchen Sie kein Futterleinen für den Rücken, die Aermel und die Taschen an Ihrem Rocke?
The tailor will take whatever is necessary, when he comes for the cloth. By the by, I forgot to give you your money: here is fifty-five and a half francs, which is the amount of the cloth.	Mein Schneider wird sich aussuchen, was er nöthig hat, wenn er das Tuch abholt. Unterdessen hätte ich bald vergessen, zu bezahlen: hier sind fünf und fünfzig und ein halber Franken, das wird der Betrag des Tuches sein.

Trente francs.	Trenta franchi.
Ce prix m'effraie; il est exorbitant.	Questo prezzo mi spaventa; è esorbitante.
Monsieur, c'est le dernier prix. Soyez persuadé que nous ne surfaisons jamais; notre profit est réglé.	Signore, questo è l'ultimo prezzo. Sia persuasa che noi non strafacciamo mai; il nostro guadagno è regolato.
Coupez-en deux aunes moins un quart; cela doit suffire pour me faire un habit.	Tragliatene due braccia meno un quarto; che devono bastare per farmi un vestito.
Les voilà, monsieur. Voulez-vous que je vous fasse décatir votre drap?	Eccole, signore. Vuole che gli faccia levare il lustro?
Oui; faites-le décatir.	Sì; fategli levare il lustro.
Est-ce qu'il ne vous faut plus rien?	Non comanda più nulla, signore?
Non pour le moment. Je repasserai dans deux ou trois jours; car j'ai besoin d'une paire de pantalons, et de quatre gilets.	Per adesso no. Tornerò fra due o tre giorni; perchè ho bisogno di un pajo di pantaloni, e di quattro farsetti.
Est-ce que vous n'avez pas besoin de calicot pour doubler le dos, les manches, et pour les poches de votre habit?	Non ha bisogno di tela di cotone per foderare la schiena, le maniche, e per le tasche del vestito?
Mon tailleur prendra tout ce qui est nécessaire, en venant chercher mon drap. A propos, j'oubliais de vous donner votre argent: voilà cinquante cinq francs et demi qui sont le montant du drap.	Il mio sarto prenderà quanto sarà necessario nel venire a pigliare il panno. Oh! mi era scordato di pagarvi: eccovi cinquanta cinque franchi e mezzo, importo del panno.

With a jeweller.	Mit einem Juwelier.
(see p. 200.)	(siehe S. 200.)
Good morning, Mr. Ambrose; how do you do?	Guten Morgen, Herr Ambrosius; wie geht es Ihnen?
Very well, thank God; and you, Sir, how are you? It is a long time since I have had the honour of seeing you. Do you make no further purchases?	Sehr gut, Gott sei Dank; und wie befinden Sie sich? Ich hatte schon sehr lange nicht die Ehre, Sie zu sehen. Kaufen Sie nichts mehr?
I want several trinkets very much; but, at present, I have no money.	Ich brauche verschiedene Schmucksachen; habe aber im Augenblicke kein Geld.
Every thing in my shop is at your service. What would you wish to have?	Mein ganzer Laden steht zu Ihren Diensten. Was wünschen Sie zu haben?
Do you happen to have a ring with a good deal of lustre, and not very dear?	Haben Sie vielleicht einen Ring, der Glanz hat, und nicht zu theuer ist?
Here is a brilliant of six grains and a half, that has a great deal of lustre.	Hier ist ein Brillant von sechs und einem halben Gran, der bedeutend viel Glanz hat.
It is a pity that it has a little colour.	Es ist schade, dass er etwas Farbe hat.
If it had a fine water, it would be worth a hundred louis.	Wenn er von schönem Wasser wäre, würde er hundert Louisd'or werth sein.
I want a diamond that makes a great show, and costs little.	Ich wünsche einen Diamant, der viel Ansehen hat und wenig kostet.
Then this is just the thing for you.	Dann wird dieser gerade für Sie sein.
Tell me the lowest price, and I shall then see if it suits me.	Sagen Sie mir den niedrigsten Preis; ich will dann sehen, ob er mir ansteht.
Twenty louis, and it is very cheap.	Zwanzig Louisd'or, und dann ist er sehr wohlfeil.
It is very dear.	Das ist sehr theuer.

Chez un joaillier.	**Da un giojelliere.**
(voyez p. 201.)	(vedi p. 201.)
Bon jour, M. Ambroise; comment vous portez-vous?	Buon giorno, signor Ambrogio; come sta Ella?
Très bien, Dieu merci; et vous, monsieur? Il y a long-temps que je n'ai eu l'honneur de vous voir. Est-ce que vous n'achetez plus rien?	Benissimo, grazie a Dio, ed Ella, come sta? È un gran pezzo che non ho avuto l'onore di vederla. Non compra più nulla?
J'aurais bien besoin de différents bijoux; mais je n'ai pas d'argent pour le moment.	Avrei pur bisogno di varie gioje; ma in questo punto sono senza quattrini.
Tout mon magasin est à votre service. Que désireriez-vous avoir?	Tutto ciò che ho nel mio magazino è a sua disposizione. Che cosa comanda?
Auriez-vous par hasard une bague qui eût de l'éclat, et qui ne fût pas trop chère?	Avrebbe per avventura un anello che facesse spicco e che non fosse troppo caro?
Voilà un brillant de six grains et demi, qui a beaucoup d'éclat.	Ecco un brillante di sei grani e mezzo, che spicca assai.
C'est dommage qu'il ait un peu de couleur.	È peccato che sia un po colorito.
S'il était d'une belle eau, il vaudrait cent louis.	Se fosse cristallino, varrebbe cento doppie.
Je veux un diamant qui ait beaucoup d'apparence, et qui coûte peu.	Voglio un diamante vistoso assai, e di poca spesa.
C'est précisément ce qu'il vous faut.	Questo è per l'appunto ciò che le conviene.
Dites-moi le dernier prix, et je verrai s'il me convient.	Mi dica l'ultimo prezzo, e vedrò se può convenirmi.
Vingt louis, et il est à bien bon marché.	Venti doppie, ed è a buonissimo prezzo.
C'est bien cher.	È carissimo.

A lady at her toilet.	Eine Dame bei der Toilette.
My wife wants a gold chain, a pearl necklace, ear-rings, bracelets, and a watch set with diamonds; but she will come and choose them herself.	Meine Frau bedarf eine goldene Kette, eine Perlenschnur, Ohrringe, Armbänder und eine mit Diamanten besetzte Uhr; sie wird indess selbst kommen und sich auswählen.
I will do all I can to suit her taste. In the mean time I beg you to present my respects to her.	Ich werde mich bemühen, sie nach ihrem Geschmacke zu bedienen. Unterdessen bitte ich, mich ihr gehorsamst zu empfehlen.

A lady at her toilet. (see p. 180.)	Eine Dame bei der Toilette. (siehe S. 180.)
Clean that looking-glass a little, it is quite dull. I look very ill this morning; I did not sleep well last night.	Putzen Sie den Spiegel, er ist ganz blind. Ich sehe diesen Morgen übel aus; ich habe diese Nacht nicht gut geschlafen.
On the contrary, Madam, your complexion is very good, and your eyes are quite lively.	Im Gegentheile, gnädigeFrau, Sie haben eine sehr frische Gesichtsfarbe und lebhafte Augen.
Nothwithstanding I have a very bad headache.	Dessenungeachtet habe ich heftige Kopfschmerzen.
Do you wish me to dress your hair? Shall I curl it?	Soll ich Ihre Haare machen? Soll ich die Locken machen?
Yes; but you must first comb my hair well; it is all entangled.	Ja; aber vorher muss mein Haar gehörig ausgekämmt werden; es ist sehr verwirrt.
Take the open comb first; and then a fine one to clean my hair.	Nehmen Sie zuerst den weiten Kamm und dann den engen, um meinen Kopf zu reinigen.
Do you wish me to put a little pomatum on your hair?	Soll ich etwas Pomade in Ihre Haare einreiben?

Une dame à sa toilette.	Una dama all' apparecchiatojo.
Ma femme a besoin d'une chaîne d'or, d'un collier de perles, de boucles d'oreilles, de bracelets et d'une montre garnie de diamants; mais elle viendra les choisir elle-même.	Mia moglie ha bisogno di una catena d'oro, di un vezzo di perle, d'orecchini, di smaniglie, e di un oriuolo tempestato di diamanti; ma verrà a sceglierli essa medesima.
Je m'empresserai de la servir à son goût. En attendant, veuillez bien lui présenter mes respects.	Mi farò premura di servirla a suo genio. Frattanto le faccia i miei saluti.

Une dame à sa toilette. (voyez p. 181.)	Una dama all' apparecchiatojo. (vedi p. 181.)
Essuyez un peu ce miroir, il est tout terne. J'ai bien mauvaise mine ce matin; je n'ai pas bien dormi cette nuit.	Forbite un poco questo specchio, è tutto appannato. Ho cattiva cera stamane; questa notte non ho dormito bene.
Au contraire, madame, vous avez le teint frais et les yeux vifs.	Anzi, signora, ella ha la carnagione fresca, e gli occhi vivaci.
Cela ne m'empêche pas d'avoir un grand mal de tête.	Ciò non toglie che non abbia un gran dolor di testa.
Voulez-vous que j'arrange vos cheveux? Voulez-vous que je fasse vos boucles?	Vuole che le acconci la testa? Vuole che le faccia i ricci?
Oui; mais il faut d'abord me bien démêler les cheveux; ils sont tout mêlés.	Sì; ma prima bisogna che mi sviluppiate bene i capelli; sono tutti arruffati.
Prenez le démêloir; après vous prendrez un peigne pour me nettoyer la tête.	Prendete il pettine raro; poi vi servirete del pettine folto per nettarmi la testa.
Voulez-vous que je mette un peu de pommade dans vos cheveux?	Comanda che le metta ne' capelli un po' di manteca?

No. Do not press so hard, you hurt me.	Nein. Drücken Sie nicht so, Sie thun mir weh.
I pressed rather hard to remove the scurf; but you have none, your hair is quite clean.	Ich drückte etwas mehr, um die Unreinigkeit zu entfernen; indess findet sich keine, Ihr Kopf ist ganz rein.
Come, make haste. Plait my hair, and curl it, for I want to go out.	Sputen Sie sich. Machen Sie die Flechten und die Locken; ich muss ausgehen.
Your hair curls very well.	Ihr Haar lockt sich sehr gut.
Put only a few curls on the right: I wish the most of them to be on the left side of my forehead, and to cover the eye a little.	Machen Sie auf der rechten Seite wenig Locken; ich wünsche die meisten auf der linken Seite der Stirn, so dass das Auge etwas davon bedeckt wird.
They are very well so. Put in my comb, and now dress me directly. Take the combing-cloth.	So sind sie ganz gut. Stecken Sie mir den Kamm auf, und ziehen Sie mich nun sogleich an. Nehmen Sie den Pudermantel.

To pay a visit. — Einen Besuch zu machen.

Good morning, Mr. N.; how do you do?	Guten Morgen, Herr N.; wie befinden Sie sich?
Very well, I thank you.	Sehr wohl, Ihnen aufzuwarten.
I am rejoiced to hear it.	Ich bin erfreut, das zu hören.
Pray, be seated.	Ich bitte, setzen Sie sich.
Sit down on the sofa.	Setzen Sie sich auf das Sopha.
And how are you?	Und Sie, wie befinden Sie sich?
Tolerably well. I have been ill for some days past, but I am better to-day.	So ziemlich. Ich bin in den letzten Tagen krank gewesen, befinde mich heute aber besser.
The weather is not good for	Das Wetter ist nicht gut für

Non. N'appuyez pas si fort, vous me faites mal.	No. Non pigiate tanto, che mi fate male.
J'appuyais un peu pour enlever la poussière; mais vous n'en avez pas; votre tête est très propre.	Pigiava un tantino per toglier via la polvere, ma non cen' è, ha la testa ben netta.
Vite, dépêchez-vous. Nattez mes cheveux, et faites-moi les boucles; car je veux sortir.	Presto, spicciatevi. Intrecciatemi i capelli, e fatemi i ricci; che voglio uscire.
Vos cheveux bouclent très bien, madame.	I suoi capelli arricciano bene assai, signora.
Ne faites que peu de boucles à droite; je veux que la plus grande partie en soit sur la gauche du front, et que l'oeil en soit un peu recouvert.	Fate pochi ricci a destra; voglio che la maggior parte sia sulla sinistra della fronte, e che sia un po' coperto l'occhio.
C'est très bien comme cela. Mettez-moi mon peigne, et vous allez m'habiller tout de suite. Prenez le peignoir.	Va benissimo così. Mettetemi il pettine e subito mi vestirete. Pigliate il pettinadore.

Pour faire une visite.	Per visitare una persona.
Bonjour, monsieur; comment vous portez-vous?	Buon giorno, signore; come sta?
Très bien, je vous remercie.	Benissimo, la ringrazio.
Je m'en réjouis infiniment.	Me ne rallegro infinitamente.
Asseyez-vous, je vous prie.	Favorisca di sedere.
Prenez place sur le sofa.	S'accomodi sul sofà.
Et vous, comment vous portez-vous?	Ed ella, come sela passa?
Tout doucement. J'ai été malade ces jours derniers, mais aujourd'hui je vais mieux.	Così, così. Sono stato ammalato questi giorni passati; oggi però sto un tantino meglio.
Vraiment, la saison n'est pas	A dir il vero la stagione non

To pay a visit.	Einen Besuch zu machen.
delicate people. I have had a cold too for the last week.	schwächliche Leute. Ich habe ebenfalls an einer Erkältung in den letzten acht Tagen gelitten.
That then is the reason, why we had not the pleasure of your company at supper the day before yesterday.	Deshalb hatten wir auch wohl nicht das Vergnügen Ihrer Gesellschaft bei dem vorgestrigen Abendbrode.
I hope you will do me the favour to dine with me.	Ich hoffe, Sie werden mir die Ehre erzeigen, mit mir zu Mittag zu speisen.
I am very much obliged to you for your kindness.	Ich bin Ihnen sehr dankbar für Ihre Güte.
It is impossible for me to have that pleasure.	Es ist mir unmöglich, dieses Vergnügen zu haben.
I am engaged.	Ich bin eingeladen.
I did myself the honour to call on you yesterday.	Ich wollte mir gestern die Ehre geben, Sie zu besuchen.
You had just gone out.	Sie waren gerade ausgegangen.
I have not been told of it.	Man hat mir nichts davon gesagt.
I regret not having been at home.	Ich bedaure, nicht zu Hause gewesen zu sein.
If you have a mind for a chat, sit down. Come near the fire. Give the gentleman a chair.	Wenn Sie Lust haben, mit mir zu plaudern, so setzen Sie sich. Kommen Sie näher zum Feuer. Diesem Herrn einen Stuhl!
No, I thank you, do not trouble yourself. It is late already, and I must be off. I have an engagement at eleven, and it is already half-past ten.	Nein, ich danke, bemühen Sie sich nicht. Es ist schon spät und ich muss mich empfehlen. Ich habe um elf Uhr eine Zusammenkunft, und es ist schon halb elf.
Do me the favour to sit down only for two minutes; you so seldom come to see me. Pray come nearer the	Machen Sie mir das Vergnügen und setzen Sie sich, wenn auch nur auf zwei Minuten; Sie besuchen

Pour faire une visite.	Per visitare una persona.
favorable pour les personnes délicates. J'ai aussi été enrhumé pendant les huit derniers jours.	è favorevole per le persone gracili. Ancor io sono stato raffreddato gli ultimi otto giorni.
C'est donc pour cela que nous n'avons pas eu le plaisir de vous avoir à souper avant-hier.	È dunque per questo che non abbiamo avuto il contento di averla a cena jeri l'altro.
J'espère que vous me ferez l'honneur de dîner avec moi.	Spero che ella mi farà il favore di pranzar meco.
Je suis bien sensible à votre politesse.	Sono grato alla di lei gentilezza.
Il m'est impossible d'avoir ce plaisir.	È impossibile che io abbia questo piacere.
Je suis invité.	Son invitato.
Je me suis présenté hier, pour avoir l'honneur de vous voir.	Sono venuto jeri per farle una visita.
Vous veniez de sortir.	Ella era appena uscita.
On ne m'en a rien dit.	Non mi han detto nulla.
Je regrette beaucoup de ne pas m'être trouvé chez moi.	Mi dispiace moltissimo di non essere stato in casa.
Si vous voulez que nous causions un peu ensemble, asseyez-vous. Mettez-vous près du feu. Donnez une chaise à monsieur!	S'ella vuole che discorriamo un poco insieme, s'accomodi. Si metta vicino al fuoco. Date una sedia al signore!
Non, je vous prie, ne faites point de façons. Il est déjà tard; il faut que je m'en aille. J'ai un rendez-vous pour onze heures, et il est déjà dix heures et demie.	No, la prego, non faccia cerimonie. Egli è già tardi; bisogna che me ne vada. Ho un appuntamento per le undici, e sono già le dieci e mezzo.
Faites-moi le plaisir de vous asseoir pour deux minutes seulement; vous venez chez moi si rarement. Je vous	Mi faccia questa finezza; segga per due minuti soltanto: ella mi favorisce così di raro. La prego si

fire; I am sure you must be cold.	mich so selten. Bitte, kommen Sie näher zum Feuer; es ist Ihnen gewiss kalt.
No, I am not cold. Though the weather is cloudy, it is very mild. I must go; it is late; good bye. I shall see you again this evening, where we commonly meet.	Nein, es ist mir nicht kalt. Obgleich das Wetter nebelig ist, ist es doch mild. Ich muss gehen, es ist spät; Ihr Diener. Wir werden uns diesen Abend wieder sehen, wo wir uns gewöhnlich treffen.
Yes, I shall go there, especially as I want to speak to Mrs. N. I wish you good morning.	Ja, ich werde kommen, da ich besonders auch Frau N. sprechen muss. Ich wünsche Ihnen einen guten Morgen.
Adieu. Give my compliments to your lady.	Ihr Diener; meine Empfehlungen an Ihre Frau Gemahlin.
Take care of yourself.	Schonen Sie sich.
We shall meet again this evening.	Wir werden uns diesen Abend sehen.
To inquire after a person's health and to make the usual compliments.	**Erkundigungen nach Jemandes Gesundheit und gewöhnliche Complimente.**
Good morning, Sir.	Guten Morgen, Herr N.
How do you do?	Wie befinden Sie sich?
Very well, I thank you.	Sehr wohl, ich danke Ihnen.
How is your health?	Wie steht es mit Ihrer Gesundheit?
I shall always be happy to serve you.	Stets zu Ihren Diensten.
I am much obliged to you.	Ich bin Ihnen sehr verbunden.
I am happy to see you looking so well.	Es freut mich sehr, Sie so wohl aussehend zu finden.
Thank heaven, I am perfectly well.	Gott sei Dank, ich bin vollkommen wohl.
I was inquiring after you this morning from Mr. N.	Ich erkundigte mich gerade diesen Morgen bei Herrn N. nach Ihnen.

prie, approchez-vous du feu; je suis sûr que vous avez froid.	avvicini al fuoco, sono certo ch'ella deve aver freddo.
Non, monsieur, je n'ai pas froid. Quoiqu'il fasse du brouillard, il fait cependant bien doux. Votre serviteur, monsieur. Nous nous reverrons ce soir où nous nous rencontrons ordinairement.	No, signore, non ho freddo. Benchè il tempo sia nebbioso, egli fa però molto mite. Me ne vo; perchè è tardi. Umilissimo servitore. Ci rivedremo questa sera dove c'incontriamo solitamente.
Oui, j'irai surtout parce que je dois parler à madame N. J'ai l'honneur de vous souhaiter le bon jour.	Sì, ci verrò, tanto più che ho da parlare alla signora N. Ho l'onore di augurarle il buon giorno.
Votre serviteur, monsieur. Mes compliments à madame votre épouse.	Servo suo divotissimo. Faccia i miei complimenti alla sua signora consorte.
Ménagez-vous.	Si conservi.
Nous nous reverrons ce soir.	A rivederla sta sera.

Pour s'informer de la santé de quelqu'un, et faire les compliments d'usage.	**Per chiedere dell' altrui salute, e fare i complimenti d'uso.**
Je vous salue, monsieur.	La riverisco divotamente.
Comment vous portez-vous?	Come sta?
Fort bien, je vous remercie.	Benissimo, la ringrazio.
Comment va la santé?	Come sta di salute?
Toujours prêt à vous servir.	Sempre a' suoi comandi.
Je vous suis bien obligé.	Grazie alla bontà sua.
Je suis bien aise de vous voir avec cette bonne mine.	Godo di vederla con quella buona cera.
Je me porte à merveille, Dieu merci.	Io sto a meraviglia bene, per grazia di Dio.
Je demandais précisément ce matin de vos nouvelles à monsieur N.	Ho chiesto per l'appunto nuove di lei sta mane al signore N.

I thank you for your kind attention.	Ich danke Ihnen für Ihre gütige Aufmerksamkeit.
How is your lady?	Wie befindet sich Ihre Frau Gemahlin?
She has not been very well for some days.	Sie ist seit einigen Tagen nicht ganz wohl.
I am very sorry to hear it.	Das thut mir sehr leid.
However she is rather better to-day.	Indess befindet sie sich heute besser.
That's right. And how are your children?	Das ist sehr gut. Und wie geht es Ihren Kindern?
I thank you, they are all in perfect health.	Gott sei Dank, sie geniessen einer vortrefflichen Gesundheit.
Have the goodness to present my respects to your mother.	Haben Sie die Güte, mich ihrer Frau Mutter gehorsamst zu empfehlen.
I shall do it with great pleasure.	Es wird mir grosses Vergnügen machen, diesen Auftrag auszurichten.
Good bye; we shall meet again.	Ihr ergebenster Diener; auf Wiedersehn.
I beg you to give my compliments to all at home.	Empfehlen Sie mich, wenn ich bitten darf, Ihrem ganzen Hause.
I shall not fail. Good bye, my dear Sir.	Ich werde nicht ermangeln. Leben Sie wohl, mein theurer Freund.

Engaging a servant. — Mit einem Lohnbedienten, den man in Dienst nehmen will.

Whom did you serve last?	Bei wem standen Sie zuletzt in Dienst?
What is the name of the last master you served?	Wie heisst der Herr, den Sie zuletzt bedienten?
How long did you remain in his service?	Wie lange waren Sie in seinen Diensten?
I served him during the	Ich bediente ihn während

Avec un domestique de louage, pour le prendre à son service.	Con un servitore di piazza, per prenderlo a servizio.
Je vous remercie de votre attention.	La ringrazio della sua premura.
Comment se porte madame votre épouse?	Come sta la sua signora consorte?
Depuis quelques jours elle ne se porte pas trop bien.	Da alcuni giorni in quà non si sente troppo bene.
J'en suis bien fâché.	Poverina! me ne dispiace al maggior segno.
Cependant cela va mieux aujourd'hui.	Oggi però sta un poco meglio.
A la bonne heure. Et comment se portent vos enfans?	Manco male. E come stanno i figliuoli?
Grâce à Dieu, ils jouissent tous d'une parfaite santé.	Lode al cielo, godono tutti quanti perfetta salute.
Faites-moi le plaisir de saluer de ma part madame votre mère.	Mi faccia il favore di riverire da parte mia la sua signora madre.
Je m'en acquitterai avec grand plaisir.	Adempirò a' suoi comandi con sommo piacere.
Votre serviteur, monsieur; au revoir.	Servo suo umilissimo; a rivederla.
Je vous prie de faire mes compliments à toute votre chère famille.	La prego de' miei rispetti a tutta la di lei cara famiglia.
Je n'y manquerai pas. Adieu, mon cher ami.	Non mancherò. Addio, amico caro.

Avec un domestique de louage, pour le prendre à son service.	Con un servitore di piazza, per prenderlo a servizio.
Chez qui avez-vous servi en dernier lieu?	Chi avete servito ultimamente?
Comment s'appelle le dernier maître que vous avez servi?	Come si chiama l'ultimo padrone che avete servito?
Combien de temps êtes-vous resté à son service?	Quanto tempo siete stato al di lui servizio?
Je l'ai servi pendant les trois	L'ho servito durante i tre

Engaging a servant.	Mit einem Lohnbedienten, den man in Dienst nehmen will.
three months he was in this town.	der drei Monate, die er hier zubrachte.
How long have you been in the habit of acting as servant?	Treiben Sie schon lange das Geschäft eines Lohnbedienten?
It is now fifteen years, and I have travelled almost all over Europe.	Es sind jetzt funfzehn Jahre und ich habe schon fast ganz Europa durchreist.
Have you characters from the masters you have served?	Haben Sie Zeugnisse von den Herren, die Sie bedient haben?
Are you given to drinking?	Sind Sie dem Trunke ergeben?
I like a glass of wine very well, but I never get drunk.	Ich liebe wohl ein Glas Wein, betrinke mich aber nie.
How old are you?	Wie alt sind Sie?
I am thirty-five years old, Sir.	Ich bin fünf und dreissig Jahre alt.
Are you married?	Sind Sie verheirathet?
No, Sir; a man who, like me, always keeps moving, should never marry.	Nein; ein Mann wie ich, der keinen festen Wohnsitz hat, sollte nie heirathen.
Can you ride?	Können Sie reiten?
Yes, Sir, nobody can ride post better than I can.	Ja wohl; es kann Niemand besser Courier reiten, als ich.
Can you take care of a horse?	Können Sie ein Pferd besorgen?
Yes, Sir; and even two or three if necessary.	Ja, mein Herr; selbst zwei oder drei, wenn es sein muss.
Are you well acquainted with the coins, weights and measures of the different countries of Europe?	Sind sie mit Münzen, Maass und Gewicht der verschiedenen Länder Europa's wohl bekannt?
Yes, Sir, perfectly.	Ja wohl; ganz vollkommen.
What wages do you ask?	Wie viel Lohn fordern Sie?
Five francs a day.	Fünf Franken für den Tag.
But you have not always had so much as that.	So viel haben Sie doch nicht immer bekommen?

Avec un domestique de louage, pour le prendre à son service.	Con un servitore di piazza, per prenderlo a servizio.
mois qu'il a passés dans cette ville.	mesi ch'egli è stato in questa città.
Y a-t-il longtemps que vous exercez la profession de domestique de louage?	È un pezzo che fate il mestiere di servitore di piazza?
Il y a maintenant quinze ans: j'ai parcouru presque toute l'Europe.	Sono ormai quindici anni: ho girato quasi tutta l'Europa.
Avez-vous des certificats des maîtres que vous avez servis?	Avete de' benserviti dei padroni al servizio dei quali siete stato?
Vous grisez-vous?	Avete il vizio di bere?
Je bois avec plaisir un verre de vin; mais je ne me grise jamais.	Beo con piacere un bicchier di vino; ma non mi ubbriaco mai.
Quel âge avez-vous?	Quanti anni avete?
Monsieur, j'ai trente-cinq ans.	Signor mio, ho trenta-cinque anni.
Etez-vous marié?	Avete moglie?
Non, monsieur; un homme qui, comme moi, roule continuellement, ne doit pas se marier.	No, signore; un uomo che va girando di continuo, come io faccio, non dee ammogliarsi.
Savez-vous monter à cheval?	Sapete cavalcare?
Oui, monsieur; personne ne court la poste aussi bien que moi.	Sì, signore; non v'è nessuno che corra la posta a cavallo bene al pari di me.
Savez-vous panser un cheval?	Sapete governare un cavallo?
Oui, monsieur; et même deux ou trois, s'il le faut.	Sì, signore; ed anco due, e tre, quando bisogna.
Connaissez-vous bien les monnaies, poids et mesures des différents pays de l'Europe?	Siete pratico delle monete, dei pesi, e delle misure dei varj paesi d'Europa?
Oui, monsieur, parfaitement.	Sì, signore, ottimamente.
Quels gages demandez-vous?	Che salario chiedete?
Cinq francs par jour.	Cinque franchi il giorno.
Mais vous n'avez pas toujours gagné ce prix-là.	Ma voi non avete sempre guadagnato tanto.

Oh! Sir, sometimes I have not had more than thirty sous.	O mein Herr, ich habe zuweilen nicht mehr als dreissig Sous gehabt.
You must always be clean and well dressed.	Sie müssen stets reinlich und ordentlich gekleidet sein.
I must tell you beforehand, that if I take you into my service, you must be exact in the execution of my orders; and if you happen to get drunk, I shall discharge you at once.	Ich muss Ihnen zum Voraus sagen, dass, wenn ich Sie in meine Dienste nehme, ich pünktliche Befolgung meiner Befehle erwarte, und wenn ich Sie betrunken antreffen sollte, ich Ihnen auf der Stelle den Abschied geben werde.
My masters have always been satisfied with my services, and I hope you will be so too, Sir.	Alle meine Herren waren stets mit meiner Bedienung zufrieden, und so hoffe ich, auch Sie zufrieden zu stellen, mein Herr.
You may return here tomorrow, as I must make some inquiries before I engage you.	Sie können morgen wieder kommen; denn ich muss mich zuvor nach Ihnen erkundigen, ehe ich Sie in meine Dienste nehme.

To take a furnished room.	Ein möblirtes Zimmer zu miethen.
(see p. 196.)	(siehe S. 196.)
Have you a room to let?	Haben Sie ein Zimmer zu vermiethen?
I have several, and at different prices. Will you take your lodging, Sir, by the day, the week or the month?	Ich habe mehrere, und zu verschiedenen Preisen. Wollen Sie es für einen Tag, für eine Woche, oder für einen Monat miethen?
Let me see it, and I will decide afterwards.	Zeigen Sie mir es, ich werde mich dann entscheiden.
Here is a very pretty room; it is on the first floor, and	Hier ist ein sehr hübsches Zimmer; es ist im ersten

Eh! monsieur, quelquefois je n'ai gagné que trente sous.	Eh! padrone, alle volte ho guadagnato solamente trenta soldi.
Il faut que vous soyez toujours propre et bien habillé.	Bisogna che siate sempre pulito, e ben vestito.
Je vous préviens que si je vous prends à mon service, il faut que vous soyez exact dans l'exécution de mes ordres; et que s'il vous arrivait de vous enivrer, je vous mettrais à la porte sur-le-champ.	Vi avverto che se mai vi prendessi al mio servizio, bisognerebbe eseguire puntualmente i miei ordini; e che se mai vi avvinozzaste, sareste licenziato immediatamente.
Tous mes maîtres ont toujours été contents de mon service, j'espère que monsieur le sera également.	Tutti i miei padroni sono sempre stati contenti di me, spero che il signore lo sarà egualmente.
Revenez demain, parce qu'il faut que je prenne des informations sur votre compte avant de vous arrêter.	Tornate dimani, perchè voglio prendere delle informazioni, prima di prendervi a servizio.

Pour louer une chambre garnie.	**Per appigionare una stanza in una locanda.**
(voyez p. 197.)	(vedi p. 197.)
Madame, auriez-vous une chambre à me louer?	Signora, avrebbe una camera da affittare?
J'en ai plusieurs et de différents prix. Voulez-vous la louer au jour, à la semaine ou au mois?	Ne ho varie e di varj prezzi. Vuolo affittarla a giorno, a settimana, oppure a mese?
Faites-moi la voir d'abord, et après je me déciderai.	Fatemcla vedere prima, e poi mi deciderò.
Voici une fort jolie chambre; elle est au premier	Ecco una camera molto bella, con un gabinetto

To take a furnished room.	Ein möblirtes Zimmer zu miethen.
there is a dressing-room next to it.	Stocke, und ein Kabinet ist daneben.
How much do you ask for it?	Wie viel verlangen Sie dafür?
If you only take it for a few days, I must have three francs a day; if you take it for a week, you must pay fifteen francs; by the month it is fifty francs.	Wenn Sie es nur für einige Tage nehmen, muss ich drei Franken täglich haben; wenn Sie es für eine Woche nehmen, geben Sie mir fünfzehn Franken; auf den Monat kostet es fünfzig Franken.
That seems to me rather dear.	Das scheint mir etwas theuer.
You see, Sir, it is very clean; the furniture is handsome and new; and there is a fine mirror over the chimney-piece.	Sie sehen, es ist recht hübsch, die Möbel sind schön und neu, und über dem Kamine ist ein schöner Spiegel.
Is the bed good?	Ist das Bett gut?
The mattresses have just been newly stuffed, and are very soft.	Die Matratzen sind neu aufgepolstert und sind sehr weich.
How often do you change the sheets?	Wie oft wechseln Sie die Betttücher?
Every fortnight; and your towel will be changed once a week.	Alle vierzehn Tage; das Handtuch wird einmal in der Woche gewechselt.
Does the chimney smoke? We shall soon have winter, and it will be necessary to have a fire. It begins to be cold already.	Raucht der Kamin? wir werden bald Winter haben, und es wird nöthig werden, Feuer einzulegen. Es fängt schon an kalt zu werden.
It does not smoke at all.	Er raucht nicht im mindesten.
Can I have warm water to wash with, when I want it?	Kann ich warmes Wasser zum Waschen haben, wenn ich es brauche?
If you give a trifle to the housemaid, she will wait upon you attentively, and	Wenn Sie der Magd eine Kleinigkeit geben, wird sie Ihnen sorgfältig aufwarten

étage, et elle a un cabinet à côté.	a canto, ed è al primo piano.
Combien voulez-vous la louer?	Quanto volete affittarla?
Si vous ne la prenez que pour peu de jours, j'en veux trois francs par jour; si vous la louez pour une semaine, vous m'en donnerez quinze francs; et si vous l'arrêtez au mois, le loyer en est de cinquante francs.	Se ella vuol prenderla per pochi giorni solamente, ne voglio tre franchi al giorno; se l'affitta per una settimana, mi darà quindici franchi; se poi l'affittasse a mese, la pigione sarebbe di franchi cinquanta.
Cela me semble un peu cher.	Mi pare un po' cara.
Vous voyez, monsieur, c'est bien propre; les meubles sont beaux et frais, et il y a une belle glace sur la cheminée.	Ella vede, è molto pulita, i mobili sono belli e freschi; e c'è un bellissimo specchio sul cammino.
Le lit est-il bon?	È buono il letto?
Les matelas viennent d'être cardés; ils sont très doux.	I materassi sono rifatti di fresco; sono molto morbidi.
Combien de fois changez-vous les draps?	Quante volte cambiate le lenzuola?
Tous les quinze jours, et la serviette une fois par semaine.	Ogni quindici giorni; e la salvietta una volta per settimana.
La cheminée fume-t-elle? L'hiver approche, et il faudra faire du feu. Il commence déjà à faire froid.	Fa fumo il cammino? L'inverno s'avvicina, e bisognerà accendere il fuoco. Già incomincia a far freddo.
Elle ne fume pas du tout.	Non fa fumo niente affatto.
Pourrai-je avoir de l'eau chaude pour me laver, quand j'en aurai besoin?	Potrò io avere dell' acqua calda da lavarmi ogni qual volta ne avrò bisogno?
Au moyen d'un léger pourboire la domestique vous servira avec attention, et	Mediante una tenue mancia, sarà servito dalla serva con somma attenzione, e

will also clean your shoes and boots.	und Ihnen auch Schuhe und Stiefel reinigen.
As this is the case, I will take the room for three months; I will have my things brought here, and will pay you a month in advance.	Da dies so ist, will ich das Zimmer auf drei Monate nehmen; ich werde meine Sachen hieher bringen lassen, und Ihnen einen Monat vorauszahlen.
To hire furnished lodgings.	**Eine möblirte Wohnung zu miethen.**
(see p. 196.)	(siehe S. 196.)
I want a suite of rooms. Have you any to let?	Ich brauche eine Reihe von Zimmern. Haben Sie deren zu vermiethen?
Yes, Sir; I have some on the first, second, third, and fourth story; in front, to the back, towards the street, and towards the garden.	Ja wohl, ich habe einige im ersten, zweiten, dritten und vierten Stocke, auf der Vorder- und Hinterseite, nach der Strasse und nach dem Garten zu.
Do you board your lodgers?	Geben Sie Kost?
I keep a good table d'hôte.	Ich halte eine gute Table-d'hôte.
At what o'clock do you dine?	Um wie viel Uhr speist man?
At five precisely.	Pünktlich um fünf Uhr.
That is too late for my wife, who is not very well.	Das ist zu spät für meine Frau, die nicht ganz wohl ist.
Her dinner can be served in her apartment at any hour she likes.	Ich kann in ihrem Zimmer auftragen lassen zu welcher Stunde sie es wünscht.
How much do you ask for breakfast, dinner, and supper?	Wie viel fordern Sie für Frühstück, Mittag- und Abendessen?
For how many persons?	Für wie viel Personen?
Six: four gentlemen and ladies, and two servants.	Sechs; vier Herren und Damen und zwei Dienstboten.

elle décrottera aussi vos souliers et vos bottes.	le ripulirà anco le scarpe et gli stivali.
Puisqu'il en est ainsi, j'arrête cette chambre pour trois mois; je vais faire apporter mes effets, et je vous paierai un mois d'avance.	Quando è così, prenderò questa camera per tre mesi; farò subito portare la mia roba, e vi pagherò una mesata anticipatamente.

Pour louer un appartement garni.	**Per pigliar a fitto un appartamento mobigliato.**
(voyez p. 197.)	(vedi p. 197.)
J'aurais besoin d'un appartement. En avez-vous à louer?	Avrei bisogno di un appartamento. Ne avete da affittare?
Oui, monsieur, j'en ai au premier, au second, au troisième et au quatrième étage; sur le devant et sur le derrière, sur la rue, et sur le jardin.	Sì, signore, ne ho al primo, al secondo, al terzo ed al quarto piano; sul dinanzi, e sul di dietro, sulla strada, e sul giardino.
Donnez-vous à manger?	Date anco da mangiare?
Je tiens une bonne table d'hôte bien servie.	Tengo una buona tavola rotonda ben' imbandita.
A quelle heure dîne-t-on?	A che ora si pranza?
A cinq heures précises.	Alle cinque in punto.
C'est trop tard pour ma femme qui ne se porte pas tout-à-fait bien.	Sarà troppo tardi per mia moglie che non istà troppo bene.
Je la ferai servir dans son appartement à l'heure qu'elle voudra.	La farò servire nel di lei quartiere a quell' ora che comanderà.
Combien me prendrez-vous pour déjeûner, dîner et souper?	Quanto volete per la colazione, il pranzo, e la cena?
Combien de personnes êtes-vous?	Quante persone sono?
Nous sommes six: quatre maîtres et deux domestiques.	Siamo sei: quattro padroni, e due servitori.

To hire furnished lodgings.	Eine möblirte Wohnung zu miethen.
Will you dine by the dish or for so much a head?	Wünschen Sie den Preis der Gerichte oder für die Person?
I would rather give so much a day for all, provided the charge is reasonable.	Ich würde vorziehen, täglich ein Gewisses für Alles zu zahlen, vorausgesetzt, dass der Preis mässig ist.
Do you let rooms also for persons who only wish to lodge?	Vermiethen Sie auch Zimmer an Personen, die nur wohnen wollen?
Yes, Sir; I have single rooms, and sets of two, three, four, or five rooms with cabinets.	Ja, mein Herr; ich habe einzelne Zimmer und Wohnungen von zwei, drei, vier oder fünf Zimmern in einer Reihe mit Kabinetten.
Where do you put the servants?	Wohin legen Sie die Dienstboten?
I have beds and rooms for them on the fifth floor.	Ich habe Betten und Kammern für sie im fünften Stocke.
My wife must have her maid near her.	Meine Frau muss ihr Mädchen in der Nähe haben.
I have apartments where there is a small room for the lady's maid.	Ich habe Zimmer mit einer kleinen Kammer für das Mädchen.
Let me see them.	Zeigen Sie sie mir.
Do you wish them towards the street or garden?	Wünschen Sie sie nach der Strasse oder nach dem Garten?
I like them better to the garden; my wife will be more quiet.	Ich ziehe die nach dem Garten vor; meine Frau kann da ungestörter sein.
As for me, I only want a room and a cabinet, and I should wish to be at liberty to dine here or elsewhere.	Für mich brauche ich blos ein Zimmer mit einem Kabinet, und wünsche, dass es mir frei stehe, entweder hier oder anderswo zu speisen.

Pour louer un appartement garni.	Per pigliar a fitto un appartamento mobigliato.
Voulez-vous être servi à la carte ou par tête?	Vuol' ella essere servita a un tanto per piatto o per testa?
J'aimerais mieux donner tant par jour pour tous, pourvu que le prix fût raisonnable.	Amerei meglio pagare un tanto al giorno per tutti, purchè il prezzo fosse discreto.
Louez-vous aussi des chambres pour les personnes qui ne veulent que loger?	Affittate voi anco delle camere per quelli che vogliono solamente alloggiare?
Oui, monsieur; j'ai des chambres séparées, et des appartements de deux, de trois, de quatre et de cinq pièces de plein-pied, avec des cabinets.	Sì, signore; ho delle camere separate, e degli appartamenti di due, di tre, di quattro, e di cinque stanze in piano, con gabinetti.
Les domestiques, où les logez-vous?	Dove alloggiate voi i servitori?
J'ai des lits et des chambres de domestiques au cinquième.	Ho dei letti, e delle stanze al quinto piano per loro.
Ma femme a besoin d'avoir sa femme de chambre près d'elle.	Mia moglie ha bisogno di avere la sua cameriera vicina.
J'ai des appartements où il y a un cabinet pour la femme de chambre.	Ho alcuni appartamenti con un camerino per la cameriera.
Faites-moi les voir.	Fatemeli vedere.
Les voulez-vous sur la rue ou sur le jardin?	Li vuole sulla strada oppure sul giardino?
J'aime mieux qu'ils soient sur le jardin; ma femme sera plus tranquille.	Li preferisco sul giardino; mia moglie vi godrà maggior quiete.
Moi, je ne voudrais qu'une chambre et un cabinet, et je voudrais être libre de manger ici ou dehors.	Io vorrei solamente una camera ed un gabinetto, e vorrei essere libero di mangiare in casa o fuori.

To hire furnished lodgings.	Eine möblirte Wohnung zu miethen.
I shall be able to suit you.	Ich werde Ihnen dienen können.
This gentleman travels with us, and we should not like to be separated.	Dieser Herr reiset mit uns, und wir wünschen uns nicht zu trennen.
Show me the apartment towards the garden. Is it on the first or second floor?	Zeigen Sie mir die Wohnung nach dem Garten zu. Ist sie im ersten oder zweiten Stocke?
It is on the third.	Sie ist im dritten.
I am afraid that will be too high for my wife.	Ich fürchte, das wird meiner Frau zu hoch sein.
Don't be alarmed, Sir, the staircase is very good and easy.	Sein Sie unbesorgt, die Treppe ist sehr gut und bequem.
As you have no others, let us see those on the third floor.	Wenn Sie keine andere haben, so zeigen Sie uns die im dritten Stocke.
For the present I have only that, but in five or six days I shall have another on the first floor, which also looks into the garden.	Im Augenblicke habe ich nur diese, aber in fünf oder sechs Tagen werde ich eine andere im ersten Stocke frei haben, ebenfalls mit der Aussicht nach dem Garten.
You will show me at the same time a room with a cabinet for myself.	Zeigen Sie mir zugleich ein Zimmer mit einem Kabinet für mich.
Yes, Sir. John, give me the keys of number fifteen and eighteen. It is on the same landing as the other suite of apartments, so you will be near each other.	Ja, mein Herr. Johann, geben Sie mir die Schlüssel von Nummer fünfzehn und achtzehn. Sie sind auf demselben Flur wie die Wohnung; so werden Sie nahe beisammen sein.
That is very convenient.	Das macht sich sehr gut.
You see the staircase is well-lighted and easy. Here we are; be so good as to walk in.	Sie sehen, die Treppe ist hell und bequem. Hier sind wir; haben Sie die Güte einzutreten.

Pour louer un appartement garni.	Per pigliar a fitto un appartamento mobigliato.
J'ai de quoi vous arranger.	Ho di che servirla.
Monsieur voyage avec nous, et nous ne voudrions pas nous séparer.	Il signore viaggia con noi, e non vorremmo separarci.
Faites-moi voir l'appartement sur le jardin. Est-il au premier ou au second?	Fatemi vedere l'appartamento sul giardino. È egli al primo o al secondo piano?
Il est au troisième.	È al terzo piano.
Je crains que cela ne soit trop haut pour ma femme.	Temo che sia troppo in alto per mia moglie.
Monsieur, ne craignez rien, l'escalier est très bon et commode.	Non tema, signore, la scala è buona e comoda.
Puisque vous n'en avez pas d'autres, voyons l'appartement du troisième.	Giacchè non avete altro, vediamo l'appartamento del terzo piano.
Pour le moment, je n'ai que celui-là; mais dans cinq ou six jours j'en aurai un autre au premier, également sur le jardin.	Per adesso ho solamente quello; ma fra cinque o sei giorni ne avrò un altro al primo piano, anche sul giardino.
Vous me ferez voir en même temps une chambre et un cabinet pour moi.	Mi farete vedere nel medesimo tempo una camera, ed un gabinetto per me.
Oui, monsieur. Jean, donnez-moi les clefs du quinze et du dix-huit. Ces pièces sont sur le même palier que l'appartement; ainsi vous serez près l'un de l'autre.	Sì, signore. Giovanni, datemi la chiave del numero quindici e quella del numero diciotto. Queste camere sono sul medesimo pianerottolo dell'appartamento; così lor signori saranno vicini.
Cela se trouve très bien.	Ci accomoderà moltissimo.
Voyez, messieurs, l'escalier est clair et commode. Nous voici arrivés, donnez-vous la peine d'entrer	Osservino, signori, la scala è chiara e comoda. Eccoci arrivati; entrino.

To hire furnished lodgings.	Eine möblirte Wohnung zu miethen
How many rooms are there in this suite?	Aus wie viel Zimmern besteht diese Wohnung?
Five and a cabinet. The furniture is elegant, and there are two mirrors in each room.	Aus fünf und einem Kabinet. Die Möbel sind geschmackvoll und in jedem Zimmer zwei Spiegel.
How many beds are there?	Wie viel Betten sind da?
Four, and very good ones too.	Vier, und zwar sehr gute.
How much do you ask for this?	Wie viel fordern Sie dafür?
Two hundred francs a month, and I have let it several times for four hundred, with a servant's room.	Zweihundert Franken monatlich, ich habe sie schon zu vierhundert vermiethet mit einem Bedientenzimmer.
I will give you a hundred and fifty.	Ich gebe Ihnen hundert und fünfzig.
That is impossible, Sir; it is the lowest price, and very cheap.	Das ist unmöglich, mein Herr, es ist der äusserste Preis und dabei sehr wohlfeil.
How much do you ask by the day or by the week?	Wie viel verlangen Sie täglich oder wöchentlich?
Ten francs a-day, or sixty francs a-week.	Zehn Franken täglich, oder sechzig Franken wöchentlich.
How much do you ask for dinner and supper?	Wie viel verlangen Sie für Mittag- und Abendessen?
Four francs a-head for each meal, exclusive of breakfast.	Vier Franken von der Person für jede Mahlzeit ohne Frühstück.
That is too dear. I had rather pay by the dish.	Das ist zu theuer. Ich ziehe vor, nach der Karte zu speisen.
As you choose, Sir.	Wie es Ihnen gefällig ist.
Let me see the room you intend for me.	Zeigen Sie mir das für mich bestimmte Zimmer.

Pour louer un appartement garni.	Per pigliar a fitto un appartamento mobigliato.
De combien de pièces est-il composé, cet appartement?	Di quante stanze è composto questo appartamento?
De cinq pièces et d'un cabinet. Les meubles sont de bon goût, et il y a deux glaces dans chaque chambre.	Di cinque, e di un gabinetto. I mobili sono di buon gusto, e vi sono due specchj in ogni stanza.
Combien de lits y a-t-il?	Quanti letti ci sono?
Il y en a quatre, et ils sont très bons.	Vene sono quattro, e sono molto morbidi.
Combien le louez-vous?	Quanto l'affittate?
Deux cents francs par mois; et je l'ai loué plusieurs fois quatre cents, avec une chambre de domestique.	Due cento franchi il mese; e l'ho affittato più volte quattrocento, con uno stanza pel servitore.
Je vous en donnerai cent cinquante.	Ve ne darò cento cinquanta.
Monsieur, je ne le peux pas; c'est le dernier prix, et c'est bien bon marché.	Signore, non posso; è l'ultimo prezzo, ed è a molto buon mercato.
Combien voulez-vous le louer par jour ou par semaine?	Quanto lo volete affittare al giorno, o alla settimana?
Dix francs par jour, ou soixante francs par semaine.	Dieci franchi il giorno, o sessanta franchi la settimana.
Pour le dîner et pour le souper combien nous prendrez-vous?	Pel pranzo e per la cena quanto ci farete pagare?
Quatre francs par tête pour chaque repas, sans y comprendre le déjeûner.	Quattro franchi per testa per ogni pasto, senza comprendervi la colazione.
Cela est trop cher. J'aime mieux manger à la carte.	È troppo caro. Amo meglio essere servito a un tanto per piatto.
Comme vous voudrez, monsieur.	Com' ella comanda.
Voyons la chambre que vous me destinez.	Vediamo la stanza che destinate per me.

To hire furnished lodgings.	Eine möblirte Wohnung zu miethen.
This is it, Sir. It is pretty, comfortable, and tastefully fitted up, and there are two mirrors in it.	Dies ist es. Es ist hübsch, bequem und geschmackvoll und hat zwei Spiegel.
That is true, but the cabinet seems very small.	Das ist wahr, aber das Kabinet scheint sehr klein.
On the contrary, you might put a bed in it.	Im Gegentheil, man könnte ein Bett hinein setzen.
Are there any fleas here?	Gibt es auch Flöhe hier?
There are neither fleas nor bugs in my house: it is kept with the greatest cleanliness.	In meinem ganzen Hause sind weder Flöhe noch Wanzen; es wird in der grössten Sauberkeit gehalten.
What is the price of this room?	Was ist der Preis dieses Zimmers?
A hundred and fifty francs a-month, and it is very cheap.	Hundert und funfzig Franken monatlich, und das ist sehr wohlfeil.
I will take it for three months, and give you a hundred and forty francs a-month.	Ich werde es auf drei Monate nehmen, und gebe Ihnen hundert und vierzig Franken monatlich.
That is very little, Sir; but, as you take it for three months, you shall have it.	Das ist sehr wenig, mein Herr; da Sie es indess auf drei Monate nehmen, so sollen Sie es haben.
Well! will you let me have the rooms for a hundred and fifty francs a-month?	Gut! Lassen Sie mir die Wohnung für hundert und fünfzig Franken monatlich?
I really cannot. This house is in a very central situation, near the theatres and the exchange, and is very quiet.	Ich kann es in der That nicht. Dieses Haus ist im Mittelpunkte der Geschäfte gelegen, in der Nähe der Theater und der Börse, und es ist sehr ruhig.
I will give you your price, on condition, that you will give us clean sheets every	Ich will Ihnen den geforderten Preis geben, jedoch mit der Bedingung,

Pour louer un appartement garni.	Per pigliar a fitto un appartamento mobigliato.
La voici, monsieur. Elle est jolie, commode et meublée avec goût, et il y a deux glaces.	Eccola, signore. È bella, comoda, e mobigliata con gusto, e ci sono due specchj.
Oui, c'est vrai; mais le cabinet me semble un peu petit.	Sì, è vero; ma il gabinetto mi pare un poco piccolo.
Au contraire, on pourrait y placer un lit.	Anzi, vi si potrebbe collocare un letto.
Y a-t-il des puces?	Ci sono pulci?
Il n'y a ni puces ni punaises dans toute ma maison: elle est tenue avec la plus grande propreté.	Non ci sono nè pulci nè cimici in tutta la mia casa: essa è tenuta colla massima pulizia.
Quel est le prix de cette chambre?	Qual è il prezzo di questa camera?
Cent cinquante francs par mois, et c'est très bon marché.	Cencinquanta franchi il mese, ed è a buonissimo prezzo.
Je la prendrai pour trois mois, et je vous en donnerai cent quarante francs par mois.	L'affitterò per tre mesi, e vi darò cento quaranta franchi il mese.
C'est à très bon marché, monsieur; mais, puisque vous la prenez pour trois mois, je vous la donne à ce prix.	È a buonissimo prezzo, signore; ma prendendola per tre mesi gliela do a questo prezzo.
Eh bien! me donnez-vous l'appartement pour cent cinquante francs par mois?	È così! volete darmi l'appartamento per cento cinquanta franchi il mese?
Je ne le puis vraiment pas. Mon hôtel est situé au centre des affaires, près des spectacles et de la bourse, et il est bien tranquille.	Davvero non posso. La mia locanda è situata nel centro degli affari, vicina ai teatri ed alla borsa, e non si sente mai il minimo romore.
Je consens à le prendre au prix que vous demandez, à condition que vous nous	Lo piglio pel prezzo che mi chiedete, con patto che ci darete ogni settimana

week and napkins every day.	dass Sie uns wöchentlich reine Betttücher und täglich reine Servietten geben.
You shall have whatever linen you want, and mine is fine and of very good quality.	Sie sollen an Wäsche haben, was Sie brauchen, und die meinige ist fein und von sehr guter Beschaffenheit.
To buy a travelling carriage.	**Einen Reisewagen zu kaufen.**
(see p. 200.)	(siehe S. 200.)
I have a long journey to make, and I want a good and commodious carriage; have you one to sell?	Ich habe eine lange Reise zu machen, und brauche einen guten, bequemen Wagen; haben Sie einen zu verkaufen?
Have the goodness, Sir, to walk into my warehouse, where you will see carriages of all kinds: coaches, berlins, vis-a-vis, post-chaises, calashes, phaetons and cabriolets; there are plenty to choose from.	Haben Sie die Güte, in mein Magazin einzutreten, wo Sie Wagen von jeder Art finden: Kutschen, Berlinen, Vis-à-vis, Postchaisen, Kaleschen, Phaetons und Kabriolets, ganz nach Auswahl.
There is a carriage that would suit me perhaps.	Da ist ein Wagen, der mir vielleicht dienen könnte.
It is a very neat, good travelling chaise, although second hand.	Es ist eine hübsche, gute Reisechaise, obgleich schon gebraucht.
The wheels are in a very bad state. the body is too heavy, the shafts are too short, the pole is too thin, and the shape is quite old fashioned.	Die Räder sind in einem sehr schlechten Zustande, der Kasten ist zu schwerfällig, die Schwangbäume sind zu kurz, die Deichsel ist zu dünn, und die Form des Wagens altmodisch.

donnerez des draps blancs toutes les semaines, et des serviettes fraîches tous les jours.

delle lenzuola di bucato, e delle salviette tutti i giorni.

Vous aurez en linge tout ce qui sera nécessaire, et le mien est fin et de très bonne qualité.

Ella sarà servita di tutta la biancheria necessaria, e sarà fina, e di ottima qualità.

Pour acheter une voiture de voyage.

(voyez p. 201.)

Per comprare un legno da viaggio.

(vedi p. 201.)

J'ai un long voyage à faire, et j'aurais besoin d'une voiture bonne et commode; en avez-vous à vendre?

Ho un lungo viaggio da fare, ed avrei bisogno di un legno buono e comodo; ne avete da vendere?

Monsieur, donnez-vous la peine d'entrer dans mon magasin; vous y verrez des voitures de toutes sortes; des carrosses, des berlines, des vis-à-vis, des chaises de poste, des calèches, des phaëtons, des cabriolets; il y a de quoi choisir.

Signore, favorisca entrare nel mio magazzino, vedrà legni di ogni sorta: di carrozze, berline, carrozzini, sedie da posta, sterzi, calessi, saltafossi, birocci; ella potrà scegliere.

Voici une voiture qui peut-être pourrait faire mon affaire.

Ecco un legno che forse potrebbe essere il fatto mio.

C'est une chaise de voyage belle et bonne, quoique d'occasion.

Questa è una sedia da viaggio bella e buona, benchè sia d'occasione.

Les roues sont en très mauvais état, la caisse est trop lourde, les brancards sont trop courts, le timon est trop mince, et la forme de la voiture est passée de mode.

Le ruote sono in pessimo stato, il guscio è troppo grave, le stanghe sono troppo corte, il timone è troppo sottile, e la forma del legno non è piu' alla moda.

To buy a travelling carriage.	Einen Reisewagen zu kaufen.
I beg your pardon, Sir, you are mistaken: it is a carriage in the latest fashion; it is not six months since it was built, and it has been only one journey; but if it is not to your taste, you can choose another. Look at that calash; it has four wheels and room for five persons.	Ich bitte um Verzeihung, mein Herr, Sie irren; es ist ein Wagen nach dem neuesten Geschmacke; er ist vor kaum sechs Monaten gebaut und hat nur eine Reise gemacht; wenn er indess nicht nach Ihrem Geschmacke ist, so können Sie einen andern wählen. Betrachten Sie diese Kalesche; sie hat vier Räder und Raum für fünf Personen.
Yes, I like the shape, but I am afraid the framework, the braces, and the axles are too weak; look, the springs are also too light.	Ja, die Form gefällt mir, aber ich fürchte, das Gestell, die Tragriemen und die Achsen sind zu schwach; sehen Sie, die Federn sind ebenfalls zu schwach.
You fancy so, Sir; but it is an elegant and strong-built carriage. Get in, the door is open, the step is down; you will find the seats very comfortable; you see it is lined with fine cloth, and is very soft.	Das scheint Ihnen nur so, es ist indess ein hübscher und sehr dauerhafter Wagen. Steigen Sie ein, der Schlag ist geöffnet und der Tritt niedergeschlagen; Sie werden die Sitze sehr bequem finden; Sie sehen, er ist mit feinem Tuche ausgeschlagen und sehr weich.
I think the seats are too high and uncomfortable.	Mir scheint, die Sitze sind zu hoch und unbequem.
It seems so to you, because the stuffing of the cushions is new; but sit on the backseat, and you will find it very pleasant.	Das scheint Ihnen nur so, weil die Kissenfüllung neu ist; setzen Sie sich indess auf den Rücksitz, so werden Sie finden, dass er sehr bequem ist.

Pour acheter une voiture de voyage.	Per comprare un legno da viaggio.
Je vous demande pardon, monsieur, vous vous trompez: c'est une voiture à la dernière mode; il n'y a pas six mois qu'elle est faite, et elle n'a fait qu'un seul voyage; mais si elle n'est pas de votre goût, vous pouvez en choisir une autre. Voyez cette calèche; elle est à quatre roues et cinq places.	Le dimando scusa, signore, ella piglia sbaglio: è un legno di tutta moda; non sono sei mesi ch' è stato fatto, ed ha fatto un viaggio soltanto; ma se non è di suo genio, ne scelga un altro. Osservi questo calesso; è a quattro ruote, e contiene cinque persone.
Oui, la forme m'en plaît; mais je crains que le train, les soupentes et les essieus n'en soient trop faibles; voyez, les grands ressorts sont également trop minces.	Sì, la forma mi piace; ma temo che il traino, i cignoni, e la sala sieno troppo deboli; osservate, le molle maestre sono anche troppo sottili.
Cela vous semble, monsieur; mais c'est une voiture élégante et bien solide. Montez, la portière est ouverte, le marche-pied baissé; vous verrez que les siéges sont bien commodes, garnis en drap fin, et bien doux.	Le pare così, signore; ma è un legno elegante e molto forte. Monti, la portiera è aperta, lo staffone è abbassato; ella vedrà che i seggi sono comodissimi, guarniti di panno fino, e ch'è molto molle.
Il me semble que les siéges sont trop hauts et incommodes.	Mi pare che i seggi sieno troppo alti, e scomodi.
Cela vous semble ainsi parce que les coussins sont fraichement rembourrés; mais asseyez-vous sur le devant, et vous trouverez qu'on y est très commodément.	Essendo nuova la piuma dei cuscini, le pare così; ma s'accomodi sul seggio d'avanti, e lo troverà comodo assai.

To buy a travelling carriage.	Einen Reisewagen zu kaufen.
Is the axle-tree strong? The nave, the spokes, the felloes, and the tires of the wheels seem slight and weak.	Ist die Achse dauerhaft? Die Nabe, die Speichen, die Felgen und die Radreifen scheinen dünn und schwach.
There is nothing to fear; it is an excellent carriage: all the parts of it have been well selected, and finished with care. It is well-built, and you may have a trial of it.	Sie haben nichts zu fürchten, der Wagen ist ganz untadelhaft: alle seine Theile sind sehr gut ausgewählt und sorgfältig gearbeitet. Er ist dauerhaft gebaut, Sie können ihn probiren.
How much do you ask for it?	Wie viel verlangen Sie dafür?
Five thousand francs.	Fünf tausend Franken.
That is too dear for me; I do not intend to give such a price.	Das ist zu theuer für mich, so viel beabsichtige ich nicht anzulegen.
How much will you give?	Wie viel wollen Sie denn geben?
I am afraid I shall say too little, even though I mention more than I am willing to give.	Ich fürchte, ich biete zu wenig, selbst wenn ich einen höhern Preis biete, als ich daran zu wenden beabsichtige.
You are at liberty to offer what you think it is worth; I shall not be vexed at that.	Sie haben völlige Freiheit zu bieten, was Sie glauben, dass er werth sei; ich werde mich deshalb nicht gekränkt fühlen.
You are an honest man; I will give you four thousand five hundred francs; but on condition that you also furnish the harness, the traces, the reins and the splinter-bars for that price.	Sie sind ein ordentlicher Mann; ich will vier tausend fünf hundert Franken geben, mit der Bedingung, dass Sie für diesen Preis das Pferdegeschirr, die Zugriemen, die Zügel und die Wagenschwengel mit liefern.

Pour acheter une voiture de voyage.	Por comprare un legno da viaggio.
L'essieu est-il solide? le moyeu, les rais, les jantes et les cercles des roues me semblent minces et faibles.	È forte l'asse? Il mozzo, i razzi, gli assili, i cerchi delle ruote mi sembrano sottili e deboli.
Il n'y a rien à craindre: c'est une voiture parfaite; toutes les pièces en ont été bien choisies, et travaillées avec soin. Elle est solidement construite, et vous pouvez l'essayer.	Non c'è nulla da temere: questo legno è perfetto; tutti i pezzi sono stati scelti bene, e lavorati con somma diligenza. Egli è costrutto fortemente, e vossignoria lo potrà provare.
Combien voulez-vous la vendre?	Quanto lo volete vendere?
Cinq mille francs, monsieur.	Cinque mila franchi, signore.
C'est trop cher pour moi; je ne veux pas y mettre un prix aussi élevé.	Per me è troppo caro; io non voglio spendere tanto.
Combien en volez-vous donner?	Quanto mi vuol dare?
Je crains de vous en offrir trop peu, même en offrant plus que je ne veux y mettre.	Temo di fare un esibizione troppo tenue, anco offerendo più di quello che voglio spendere.
Vous êtes le maître d'offrir ce que vous jugez qu'elle vaut; je ne me fâcherai pas pour cela.	Ella è padrone di esibirmi quel prezzo che stima valere; non andrò in collera per questo.
Vous êtes un brave homme; je vous en donne quatre mille cinq cents francs; mais à condition que vous me fournirez les harnais, les traits, les guides et la volée pour ce prix.	Siete un galant' uomo; vi darò quattro mila cinquecento franchi; ma con patto che mi somministrerete i forumenti, le tirelle, le redini, e la bilancia per questo prezzo.

To hire, or buy a horse.	Ein Pferd zu miethen oder zu kaufen.
I wish to hire a horse, to take a ride through the town and its environs; have you one to let out? If I like it, perhaps I may buy it.	Ich wünsche ein Pferd zu miethen zu einem Spazierritt durch die Stadt und die Umgebungen; haben Sie eins zu vermiethen? Wenn es mir gefällt, kaufe ich es vielleicht.
Yes, Sir; I have chesnut horses, white-spotted, dapple-gray, bay, grey, spotted-grey, black, white, dun, spotted, piebald and cream-coloured.	Ja, mein Herr; ich habe Rothfüchse, weiss gefleckte, Apfelschimmel, Braune, Graue, Grauschimmel, Rappen, Schimmel, Isabellen, Gefleckte, Schecken, und Falben.
I have some of all kinds. What colour would you wish your horse to be?	Ich habe deren von allen Arten. Von welcher Farbe soll Ihr Pferd sein?
I care little about his colour, provided he has not a bald face and is handsome and tractable.	Darauf kommt mir wenig an, vorausgesetzt, dass es keine Blässe hat, und sonst hübsch und lenksam ist.
Here is a horse five years old, perfectly well broken in.	Hier ist ein Pferd von fünf Jahren, welches sehr gut geritten ist.
Mount him and make him trot and gallop; I must see if he has no defects.	Besteigen Sie es, und setzen es in Trab und Galopp; ich will sehen, ob es keine Fehler hat.
He is a spirited horse, and has neither faults nor vices.	Es ist ein muthiges Thier, welches weder Fehler noch Untugenden hat.
Bridle and saddle him; I will mount him myself, to try him.	Lassen Sie es zäumen und satteln; ich will es selbst besteigen, um es zu probiren.
Very well. The stable-boy will put on his bridle and saddle, and you shall mount him.	Sehr wohl. Der Stallknecht wird Sattel und Zaum anlegen, und Sie können es dann besteigen.

Pour louer un cheval, ou pour l'acheter.	Per prendere un cavallo a nolo, o per comprarlo.
Je voudrais louer un cheval pour me promener dans la ville et dans les environs; en avez-vous à louer? Peut-être l'acheterai-je, s'il me plaît.	Vorrei prendere a nolo un cavallo, per andare a spasso per la città e nei contorni; ne avreste voi uno? E fors' anco lo comprerò, se sarà di mio genio.
Oui, monsieur, j'ai des cheveaux alezans, mouchetés de blanc, gris pommelés, bais, gris, gris mouchetés, noirs, blancs, isabelles, mouchetés, pies, et aubères.	Sì, signore, ho cavalli sauri, balzani, pomellati, baj, leardi, rovani, neri, bianchi, isabelli, stornelli, pezzati e falbi.
J'en ai de toutes les qualités. De quel poil le souhaitez-vous?	Ne ho d'ogni qualità. Di che pelame lo bramerebbe?
Peu m'importe la robe, pourvu qu'il n'ait pas le chanfrein blanc, et qu'il soit beau et docile.	Il mantello è tutt' uno per me; purchè non sia sfacciato, e che il cavallo sia bello, e docile.
Voici un poulain de cinq ans qui est très bien dressé.	Ecco un puledro di cinque anni, benissimo ammaestrato.
Montez-le, faites-le trotter et galopper; je veux voir s'il n'a pas de défauts.	Cavalcatelo, fatelo trottare, e galoppare; voglio vedere se ha qualche vizio.
C'est un cheval fringant, qui n'a ni défauts ni vices.	È un cavallo brillante, che non ha nè difetti, nè vizj.
Faites-le brider et seller; je veux le monter moi-même, pour l'essayer.	Fatelo imbrigliare ed insellare; voglio cavalcarlo io stesso, per provarlo.
Bien volontiers. Le palefrenier va lui mettre la bride et la selle, et vous le monterez.	Volentierissimo. Il palafreniere gli porrà subito la briglia, e la sella, ed ella lo monterà.

To hire, or buy a horse.	Ein Pferd zu miethen oder zu kaufen.
This horse walks, trots, and gallops well; put he has the fault of kicking and rearing.	Dieses Pferd geht einen guten Schritt, Trab und Galopp; es hat aber den Fehler, dass es schlägt und sich bäumt.
I beg your pardon, Sir; he is perfectly well broken, and quite gentle; but as he is a young horse full of spirit, you must neither spur nor whip him.	Ich bitte um Verzeihung es ist ein vorzüglich abgerichtetes und gehorsames Pferd; da es aber ein junges Thier ist, voller Feuer, so dürfen Sie weder Sporen noch Peitsche brauchen.
How much do you ask for him?	Wie viel fordern Sie dafür?
What price do you want for him?	Welchen Preis verlangen Sie?
For how much will you sell him?	Für wie viel wollen Sie es verkaufen?
Fifty pounds have been offered for him more than once, which I have refused; you shall have him for sixty.	Fünfzig Pfund Sterling sind mir schon mehr als einmal dafür geboten worden, es war mir aber dafür nicht feil; Sie sollen es für sechzig haben.
That is very dear. Such a price frightens me.	Das ist sehr theuer. Das ist ein Preis, der mich zurückschreckt.
Examine the head, the chest, and the legs of this horse. He is faultless in all points. His mouth is so fine he could almost drink out of a glass.	Untersuchen Sie den Kopf, die Brust und die Füsse dieses Pferdes. Es ist in allen seinen Theilen untadelhaft. Sein Maul ist so fein, dass es beinahe aus einem Glase trinken könnte.
I will hire him for a fortnight; and if I find he has the qualities I wish, we shall soon agree about the price.	Ich will es auf vierzehn Tage miethen, und wenn ich finde, dass es die Eigenschaften besitzt, welche ich wünsche, so werden wir um den Preis schon einig werden.

Pour louer un cheval, ou pour l'acheter.	Per prendere un cavallo a nolo, o per comprarlo.
Ce cheval va très bien au pas, au trot, et au galop; mais il a le défaut de ruer et de se cabrer.	Questo cavallo va ottimamente di passo, di trotto, e di galoppo; ma ha il vizio di sparare, e d'impennarsi.
Je vous demande pardon, monsieur, c'est un cheval parfaitement dressé et obéissant; mais comme c'est un poulain plein d'ardeur, il ne faut le toucher ni des éperons ni du fouet.	Le chiedo scusa, è un cavallo perfettamente addestrato, ed ubbidiente; ma, siccome egli è un puledro spiritoso, non bisogna toccarlo nè colla frusta nè cogli speroni.
Combien en demandez-vous?	Quanto ne chiedete?
Quel prix en demandez-vous?	Che prezzo ne domandate?
Combien voulez-vous le vendre?	Quanto lo volete vendere?
On m'en a offert plus d'une fois cinquante livres sterling, et je les ai refusées: je vous le laisserai pour soixante.	Mene hanno esibito più d'una volta cinquanta lire sterline, e le ho rifiutate: glielo lascerò per sessanta.
C'est bien cher. C'est un prix qui m'effraie.	È carissimo. È un prezzo che mi spaventa.
Examinez, monsieur, la tête, le poitrail et les jambes de ce cheval. Il est parfait dans toutes ses parties. Il a une bouche à boire dans un verre.	Osservi la testa, il petto, e le gambe di questo cavallo. È perfetto in tutte le sue parti. Egli ha una bocca da bere in un bicchiere.
Je m'en vais le louer pour quinze jours; et, si je lui trouve les qualités que je cherche, nous nous arrangerons.	Lo prenderò a nolo per quindici giorni; e, se avrà quelle buone qualità ch'io desidero, ci aggiusteremo.

For how much is he to be hired?	Für wie viel vermiethen Sie es?
Ten francs a day.	Zehn Franken täglich.

Of materials for writing. Departure and arrival of letters. / Schreibmaterialien. Abgang und Ankunft der Briefe.

(see p. 180.) / (siehe S. 180.)

I want to write a letter, but have no ink-stand. May I use yours?	Ich muss einen Brief schreiben, und habe kein Schreibzeug. Darf ich das Ihrige gebrauchen?
Take it, Sir, and use it as long as you like.	Nehmen Sie es, mein Herr, und gebrauchen Sie es, so lange Sie wollen.
Is there a stationer's shop in the neighbourhood?	Wohnt ein Papierhändler in der Nähe?
There is one in this street; the third or fourth shop to the left, on going out.	Es ist einer in dieser Strasse, der dritte oder vierte Laden links, wenn man zur Thür hinaus geht.
I wish to have a quire of letter-paper, a dozen envelopes, a quire of note-paper, wafers, sealing-wax, ink, a penholder and pens.	Ich wünschte ein Buch Briefpapier, ein Dutzend Briefcouverts, ein Buch Schreibpapier, Oblaten, Siegellack, Dinte, einen Federhalter und Federn zu kaufen.
Waiter, go and buy what the gentleman wants.	Kellner, gehen Sie, um zu kaufen, was der Herr braucht.
Yes, I will thank you to do so. Here is some money; will five francs be enough?	Ja wohl, Sie werden mir einen Gefallen erzeigen. Hier ist Geld; werden fünf Franken genug sein?
Yes, Sir; I think so.	Ich glaube wohl, mein Herr.

Combien voulez-vous le louer?	Quanto volete di nolo?
Dix francs par jour.	Dieci franchi al giorno.

De tout ce qui est nécessaire pour écrire. Départ et arrivée des lettres.
(voyez p. 181.)

Di quanto è necessario per scrivere. Partenza ed arrivo delle lettere.
(vedi p. 181.)

J'ai besoin d'écrire une lettre, et je n'ai point d'écritoire. Puis-je me servir de la vôtre?	Ho bisogno di scrivere una lettera, e non ho calamajo. Posso servirmi del vostro?
Prenèz-la, monsieur, et servez-vous en autant que vous voudrez.	Lo prenda pure, e sene serva con suo comodo.
Y a-t-il un papetier ici près?	C'è un cartajo qui vicino?
Il y en a un dans cette rue, la troisième ou quatrième boutique à votre main gauche, en sortant de la porte.	Ven' è uno in questa strada, la terza o la quarta bottega, a man sinistra, nell uscire dalla porta.
Je voudrais acheter une main de papier à lettres, une douzaine d'enveloppes, une main de papier écolier, des pains à cacheter, de la cire d'Espagne, de l'encre, un porte-plume et des plumes.	Vorrei comprare un quinterno di carta da lettere, una dozzina di coperte, un quaderno di carta, delle ostie, della cera lacca, dell' inchiostro, un manico di penna e delle penne.
Garçon, allez acheter ce dont monsieur a besoin.	Cameriere, andate a comprare ciò che comanda questo signore.
Oui, vous me ferez plaisir. Tenez, voilà de l'argent: cinq francs suffiront-ils?	Sì, mi farete piacere. Prendete questo danaro: basteranno cinque franchi?
Oui, monsieur; je crois que oui.	Sì, signore; credo di sì.

Of materials for writing. Departure and arrival of letters.	Schreibmaterialien. Abgang und Ankunft der Briefe.
You will buy me also a quire of blotting paper.	Kaufen Sie mir auch ein Buch Löschpapier.
In the mean-time make use of this sheet.	Bedienen Sie sich unterdessen dieses Bogens.
I am much obliged to you.	Ich bin Ihnen sehr dankbar.
If that pen is not good, take this; and here is the penknife, you can cut it to your liking.	Wenn die Feder nicht gut ist, so nehmen Sie diese; und hier ist das Federmesser. Sie können sie nach Ihrer Hand schneiden.
I have a penknife, but I have not my seal: will you lend me yours?	Ich habe ein Federmesser, habe jedoch mein Petschaft nicht; wollen Sie mir das Ihrige leihen?
With pleasure.	Mit Vergnügen.
When does the post for England depart?	Wann geht die Post nach England ab?
The post-days are: Mondays, Wednesdays, Thursdays, and Saturdays, before twelve o'clock. The letters must be prepaid, otherwise they will not be sent.	Die Posttage sind: Montag, Mittwoch, Donnerstag und Samstag vor zwölf Uhr. Die Briefe müssen frankirt werden, sonst werden sie nicht abgesendet.
And on what days do they arrive?	Und an welchen Tagen kommen sie an?
Saturdays, Mondays, Tuesdays, and Fridays, sometimes at one hour, sometimes at another, on account of the uncertainty of the sea-passage.	Samstags, Montags, Dienstags und Freitags; zuweilen zu dieser Stunde, zuweilen zu einer andern, wegen der Ueberfahrt übers Meer.
thank you for the information you have had the kindness to give me.	Ich danke Ihnen für die Auskunft, die Sie so gütig waren, mir zu geben.
There is no occasion.	Nicht Ursache.
There is the waiter with the paper; I shall go up to my room.	Da ist der Kellner mit dem Papiere. Ich werde hinauf auf mein Zimmer gehen.

De tout ce qui est nécessaire pour écrire. Départ et arrivée de lettres.	Di quanto è necessario per scrivere Partenza ed arrivo delle lettere.
Vous m'achèterez aussi une main de papier brouillard.	Comprerete anco un quinterno di carta sugante.
Servez-vous, en attendant, de cette feuille-ci.	Frattanto si serva di questo foglio di carta.
Bien obligé.	Obbligatissimo.
Si cette plume n'est pas bonne, prenez celle-ci; et puis voilà le canif, et taillez-la à votre goût.	Se quella penna non mette bene, prenda questa; e poi ecco il temperino, e sela temperi a suo genio.
J'ai un canif, mais je n'ai pas mon cachet: voulez-vous me prêter le vôtre?	Ho un temperino, ma non ho qui il mio sigillo: volete imprestarmi il vostro?
Très volontiers.	Volentierissimo.
Quand est-ce que part la poste d'Angleterre?	Che giorno parte la posta d'Inghilterra?
Les jours de départ sont: le lundi, le mercredi, le jeudi et le samedi de chaque semaine avant midi. Il faut affranchir les lettres, autrement elles ne partiraient pas.	I giorni di partenza sono: il lunedì, il mercoledì, il giovedì, ed il sabbato di ogni settimana, prima di mezzo giorno. Bisogna francar le lettere, altrimenti non partirebbero.
Et quels sont les jours de l'arrivée?	E quali sono i giorni dell' arrivo?
Le samedi, le lundi, le mardi et le vendredi; tantôt à cette heure, tantôt à une autre, à cause du passage de la mer.	Il sabbato, il lunedì, il martedì e il venerdì; quando ad un' ora, quando ad un' altra, a cagione del passaggio del mare.
Je vous remercie des renseignements que vous avez bien voulu me donner.	Vi ringrazio dei ragguagli, che vi siete compiaciuto darmi.
Il n'y a pas de quoi.	Oh! ella burla.
Voici le garçon avec le papier; je vais monter dans ma chambre.	Ecco che viene il cameriere colla carta; voglie ascendere nella mia stanza.

Letters and notes.

Card of invitation.

Mrs. N. has the honour of presenting her compliments to Mr. M. and requests the favour of his company to-morrow evening. There will be music, and Mrs. L., whose delightful voice he has so long wished to hear, will sing.

Note of apology.

Mr. M. requests Mrs. N. will have the kindness to excuse his not being able to accept her obliging invitation, as he has been confined to the house by indisposition during the last three days. He regrets exceedingly that he must lose such a favorable opportunity as that which Mrs. N. offers him of hearing so celebrated a singer, and as soon as his health permits he will call on Mrs. N. to render his

Briefe.

Einladungsschreiben.

Frau N. hat die Ehre, sich Herrn M. zu empfehlen und ihn zu bitten, morgen den Abend bei ihr zuzubringen. Es wird musicirt werden und Frau L. wird singen, deren schöne Stimme Herr M. längst zu hören wünschte.

Entschuldigungsschreiben.

Herr M. bittet Frau N., ihn geneigtest entschuldigen zu wollen, dass er die gütige Einladung nicht annehmen kann, indem er seit drei Tagen wegen einer Unpässlichkeit das Zimmer hüten muss. Er bedauert ausserordentlich, die ihm durch die Güte der Frau N. gebotene vortreffliche Gelegenheit, eine so berühmte Sängerin zu hören, nicht benutzen zu können. Sobald seine Gesundheit es erlaubt, wird er sich zu

Lettres et billets.

Billet d'invitation.

Madame N. a l'honneur de souhaiter le bonjour à Mr. M., et de le prier vouloir bien venir demain passer la soirée chez elle. On fera de la musique, et Mr. M. entendra la belle voix de madame L., qu'il désire entendre depuis longtemps.

Billet d'excuse.

Mr. M. prie madame N. de vouloir bien agréer ses excuses de ce qu'il se trouve hors d'état de profiter de son aimable invitation, étant retenu chez lui depuis trois jours par une indisposition. Il regrette vivement d'être obligé de manquer une aussi belle occasion que celle que madame N. lui offre d'entendre une si célèbre cantatrice, et aussitôt que sa santé le lui permettra, il s'empressera de se présen-

Lettere e viglietti.

Viglietto d'invito.

Il signor M. resta riverito dalla signora N., e l'invita a venire dimani sera alla di lei conversazione. Vi sarà una piccola accademia. E il signor M. sentirà la bella voce della signora L., che già da gran tempo desidera sentire.

Viglietto di scusa.

Essendo il signor M. ritenuto in casa da tre giorni in quà da indisposizione, supplica la signora N. a degnarsi averlo per iscusato, se non può approfittare del di lei cortese invito. Le dispiace moltissimo d'esser obbligato a lasciare sfuggire una così bella occasione offertagli dalla signora N. di sentire la celebre virtuosa, e subito che glielo permetterà la di lui salute, non mancherà di recarsi dalla si-

thanks in person for her attention in thinking of him. In the mean-time he has the honour of assuring her of his profoundest respect.

Frau N. begeben, um ihr auf das Lebhafteste seinen Dank auszusprechen, dass sie an ihn gedacht. Unterdessen hat er die Ehre, seine gehorsamsten Empfehlungen darzubringen.

Note of invitation.

I have just arrived from the country, and hasten to inform you that I shall be at home all day. If you will therefore take the trouble to call, you will be sure to find me alone. Do not disappoint me, as I have something to communicate to you of the greatest importance to yourself. Adieu.

Einladungsschreiben.

Soeben vom Lande gekommen, beeile ich mich Sie zu benachrichtigen, dass ich den ganzen Tag zu Hause sein werde. Wenn Sie sich daher zu mir bemühen wollen, werden Sie mich sicher allein treffen. Ich bitte sehr, nicht auszubleiben, da ich Ihnen etwas von der grössten Wichtigkeit für Sie mitzutheilen habe. Leben Sie wohl.

A note after not finding a person at home.

In accordance with her kind permission Mr. N. took the liberty of calling on Mrs. N. He is extremely sorry not to have found her at home, and requests she will have the goodness to let him know at what time she can see him to-morrow. Meanwhile he begs, that she will accept his kind regards.

Billet, wenn man Jemand nicht zu Hause gefunden hat.

Herr N. war zufolge gütiger Erlaubniss so frei, sich bei Frau N. melden zu wollen. Er bedauert ungemein, sie nicht zu Hause getroffen zu haben, und bittet um gütige Benachrichtigung, wann er sie morgen sehen kann. Unterdessen bittet er um die Erlaubniss, sich gehorsamst empfehlen zu dürfen.

ter chez madame N. pour lui renouveler de vive voix ses remercîments pour l'attention qu'elle a eue de penser à lui. En attendant il a l'honneur de la prier de vouloir bien agréer avec bonté l'assurance de son respect.

gnora N. per ripeterle di viva voce i suoi ringraziamenti per la gentilezza che ha avuta di non porlo in obblio. Frattanto la prega di gradire i di lui rispettosi ossequj.

Billet d'invitation.

Je viens d'arriver de la campagne, et je m'empresse de vous faire savoir que je serai chez moi toute la journée. En conséquence si vous voulez vous donner la peine de passer chez moi, vous serez sûr de me trouver seul. Je vous prie de ne pas manquer, car j'ai à vous communiquer quelque chose de très grande importance pour vous. Adieu.

Viglietto d'invito.

Giunto dalla villa, vi fo sapere che starò in casa tutta la giornata. Onde se volete darvi l'incomodo di portarvi a casa mia, sarete sicuro di trovarmi solo. Vi prego a non mancare di venire, avendo da parteciparvi una cosa di somma importanza per voi. Vi saluto.

Billet quand on ne trouve pas une personne chez elle.

Mr. N. s'est présenté chez madame N., d'après la permission qu'elle avait bien voulu lui accorder de venir la voir. Il est très fâché de ne l'avoir pas trouvée chez elle, et la supplie de vouloir bien lui faire savoir l'heure à laquelle elle pourra le recevoir demain. En attendant, il la prie de vouloir bien agréer l'assurance de son respect.

Viglietto quando non si trova una persona in casa.

Il signor N. si è presentato alla casa della signora N. secondo la permissione ch'essa erasi compiaciuta dargli. Gli dispiace molto di non averla trovata in casa, e la supplica degnarsi fargli sapere a che ora potrà riceverlo domani. Frattanto la prega di gradire i di lui rispettosi ossequj.

Answer.

Mrs. N. presents her compliments to Mr. N., and requests that he will excuse her not being at home yesterday when he called. To-morrow she will be at home all day, and Mr. N. will therefore be sure to find her.

Antwort.

Frau N. hat die Ehre, sich Herrn N. zu empfehlen, und bittet zu entschuldigen, dass sie gestern nicht zu Hause war, als Herr N. sich zu ihr bemüht hatte. Morgen wird sie den ganzen Tag zu Hause sein, so dass Herr N. zu jeder beliebigen Stunde sie antreffen wird.

Note of invitation.

Mrs. N. presents her compliments to Mr. N., and requests the honour of his company to dinner on Thursday next at five o'clock. Mr. N. will have the pleasure of meeting the person whose acquaintance he wishes to make.

Einladungsschreiben.

Frau N. empfiehlt sich Herrn N. bestens, und bittet ihn, ihr die Ehre zu erzeigen, nächsten Donnerstag um fünf Uhr bei ihr zu Mittag zu speisen. Herr N. wird das Vergnügen haben, die Person zu treffen, deren Bekanntschaft er zu machen wünscht.

Note of invitation.

Mr. L.'s compliments to Mr. N., and begs to inform him, that next Monday is the day fixed for the shooting-party which he spoke of. If Mr. N. still wishes to go, he will please to keep himself ready, as Mr. L. will call for him on that day in his carriage, about eight in the morn-

Einladungsschreiben.

Herr L. hat die Ehre, sich Herrn N. ergebenst zu empfehlen, und ihm zu melden, dass die bewusste Jagdpartie nächsten Montag Statt findet. Wenn Herr N. noch die Absicht hat, mitzugehen, so möge er sich gefälligst bereit halten; Herr L. wird an dem bestimmten Tage Mor-

Reponse.

Madame N. a l'honneur de saluer Mr. N., et de le prier de vouloir bien l'excuser si elle ne s'est pas trouvée chez elle quand il s'est donné la peine de s'y présenter. Demain elle sera à la maison toute la journée. En conséquence Mr. M. pourra y venir à l'heure qui lui conviendra, et il sera sûr de la trouver.

Risposta.

La Signora N., nell' atto che riverisce distintamente il signor N., lo prega di scusarla se non si è trovata in casa quando si è dato l'incomodo di presentarvisi. Ma dimani essa starà in casa tutta la giornata. Onde il signor N. potrà venire all' ora che sarà di suo comodo, e sarà subito ricevuto.

Billet d'invitation.

Madame N. présente ses compliments à Mr. N., et le prie de lui faire l'honneur de venir dîner chez elle jeudi prochain à cinq heures. Mr. N. aura le plaisir de dîner avec la personne dont il désire faire la connaissance.

Viglietto d'invito.

La signora N. riverisce distintamente il signor N., e lo prega di farle l'onore di venire a pranzo a casa sua giovedì prossimo alle cinque. Il signor N. avrà il piacere di desinare con quella persona che già da gran tempo egli desidera conoscere.

Billet d'invitation.

Mr. L. a l'honneur de saluer Mr. N., et de lui faire savoir que lundi prochain est le jour fixé pour la partie de chasse dont il lui a parlé. Si Mr. N. est toujours dans l'intention d'y venir, il voudra bien se tenir prêt; car Mr. L. viendra le chercher ce jour-là avec sa voiture sur les huit

Viglietto d'invito.

Il signor L. ha l'onore di riverire divotamente il Signor N., e gli fa sapere che lunedì prossimo è il giorno fissato per la caccia consaputa. Se il signor N. ha ancora la medesima intenzione di venirvi, si compiacerà ad essere pronto; imperciocchè il signor L. verrà col di lui legno a

ing. He requests the favour of an answer by the bearer.

gens 8 Uhr bei ihm vorfahren. Er bittet durch den Ueberbringer um Antwort.

Letter of introduction.

The bearer of this letter is Mr. N. my intimate friend. He visits your town on some important business, and I have no doubt of his success, if you will have the kindness to assist him with your advice and support. When you know him, his merit will recommend him to you sufficiently: and, therefore, as I know his good qualities and the friendship you have for me, I take the liberty of recommending him warmly to your kindness, especially as my recommendations to you have never been in vain. I am, &c.

Empfehlungsschreiben.

Der Ueberbringer dieses Briefes ist Herr N., mein intimer Freund. Er reiset nach Ihrer Stadt wegen eines wichtigen Geschäfts, und ich bezweifle nicht, dass er zum Ziele kommen wird, wenn Sie die Güte haben wollen, ihn Ihres Rathes und Ihres Schutzes zu würdigen. Wenn Sie ihn kennen lernen, wird er sich schon durch sich selbst empfehlen, und weil ich seine guten Eigenschaften und Ihre Freundschaft für mich kenne, nehme ich mir die Freiheit, ihn auf das Wärmste zu empfehlen, besonders da meine Empfehlungen bei Ihnen nie erfolglos waren. Ich habe die Ehre zu sein, &c.

heures du matin. Il le prie de vouloir bien lui faire un mot de réponse par le porteur du présent.

prenderlo quel giorno verso le otto del mattino. È pregato di compiacersi a mandargli un verso di risposta per mezzo del latore del presente viglietto.

Lettre de recommandation.

La personne qui a l'honneur de vous présenter cette lettre, est Mr. N., mon ami intime. Il se rend dans votre ville pour une affaire importante, et je ne doute pas qu'il ne réussisse, si vous daignez l'aider de vos conseils et de votre protection. Quand vous le connaîtrez, son mérite vous le recommandera suffisamment. En conséquence, comme je connais ses qualités, et l'amitié que vous avez pour moi, je prends la liberté de vous le recommander avec chaleur, d'autant plus que mes recommandations n'ont jamais été vaines auprès de vous. Agréez l'assurance etc.

Lettera di raccomandazione.

La persona che ha l'onore di presentarvi questa lettera, è il signor N. mio amico intimo. Egli si reca in codesta vostra città per una certa sua faccenda, e spero che gli verrà fatto di riuscire, se voi con la vostra protezione, e col vostro consiglio l'ajuterete. Quando lo conoscerete, egli si raccomanderà a voi col suo proprio merito. Onde, conoscendo io la molta sua virtù, e la grandezza del vostro amore verso di me, mi fo animo a raccomandarvelo quanto so e posso; principalmente non avendovi fin' ora mai niuno de' miei amici raccomandato invano. Gradite l'assicuranza &c.

Druck von J. B. Hirschfeld in Leipzig.

4 florins		3							—	2	4	3	3	2
Silver.														
Florin = 100 kreuzers	—	2	—	2	50	2	—	1	—	—	62	—	5	4
Piece of 25 kreuzers	—	—	6	—	62	—	50	—	25	—	15	—	1	5
GERMANY.														
Gold.														
20 Marks (Double Crown)	1		—	25	—	20	—	10	—	6	17	8	4	12
10 Marks (Crown)	—	10	—	12	50	10	—	5	—	3	9	4	2	6
Silver.														
5 Mark	—	5	—	6	17	5	—	2	50	1	54	2	1	3
1 Mark	—	1	—	1	23	1	—	—	50	—	31	—	2	10
RUSSIA.														
Gold.														
1/2 Imperial or piece of 5 rubles = 5 rubles 15 kopecks silver	—	16	4	20	59	16	68	8	34	5	15	7	2	—
1 Ducat = 3 rubles	—	9	6	12	—	9	72	4	86	3	—	4	1	10
Silver.														
1 Ruble = 100 kopecks	—	3	2	4	—	3	24	1	62	1	-	1	2	9
DANEMARK.														
Gold.														
1 Double Frederick(Christian-)d'or	1	9	4	37	4	30	—	15	—	9	26	13	2	—
1 Frederick(Chr.-)d'or	—	14	8	18	52	15	—	7	50	4	63	6	4	—
Silver.														
1 Double Rigsdaler	—	4	5	5	62	4	55	2	27	1	40	2	—	—
1 Rigsdaler = 6 Marks danish	—	2	3	2	81	2	28	1	14	—	70	1	—	—
1 Mark = 16 Schillings	—	—	1 1/2	—	47	—	38	—	19	—	12	—	1	—
8 Schillings	—	—	2	—	23	—	19	—	10	—	6	—	—	8

www.ingramcontent.com/pod-product-compliance
Lightning Source LLC
Chambersburg PA
CBHW021803110726
47902CB00006B/1627